Die Andere
Bibliothek

Michel de Montaigne

Von der Kunst, das Leben zu lieben

Übersetzt und ausgewählt
von Hans Stilett

Inhalt

Das grosse Ja

*Ich liebe das Leben und hege und
pflege es so, wie Gott es uns zu
geben gefallen hat*

Nichts brandmarkt Michel de Montaigne in seinen ESSAIS
häufiger als die Manifestationen der menschlichen Vermes-
senheit. Schier unermüdlich spürt er ihnen nach, um sie bloß-
zustellen und seiner Verachtung preiszugeben. Ein Netzwerk
ironisch zugespitzter oder in flammender Empörung vorge-
tragener *Nein* scheint das ganze Opus zu grundieren:

Nein zu jeder Form von eingebildeter Größe und Erhaben-
heit (»Wir mögen auf noch so hohe Stelzen steigen —
auch auf ihnen müssen wir mit unsren Beinen gehn«).
Nein zu Heuchelei und Verlogenheit (»In Wahrheit ist das
Lügen ein verfluchtes Laster«).
Nein zu Fremdenfeindlichkeit und Intoleranz (»Ich schäme
mich, wenn ich sehe, wie meine Landsleute vor Verhaltensweisen zurückscheun, die den ihren entgegengesetzt
sind«).
Nein zu jeder Form von Menschen- und Tierquälerei (»Ich
habe einen grausamen Haß auf die Grausamkeit«).

Nein zu Krieg und Folter (»Ich für mein Teil finde die Folter zutiefst unmenschlich, und zutiefst sinnlos obendrein«).

Nein zur Vernichtung der »Wilden« und ihrer Kulturen (»Wir übertreffen die *Barbaren* in jeder Art von Barbarei«).

Vor allem das schonungslose Anprangern der schändlichen Machenschaften und abscheulichen Verbrechen, welche die in seinem Land wütenden Religionskriege mit sich brachten, hätten Michel de Montaigne Kopf und Kragen kosten können: Die rückhaltlose Offenheit dieses praktizierenden Katholiken beobachteten die Kirchenoberen mit steigendem Argwohn, so wenn es in den ESSAIS heißt: »Wollte Gott, daß die allzugroßen Freiheiten, die ich mir beim Schreiben herausnehme, in unseren Menschen den Mut zu eigner Freiheit erweckten: über all die feige nur vorgeheuchelten Tugenden hinweg, diese Ausgeburten unsrer Mängel und Makel.«

So wurde dem »christlichen Heiden«, vielmehr »heidnischen Christen«, als den man ihn bald schon zu sehen begann, bei seinem auf der Italienreise erfolgten Besuch im Vatikan denn auch dringend nahegelegt, aus den ESSAIS dem Dogma widersprechende Begriffe wie *Zufall* und *Schicksal* herauszunehmen — worum er sich jedoch einen Teufel scherte, denn in der nächsten Ausgabe standen sie alle immer noch drin.

Gleichwohl wagte der Vatikan nicht, gegen ihn jene *Maßnahmen* zu ergreifen, denen sonst alle der Ketzerei Verdächtigten ausgesetzt waren — zu weit hatte sich sein Ruhm schon ausgebreitet und zu gewichtig war seine Rolle als unermüdlicher Vermittler zwischen den sich blutig bekriegenden Parteien geworden. Erst lang nach Montaignes Tod, im Jahre 1676 wagte man, die ESSAIS auf den Index zu setzen.

Doch auf andere Weise verfolgte man ihn um so härter. Nicht nur wurde er mehrmals überfallen und übel zugerichtet, sondern er mußte auch ständig mit weiteren Anschlägen rechnen. »Ich bekam die Widrigkeiten zu spüren,« schreibt er, »die eine gemäßigte Haltung in solch krankhaften Wirren mit sich bringt. Alle wollten mir etwas am Zeuge flicken: Dem Ghibellinen war ich ein Guelfe, dem Guelfen ein Ghibelline«. Und: »Was Bürgerkriege bedrohlicher macht als andre Kriege, ist, daß jeder von uns im eignen Haus Wache stehn muß ... Tausendmal habe ich mich zu Hause mit dem Gedanken schlafen gelegt, man könnte mich in dieser Nacht verraten und ermorden, und vom Schicksal erbat ich mir nur, dies möge ohne Entsetzlichkeiten und lange Qualen vor sich gehn.«

Und es kam noch schlimmer: »Vor und in meinem Haus bleckte plötzlich die Pest in ihrer bösartigsten Form gegen mich die Zähne ... Schon der Anblick meines Hauses jagte mir Angst und Schrecken ein: Alles, was darin war, mußte ich schutzlos zurücklassen, jedem preisgeben, der es haben woll-

te ... Ich, der ich so gastfrei bin, sah mich größten Schwierigkeiten gegenüber, eine Zufluchtsstätte für die Meinen zu finden: eine verstört herumirrende Familie, die, selbst von
Furcht ergriffen, ihren Freunden und Bekannten Furcht ein-
jagte, überall auf entsetzte Abwehr traf.«

Überdies wurde er in den letzten fünfzehn Jahren seines
Lebens von heftigen Nierenkoliken heimgesucht, die ihm
immer grausamer zusetzten (»Der Schmerz tobte in mir wie
ein tollwütiges Tier«).

Als den größten Schicksalschlag seines Lebens empfand er
jedoch den allzu frühen Tod seines Freundes Étienne de la
Boétie, den er nie verwinden konnte. Noch mitten in seiner erlebnisreichen, seine Aufmerksamkeit fesselnden, ja ihn
immer wieder in Hochstimmung versetzenden Italienreise
wirft ihn die plötzliche Erinnerung an diesen Tod zurück in
tiefste Trauer.

Was nun wäre verständlicher gewesen, als wenn all diese
persönlichen Widerfahrnisse im Bund mit den rundum an-
drängenden und von ihm beißend kommentierten Zeugnis-
sen völliger Verkommenheit Michel de Montaigne zu einem
Misanthropen gemacht hätten, zu einem verbitterten Lebens-
feind?

Daß es dazu nicht gekommen ist, daß dieser unermüdliche
Selbst- und Weltbeobachter sich von den Dunkelheiten unsrer Existenz den Blick auf die lichten Seiten des Lebens nicht
nur nicht trüben, sondern erst recht schärfen ließ: vom Vergehen aufs Entstehn, vom Leid auf die Lust, vom Unglück
aufs Glück — davon legen die hier präsentierten Texte ein
beredtes Zeugnis ab.

Montaignes stete Aufmerksamkeit nach allen Seiten hat
nämlich dazu geführt, daß er die Phänomene der Welt *syn-
ästhetisch* wahrnahm und ihren Facettenreichtum in immer
neuen Anläufen überdachte. Dabei ist ihm ein kompositori-

Die bildung der Finsternuß / oder bedunckelung der Sonnen vñ des Mons/mit warer anzeigung der Jar/tag vnd zeit/darinn sie erscheinen/vnd noch erscheinen werden/wie volgt.

1 5 5 6.			1 5 5 8.			1 5 5 8.		
finsternuß des Mons.			Finsternuß des Mons.			Finsternuß der Sonen klein		
Tag.	Stund.	Minut.	Tag.	Stund.	Minut.	Tag	Stund.	Minut.
16.	14.	18.	2.	12.	32.	18.	2.	28.
des Wintermons.			des Aprillen.			des Aprillen.		
die halb werung.			die halb werung.			die halb werung.		
	Stund.	Minut.		Stund.	Minut.		Stund.	Minut.
	1.	14.		1.	38.		0.	23.
Punct. 5.		33.	Punct. 10.		28.	Punct. bey nach einer.		

1 5 5 9.			1 5 6 0.			1 5 6 0.		
finster des Mons.			Finsternuß des Mons.			Bedunckelung der Sonen.		
Tag.	Stund.	Minut.	Tag.	Stund.	Minut.	Tag.	Stund.	Minut.
16.	5.	30.	11.	17.	6.	21.	1.	19.
des Herbstmons			des Mertzen.			des Augstmons		
die halb werung.			die halb werung.			die halb werung.		
Stund.		Minut.	Stund.		Minut.	Stund.		Minut.
1.		52.	0.		51.	0.		54.
Punct. 16.		20.	Punct. 2.		20.	Punct. 6.		42.

sches Prinzip kosmischen Ausmaßes deutlich geworden: das des ständigen Wechselspiels von dunkel und hell — wie er es selber unübertrefflich sagt: »Unser Leben ist wie die Harmonie der Welt aus Gegensätzlichem zusammengefügt, aus ungleichen Tönen: weichen und harten, hellen und dunklen, sanften und strengen. Ein Musiker, der nur die einen liebte — was hätte der uns schon zu sagen? Er muß sie vielmehr gemeinsam zu benutzen und recht zu mischen wissen: wie wir das Gute und das Böse, die beide unserm Leben wesenseigen sind.«

Und mehr noch: Nicht nur fügen sich die Gegensätze zur Harmonie der Welt zusammen, sondern sie dynamisieren sich hierbei auch wechselseitig, wobei die stärkere Triebkraft oft von der dunklen Seite ausgeht: »Die Maler«, so sein schönes Diktum, »durchschatten ihre Bilder, um deren Leuchtkraft zu erhöhen.« Gäbe es das Dunkle nicht, würden die Bilder folglich weniger stark leuchten — eine Erkenntnis, die sich auf Montaignes ganze Lebensphilosophie entscheidend ausgewirkt hat.

So erweitert er die Gültigkeit der Beispiele, die er aus dem ästhetisch-musischen Bereich anführt, sowohl in die Tugendlehre wie in die alltägliche Prosa der menschlichen Befindlichkeiten und Leiden hinein: »Gibt es etwas Wohligeres als den nach den jähesten und schärfsten Koliken eintretenden Umschwung, wenn man durch den Abgang eines Steins aus äußerstem Schmerz blitzartig wieder ins strahlende Licht einer völlig beschwerdefreien Gesundheit versetzt wird? Gibt es in der durchlittnen Pein etwas so Niederdrückendes, das nicht durch die Freude einer solch plötzlichen Beßrung aufgewogen würde? Wieviel schöner scheint mir die Gesundheit, wenn sie der Krankheit derart unmittelbar folgt, daß ich beide gleichzeitig im Blick habe und beobachten kann, wie sie sich mit ihrer vollen Rüstung um die Wette in die Brust werfen und einander den Platz streitig machen!

Wenn die Stoiker behaupten, die Laster seien zu dem guten Zweck in die Welt gekommen, der Tugend den Rük-ken zu stärken und sie aufzuwerten, können wir mit größerem Recht und weniger kühn spekulierend sagen, die Natur habe uns den Schmerz zu Ehre und Nutzen von Schmerz*freiheit* und Lust verliehn.«

Freilich kann das Dunkel auch übermächtig werden und sich zur völligen Verdrängung des Hellen rüsten. Wo und wann immer diese Gefahr droht, ist es Aufgabe des Menschen, ihr nach Maßgabe seiner Möglichkeiten entgegenzuwirken.

Wie man das zu unserm Wohle am besten ins Werk setzt, führt Montaigne uns anhand seiner Lese- und Lebenserfahrungen für die verschiedensten Situationen vor Augen: bald drastisch verkürzt, bald breit ausgefächert und bis ins kleinste differenziert — stets aber ungemein lebendig. Dabei sitzt ihm oft der Schalk im Nacken, denn seine spontane Ausspählust und die Spannweite seines sprachlichen Spieltriebs sind so groß, daß er nicht einmal vor Kalauern und, würde man heute sagen, *Stammtischwitzen* zurückschreckt. »Ich hasse«, sagt er, »einen mißmutigen Geist«; man müsse vielmehr nach besten Kräften »die Traurigkeit mindern und mehren die Freude«. Jenen Verdunklern des menschlichen Lebens und Zusammenlebens geht er daher aus dem Weg, wo immer er kann: »Ich fliehe finstre und zänkische Gemüter wie die Pest.«

Die eigentliche Grundierung seines ganzen Opus sind eben nicht jene eingangs angeführten *Nein*, sind nicht seine gegenüber den von Religion und Philosophie offerierten Sicherheiten geltend gemachten Prüfungsvorbehalte, die ihn als ausschließlichen Skeptiker abzustempeln scheinen (und bisher weitgehend abgestempelt haben) — die eigentliche Grundierung ist ein vorbehaltloses *Ja* zum Leben. Zu dessen Abgrenzung gegen alles Lebens*feindliche* aber tragen die *Nein* wesentlich bei: Sie geben dem großen *Ja* eine um so deutlichere Kontur, damit es sich nicht im Unverbindlichen verliere.

In den Texten hier begegnen wir also einem Montaigne, der sich gleichsam auf der Südseite des Gebirgsmassivs seiner ESSAIS befindet, ein vorwiegend gelöster und heiterer, dessen Führung durch die Schönheiten dieser Landschaft wir uns daher aufgeschlossen anvertrauen sollten, ohne vor dem sich auch in die dunklen Täler der Nordseite öffnenden Blick zurückzuschrecken. In vieler Hinsicht ist dieser Montaigne, finde ich, der montaignischste.

Aus welch bunter Mischung von einzelnen, selbst scheinbar wenig Wichtigem sich zuwendenden *Ja* setzt sich dieses eine große, dieses allumfassende *Ja* doch zusammen!:

Ja zum Lachen, denn »das Besondere unsres Menschseins besteht darin, daß wir zugleich des Lachens fähige und lächerliche Wesen sind«.

Ja zum Lesen, denn »die Bücher bieten denen, die sie recht auszuwählen wissen, viele Annehmlichkeiten«.

Ja zur Liebe, denn »keine Leidenschaft ist unabweisbarer als diese«.

Ja zu Freundschaft und Geselligkeit, denn »die Freundschaft bildet die Krönung der Gesellschaft«.

Ja zum Reisen, denn »die Verschiedenheit der Lebensweisen von einem Volk zum andern löst in mir nichts als Freude an solcher Vielfalt aus.«

Ja zum Essen und Trinken, denn sie sind »eine der wesentlichsten Verrichtungen unsres Lebens«, und »ein gutes Gastmahl ist ein festliches Vergnügen«.

Ja zum Tanzen, denn »die Grazie des Tanzes hängt nicht nur von der Bewegung der Füße ab, sondern auch von Liebreiz und Haltung der ganzen Person«.

Ja zum maßvollen Genuß von Mode und Luxus, denn »wenn

man die Kleidung auf ihren eigentlichen Zweck zurückführn wollte, dem Körper und seiner Bequemlichkeit zu
dienen», würde man erkennen, daß von daher »ihre
ursprüngliche Anmut und Angemessenheit« stammt.

Ja zum vernünftigen Umgang mit Geld, denn »Wohlstand
und Bedürftigkeit hängen von der Einstellung jedes einzelnen ab«.

Ja zum praxisbezognen Philosophieren, denn »die Philosophie hält ihre Lehren für jeden Menschen bereit, vom
Kindesalter bis zum Wiederkindischwerden«.

Ja zur eigenen Erfahrung, denn »ob eines Kaisers oder eines
einfachen Mannes Leben, stets ist es allem ausgesetzt, was
Menschen begegnen kann«.

Ja zum Schlafen und Träumen, denn »ich glaube, daß Träume unsre Neigungen zutreffend interpretieren«.

Ja zu Kultur und Kunstsinn der »Wilden«, denn »es gibt
keine bessere Schule für unsre Weiterbildung im Leben,
als unserm Geist unausgesetzt die Mannigfaltigkeit so
vieler andrer Daseinsweisen, Anschauungen und Gebräuche vorzuführn und ihn an diesem ewigen Wandel der
Erscheinungsformen unsrer Natur Geschmack finden zu
lassen.«

Ja zum Lehrmeister Tier, denn »in den meisten ihrer Werke
erweisen sich die Tiere als uns überlegen«.

Ja zur Krankheit, denn »wehzuklagen, weil einem etwas
zustieß, das allen zustoßen kann, ist unangebracht«, und
überdies lassen uns die Krankheiten die Gesundheit um so
dankbarer genießen.

Ja zu einer gelassenen Haltung gegenüber dem Tod, denn
»da es gute Todesarten für Narren gibt, und gute für
Weise, machen wir doch solche ausfindig, die gut sind für
die Menschen dazwischen!«

Es ist diese das Dasein, Denken und Darstellen Montaignes so wesentlich prägende Kunst, das Leben zu lieben, die jedem Menschen in seinem jeweiligen Hier und Jetzt etwas zu sagen hat.

Keiner hat das klarer erkannt als Friedrich Nietzsche, und keiner angerührter bekannt: »Daß ein solcher Mensch geschrieben hat, dadurch ist wahrlich die Lust auf dieser Erde zu leben vermehrt worden«. Und: »Mit ihm würde ich es halten, wenn die Aufgabe gestellt wäre, es sich auf der Erde heimisch zu machen.«

Hans Stilett

Die vorliegenden Texte sind folgenden Werken entnommen:
Michel de Montaigne: ESSAIS. Erste moderne Gesamtübersetzung
von Hans Stilett (Die Andere Bibliothek, hrsg. von Hans Magnus
Enzensberger), Eichborn Verlag, Frankfurt am Main 1998.
Michel de Montaigne: Tagebuch der Reise nach Italien über die Schweiz
und Deutschland von 1580 bis 1581 (kurz: Reisetagebuch), übersetzt
und mit einem Essay versehen von Hans Stilett, Die Andere Bibliothek,
Band 349, Berlin 2014.
Der häufige Wechsel zwischen »ich« und »er« in den Zitaten
aus dem Reisetagebuch geht darauf zurück, daß dessen Niederschrift
teils durch Montaigne selbst erfolgte, teils durch dessen Sekretär.
ES(S) = Seitenzahl(en) der Essais. RS(S): Seitenzahl(en) des Reisetage-
buchs.
Zur besseren Lesbarkeit sind die Auslassungen nicht gekennzeichnet.
Die Zitate aus anderen Sprachen, vorwiegend der lateinischen, sind kursiv
gesetzt.
Das Wechselspiel zwischen vollen und elidierten (d.h. um unbetonte »e« ver-
kürzten) Wortformen dient der strengeren Rhythmisierung des Textes, um des-
sen Diktion Montaignes »langage coupé« anzunähern (»die Sprache, die ich
liebe, ist kurz und bündig – auf dem Papier nicht anders als aus dem Mund«).

1 Lachend die Wahrheit sagen

*Noch nie hat einer, der finster
dreinblickt und abstoßend wirkt,
etwas ausgerichtet.*

Die meisten unserer Tätigkeiten sind Possen. Die ganze Welt
treibt Schauspielerei. Wir müssen unsre Rollen darin gebührend übernehmen, aber eben als
Theaterfigur. Aus Maske und
Aufmachung sollte man nicht
ein wirkliches Wesen machen,
und aus Fremdem nicht Eignes.
Wir wissen Haut und Hemd
nicht auseinanderzuhalten. Es

reicht, sich das Gesicht zu schminken, das Herz bedarf dessen
nicht. Ich kenne Leute, die sich genausooft in andre Gestalten und Wesen verwandeln, wie sie neue Ämter übernehmen,
und die, etwa Prälat geworden, selbst die Eingeweide in die-

sen Stand erheben und ihre Würde noch auf dem Klosett nicht ablegen.

Ich vermag ihnen nicht beizubringen, das ihnen geltende Hutabziehn von dem zu unterscheiden, das ihrem Amt, ihrem Gefolge oder ihrem Maulesel gilt. *Sie sind derart von ihrem Rang eingenommen, daß sie ihre Natur darüber vergessen.* So blasen und blähn sie ihre Seele und ihre natürliche Redeweise bis zur Höhe ihres Amtssessels auf. [ES. 509 /l–r]

Wenn man mich seinerzeit bei Erasmus eingeführt hätte, wäre es mir sicher schwergefallen, nicht all seine an den Diener oder die Wirtin gerichteten Anweisungen für Sinn- und Denksprüche zu halten. Wir stellen uns viel leichter einen Handwerker auf dem Abort oder seiner Frau vor als einen sich würde- und weisheitsvoll gebenden Präsidenten, denn wir meinen, von so hohen Thronen würde man sich nie dazu herablassen zu *leben*. [ES. 401/r]

Es ist höchste, fast göttergleiche Vollendung, wenn man das eigene Sein auf rechte Weise zu genießen weiß. Wir suchen andere Lebensformen, weil wir die unsre nicht zu nutzen verstehn; wir wollen über uns hinaus, weil wir nicht erkennen, was in uns ist. Doch wir mögen auf noch so hohe Stelzen steigen — auch auf ihnen müssen wir mit unsren Beinen gehn. [ES. 566/r]

Ich habe bisher kein ausgeprägteres Monster und Mirakel gesehn als mich selbst Ich habe auf der ganzen Welt bisher kein ausgeprägteres Monster und Mirakel gesehn als mich selbst. Zeit und Gewöhnung machen einen mit allem Befremdlichen vertraut; je mehr ich aber mit mir Umgang pflege und mich kennenlerne, desto mehr frappiert mich meine Ungestalt, desto weniger werde ich aus mir klug.

Wenn ich meinen Bedienten schelte, tue ich das aus Leibeskräften, und die Verwünschungen sind ernstgemeint und alles andre als gespielt; ist aber das Donnerwetter vorbei und er bedarf meiner, werde ich ihm gern helfen: Das Blatt hat sich bei mir im Nu gewendet. Heiße ich ihn einen Esel oder Hornochsen, so nicht in der Absicht, ihm diese Ehrentitel auf Lebenszeit anzuhängen; und ich glaube mich auch nicht Lügen zu strafen, wenn ich ihn kurz danach einen braven Kerl nenne. Keine Eigenschaft ergreift je voll und ganz von uns Besitz. Wäre es nicht das Benehmen eines Narren, Selbstgespräche zu führen, würde kein Tag, ja keine Stunde vergehn, da man mich nicht mich selber anknurren hörte: »Du Scheißkerl!« Und doch sehe ich mich damit nur unvollkommen definiert. [ES. 123/r]

Bei meinen Untersuchungen unserer Beweggründe und Verhaltensweisen sind mir die erdichteten Zeugnisse, soweit sie möglich scheinen, ebenso dienlich wie die wahren. Geschehen oder nicht, in Paris oder Rom, dem Hinz oder Kunz — stets zeigen sie mir, wozu Menschen fähig sind, und das zu wissen ist mir nützlich: Ich sehe mir jedes Beispiel an und ziehe hieraus, ob Wirklichkeit oder deren Schatten, meinen Gewinn; und von den verschiedenen Lesarten, die solche Geschichten oft bieten, bediene ich mich der jeweils ungewöhnlichsten und denkwürdigsten.

Es gibt Schriftsteller, deren Ziel darin besteht, zu erzählen, was geschehen ist. Das meine wäre, wenn ich es vollbringen könnte, zu erzählen, was geschehen *kann*. In den Schulen ist es mit Recht sogar erlaubt, sich mit Analogien zu behelfen, wenn keine Beispiele zur Hand sind. So weit gehe ich jedoch nicht, sondern übertreffe in dieser Hinsicht an Gewissenhaftigkeit alle historische Treue. Bei den Fällen, die ich hier aus dem heranziehe, was ich gelesen oder gehört, gesagt oder getan habe, bin ich nie der Versuchung erlegen, auch nur die ne bensächlichsten Dinge zu ändern. Wissentlich verfälsche ich kein Jota, ob unwissentlich — das weiß ich nicht. [ES. 59/l–r]

Das Recht zu entscheiden, ob wundersame Begebenheiten Glauben und Verbreitung finden, bleibt im wesentlichen Fortuna vorbehalten. Als ich vorgestern zwei Meilen von meinem Haus durch ein Dorf kam, fand ich den Ort noch in fiebernder Erregung, weil gerade ein vermeintliches Wunder aufgeflogen war; mehrere Monate lang hatte es die Nachbarschaft schon in Atem gehalten und selbst die angrenzenden Provinzen in Unruhe versetzt, so daß Menschen aller Schichten in hellen Scharen herbeizuströmen begannen.

Es ging um folgendes: Ein junger Einheimischer hatte sich eines Nachts einen Spaß daraus gemacht, in seinem Haus eine Geisterstimme nachzuahmen — an nichts Schlimmeres dachte er hierbei, als sich eben für den Augenblick zu vergnügen. Da ihm die Sache jedoch über Erwarten gut gelang, nahm er, um in seiner Posse noch mehr Register ziehn zu können, ein Mädchen aus dem Dorf hinzu, ein einfältiges und stockdummes Ding; und am Ende waren sie gar zu dritt, in gleichem Alter und von gleichem geistigen Format.

Anfangs verkündeten sie ihre Botschaften lediglich in den Häusern der Leute, dann aber auch öffentlich, indem sie sich unter dem Altar der Kirche verbargen, ihre Stimmen nur bei Nacht ertönen ließen und streng untersagten, Licht herbeizubringen. Von Worten, in denen von der Bekehrung der Welt und dem drohenden Jüngsten Tag die Rede war (denn das sind Dinge, hinter deren ehrfurchtgebietender Hoheit Bauernfängereien am leichtesten Unterschlupf finden), gingen sie zur Vorführung von allerlei spukhaften Erscheinungen über, die so läppisch und lachhaft waren, daß sich kaum etwas derart Plumpes im Spiel kleiner Kinder findet.

Hätte das Schicksal den Schwindel nur ein klein wenig begünstigen wollen, wer weiß, bis zu welchem Ausmaß er gediehen wäre! Zur Stunde sitzen die armen Teufel jedoch im Gefängnis und werden wahrscheinlich für die allgemeine Leichtgläubigkeit büßen müssen — und ich frage mich, ob nicht irgendein Richter sich für die seine an ihnen rächen wird. Im vorliegenden Falle sehen wir klar, weil er aufgedeckt ist; in vielen vergleichbaren aber, die wir nicht zu durchschauen vermögen, bin ich der Meinung, daß wir uns des Urteils enthalten sollten, ob pro oder kontra.

Viele — oder um es entschiedner zu sagen: sämtliche Fehlurteile auf der Welt entstehen daraus, daß man uns Furcht vor dem Eingeständnis unsrer Unwissenheit beibringt und wir daher alles hinzunehmen gehalten sind, was wir nicht widerlegen können. Über jegliche Sache spricht man in einem dogmatischen Ton, der keinen Einspruch duldet. Der römische Gerichtsstil hingegen verlangte, daß selbst die Aussage eines Augenzeugen und das auf sicherster Erkenntnis beruhende Urteil eines Richters in die Redeform des *Mir scheint* zu fassen seien. [ES. 518/1–r]

Was den ärztlichen Humbug betrifft, ist er mir so recht bewußt geworden, als ein Hausapotheker meines seligen Vaters — ein schlichter Schweizer, und dieser Volksstamm neigt ja nicht eben zur Wichtigtuerei und zum Flunkern — mir folgende Geschichte erzählte: Er habe in Toulouse lange Zeit einen kränklichen, an Nierensteinen leidenden Kaufmann gekannt, der oft Klistiere benötigte, die er sich seinem jeweiligen Krankheitszustand entsprechend von den Ärzten verschreiben ließ. Wurden sie dann herangebracht, durfte von den gewohnten Zubereitungen keine wegfallen, und häufig prüfte er durch Hineinfassen selbst, ob das Wasser auch nicht zu heiß sei.

Eingebildete Kranke

Da lag er nun bäuchlings hingestreckt, und alle Handgriffe wurden vorschriftsmäßig gemacht — nur: ein Einlauf fand nicht statt. Wenn sich der Apotheker nach diesem Ritual zurückzog und der Patient in einer Stellung verharrte, als ob er das Klistier erhalten hätte, spürte er die gleiche Wirkung wie jene, die es tatsächlich nehmen; und wenn der Arzt das Ergebnis nicht ausreichend fand, verordnete er zwei, drei weitere Einläufe derselben Art. Mein Zeuge schwört, daß die Frau des Kranken, um die Kosten zu sparen (denn der Patient bezahlte die Klistiere so, als ob er sie wirklich bekommen hätte), mehrmals nur laues Wasser in die Spritze füllen ließ, der ausgebliebene Effekt jedoch das Täuschungsmanöver verriet, so daß man, dessen Nutzlosigkeit einsehend, zum ersten Verfahren zurückkehrn musste.

Eine Frau, die glaubte, mit ihrem Brot eine Nadel verschluckt zu haben, schrie wie am Spieß und gab zu verstehn, daß sie an der Stelle im Hals, wo sie ihrer Meinung nach steckengeblieben sei, einen unerträglichen Schmerz verspüre; da aber von außen weder eine Schwellung noch sonst irgendeine Veränderung zu sehen war, vermutete ein gewitzter Kopf, daß es sich nur um eine Einbildung, eine fixe Idee handeln könne, ausgelöst von einer sie beim Hinunterschlucken pieksenden Brotkruste. Deshalb ließ er sie sich übergeben und warf in das Erbrochene heimlich eine verbogne Nadel. Da die Frau nun meinte, sie wirklich ausgespien zu haben, fühlte sie sich prompt von ihrem Schmerz befreit. [ES. 56/1–r]

Psychotherapie   Ich mußte einmal eine Dame trösten, die
zum Spaß   wahrhaft bekümmert war — ich sage wahrhaft, weil die meisten Bekümmernisse der
Damen unecht und aufgesetzt sind:

Tränen halten sie bereit für alle Fälle,
fließend nach Belieben — nie versiegt die Quelle.

Es wäre ein falsches Verfahren, wenn man ihnen ihren Schmerz ausreden wollte, denn Widerworte verbittern sie und verstricken sie tiefer in ihre Trübsal — man macht das Übel durch rechthaberisches Räsonieren nur noch schlimmer. Schon bei gewöhnlichen Gesprächen zeigt sich ja, daß man, sobald etwas achtlos Hingeworfnes bestritten wird, in Rage gerät und sich nun ganz darauf versteift; und erst recht gilt das für Dinge, die einen wirklich berührn.

Mit solch grobem Vorgehn gibt man dem Unternehmen einen wahrhaft schlechten Auftakt, wo doch gerade die erste Begrüßung des Patienten durch den Arzt locker, freundlich und einnehmend sein sollte; noch nie hat einer, der finster dreinblickt und abstoßend wirkt, etwas ausgerichtet.

Man muß also im Gegenteil zunächst auf die Klagen eingehn, zu ihrem Vorbringen ermuntern und bekunden, daß man ihnen eine gewisse Berechtigung zuerkennt. Durch dieses Einvernehmen gewinnt man das für den nächsten Schritt erforderliche Zutraun, so daß man sie nun in sanft gleitendem, unmerklichem Übergang für handfestere, dem Verschmerzen ihres Leids dienlichere Argumente aufnahmebereit machen kann.

Ich, dem es damals hauptsächlich darum ging, den Anwesenden, die ihre Augen auf mich gerichtet hatten, etwas vorzumachen, beschloß nun, dem Übel mit einem Trostpflaster abzuhelfen — zumal ich aus Erfahrung wußte, daß ich bei Überzeugungsversuchen eine ungeschickte und unglückliche Hand habe: Entweder trage ich meine Argumente zu spitz und zu trocken vor, oder zu aufbrausend, oder zu unbeteiligt.

Nachdem ich eine Weile auf den Schmerz der Dame eingegangen war, machte ich daher gar nicht erst den Versuch, sie mit triftigen, einleuchtenden Vernunftgründen hiervon zu kurieren, weil mir keine zu Gebote standen oder weil ich mein Ziel auf andre Weise besser zu erreichen gedachte; noch griff ich auf eine der verschiednen Tröstungen zurück, die die Philosophie verordnet: etwa daß wir uns sagen sollten, worüber man klage, sei überhaupt kein Übel (so Kleanthes), oder es sei nur ein leichtes (so die Peripatetiker), oder Klagen sei ein weder angemeßnes noch löbliches Tun (so Chrysippos); nicht einmal der meiner Sinnesart näherstehenden Lehre Epikurs bediente ich mich, der zufolge man die Gedanken von den unerfreulichen auf die erfreulichen lenken solle; und anders als Cicero wählte ich auch keineswegs eine geballte Ladung aus der ganzen Masse solcher Anweisungen, um das Ungemach dieser Dame zu bekämpfen.

Vielmehr lenkte ich unser Gespräch ganz sanft, Schritt um Schritt erst auf die nächstliegenden Dinge, dann in dem Maße, wie ihr Vertrauen zu mir wuchs, auf etwas weiter abliegende; solcherart befreite ich sie, ohne daß sie es gewahr wurde, von ihren quälenden Gedanken und versetzte sie in einen ruhigen, völlig entspannten Zustand, der auch anhielt, solange ich bei ihr war — kurz, ich bediente mich der Ablenkung.

Freilich fanden jene, die mein Tröstungswerk fortzusetzen suchten, keinerlei Beßrung mehr vor, denn ich hatte die Axt ja nicht an die Wurzel des Übels gelegt. [ESS. 413/r–414/l]

Auf der Durchreise in Vitry-le-François bekam ich einen Mann zu sehn, den der Bischof von Soissons unter seinem Taufnamen *Germain* gefirmt hatte, der jedoch bis zu seinem zweiundzwanzigsten Lebensjahr von allen Einwohnern für ein Mädchen gehalten und *Marie* genannt wurde. Er war unverheiratet, zum damaligen Zeitpunkt bereits alt und wies einen starken Bartwuchs auf. Seiner eignen Aussage nach seien ihm durch die Anspannung eines Sprungs plötzlich seine männlichen Geschlechtsteile hervorgeschnellt; die

Mädchen pflegen in dieser Gegend noch ein Lied zu singen, in dem sie einander warnen, allzu ausgreifende Schritte zu machen, damit sie nicht zu Burschen würden — wie *Marie Germain.*

Es ist gar nicht so verwunderlich, daß sich derartige Begebenheiten häufig zutragen, denn dieser Gegenstand übt ständig eine ungeheure Anziehungskraft auf die Phantasie aus. Wenn sie nicht immer wieder in dieselben hitzigen Gedanken und Bedrängnisse der Begierde zurückfallen will, tut sie tatsächlich besser daran (soweit sie das in solchen Dingen vermag), den Mädchen das männliche Glied ein für allemal anzuhängen und einzuverleiben. [ES. 53/l–r]

Das Problem der Willensfreiheit auf den Punkt gebracht

Was die Frauen angeht, tun sie nicht gut daran, die verfolgte Unschuld zu spielen und uns mit kratzbürstigem Gehabe zu empfangen, weil sie so unser Feuer zugleich entfachen und löschen. Die Schwiegertochter des Pythagoras sagte, die Frau, die sich zu einem Mann ins Bett begebe, müsse mit dem Rock auch das Schamgefühl ablegen und es hernach mit dem Unterrock wieder anziehn.

Die Seele des voranstürmenden Liebhabers verliert, wenn sie auf immer neue Weise in Aufregung versetzt wird und dadurch in Verwirrung gerät, leicht den Wind aus den Segeln; und wen die aufgewühlte Phantasie einmal die Schande des Versagens erleiden ließ — was nur bei den ersten Umarmungen geschieht, da sie am heftigsten und hitzigsten sind und folglich auch der Furcht vorm Scheitern in weit höhrem Maße unterliegen —, den versetzt das fehlgeschlagne Debüt in eine fieberhafte Angst vor solchem Mißgeschick, die ihn auch bei künftigen Begegnungen nicht mehr losläßt.

Verheiratete Männer sollten, da ihnen ja genügend Zeit zur Verfügung steht, sich niemals ans Werk begeben oder es gar übereilen, wenn sie dafür nicht gerüstet sind. Es ist besser, man läßt es gegen den Brauch in der Hochzeitsnacht sein, die Einweihung des Ehebetts in hitziger Aufregung zu erzwingen, und wartet die eine oder andre ruhigere und weniger zeremonielle Gelegenheit ab, als daß man sich für immer unglücklich macht, weil man aus Verzweiflung über das erste Scheitern völlig gelähmt bleibt.

Ehe der lustleidende Mann von der Gattin Besitz ergreift, sollte er in gewissen Abständen zur Selbstprüfung und als Angebot kleine Vorstöße unternehmen, bei denen er sich jedoch nicht darauf versteifen darf, er müsse jetzt schon die endgültige Bewährungsprobe bestehn. Hat einer sein Glied solcherart als von Natur aus gehorsam erfahren, sei es künftig sein alleiniges Anliegen, den Streichen seiner Phantasie einen Streich zu spielen!

Doch man hat durchaus recht, den häufigen Ungehorsam dieses Glieds zu rügen, das sich die Freiheit herausnimmt, gerade dann sich schamlos vorzudrängen, wenn wir keinerlei Gebrauch dafür haben, und ebenso schamlos zu erschlaffen, wenn wir es am nötigsten brauchen; so macht es herrisch unserm Willen die Herrschaft streitig und weist voller Trotz und Eigensinn all unsre mentalen und manuellen Beschwörungen ungerührt zurück.

Falls es aber, wollte man es dieser Aufsässigkeit wegen anklagen und daraus einen Schuldbeweis herleiten, mir ein Mandat zu seiner Verteidigung erteilte, würde ich mutmaßlich unsre anderen Glieder verdächtigen, als Konsorten diesen spiegelfechterischen Streit aus purem Neid auf die Annehmlichkeit und Wichtigkeit seiner Dienste vom Zaun gebrochen und sich verschworn zu haben, alle Welt gegen es aufzubringen, indem sie arglistig den ihnen gemeinsamen

Fehler ihm allein zur Last legten.

Ich bitte zu erwägen, so würde ich plädieren, ob es auch nur einen einzigen Teil des Körpers gibt, der seinen Dienst unserem Willen nicht ebenso häufig versagte, wie er gegen unsren Willen in Tätigkeit tritt.

Dieselbe Ursache, die dieses Glied in Bewegung setzt, hält, von uns unbemerkt, auch Lunge, Herz und Puls in Bewegung. Der Anblick eines anmutigen Wesens durchglüht uns ohne unser Zutun mit wahren Fieberschauern. Sind es etwa nur die Muskeln und Blutgefäße dieses Glieds, die unabhängig nicht allein von unserem Wollen, sondern auch von unsren Gedanken anschwelln und erschlaffen? Wir gebieten unseren Haaren nicht, sich zu sträuben, noch unsrer Haut, vor Begierde oder Furcht zu zittern. Die Hand fährt oft an eine Stelle, wo wir sie nicht hinbefahln. Die Zunge erstarrt und die Stimme erstirbt, wann immer sie wollen.

Selbst wenn wir nichts in der Pfanne, nichts in der Flasche haben, bringt unsere Eß- und Trinklust, so gern wir es ihr verwehren würden, die von ihr gesteuerten Körperteile in Wallung — nicht mehr und nicht minder als jene andere Lust die ihr zugewiesnen; und ganz genauso läßt sie uns nach eignem Gutdünken zur Unzeit im Stich. Die der Entleerung der Eingeweide dienenden Organe erweitern und verengen sich selbständig, ohne, ja gegen unsre Weisung, und das gleiche gilt für die Nieren.

Und wenn der heilige Augustinus zur Bekräftigung der Allmacht unseres Willens anführt, er sei jemandem begegnet, der seinem Hintern so viele Fürze abzufordern gewußt habe, wie er wollte, und sein Kommentator Vives dies durch das Beispiel eines Mannes noch überbietet, der zu seiner Zeit genau auf den Tonfall ihm vordeklamierter Verse abgestimmte Fürze habe herunterorgeln können, so ist damit keineswegs die völlige Beherrschbarkeit dieses Körperteils bewiesen — denn wo gäbe es einen, der ihn gemeinhin an Taktlosigkeit und Radaumacherei überträfe?

Ich selbst, das sei hinzugefügt, kenne einen Hintern, der derart turbulent und ungebärdig ist, daß er seinen Herrn seit vierzig Jahren ohne Unterlaß zu furzen zwingt, so daß er ihn auf diese Weise noch ins Grab bringen wird.

Wollte Gott, daß ich nur aus andrer Leute Erzählungen wüßte, wie oft uns der Bauch durch einen einzigen verhaltnen Furz bis an die Schwelle eines äußerst qualvollen Todes zu führn vermag — und daß jener Kaiser, der den Menschen die Freiheit gab, überall einen streichen zu lassen, ihnen auch das Vermögen dazu gegeben hätte! Was nun aber unseren Willen betrifft, dessen verletzter Rechte wir uns mit dieser Beschwerdeführung annehmen — aus wieviel triftigerem Grund könnten wir ihn nicht selber wegen seines Eigensinns und Ungehorsams der Rebellion bezichtigen! Will er denn immer, wie wir wollen, daß er wolle? Will er nicht vielmehr zu unserm offensichtlichen Nachteil oft gerade das, was zu wolln wir ihm verbieten? Läßt er sich etwa williger von unsren Vernunftschlüssen leiten?

So würde ich zum Schluß für meinen Herrn Mandanten folgendes Plädoyer halten: Möge das Gericht in Betracht ziehn, daß man, obwohl seine Sache untrennbar und unentwirrbar mit der einer Komplizin verflochten sei, ausschließlich ihn anklage, indem man Argumente und Beschuldigungen vorbringe, die angesichts der Beschaffenheit der beiden die Komplizin in keiner Weise beträfen und belasteten: Zwar würde auch sie sich manchmal zur unrechten Zeit anbieten, heimlich und verschwiegen, verweigern aber nie.

Fazit: Die Böswilligkeit und das Unrecht der Kläger lägen klar auf der Hand. [ESS. 53/r–56/l]

Nehmen wir die notwendigste und nützlichste Sache der menschlichen Gesellschaft, und das dürfte doch die Ausübung der ehelichen Pflichten sein. Der Rat der Heiligen findet aber den entgegengesetzten Weg ehrbarer und schließt die Priesterschaft als den hochwürdigsten Stand der Menschen folglich von ebendiesen Pflichten aus — wie wir ja auch das Beschälen der Stuten solchen Hengsten überlassen, die wir zu nichts andrem tauglich finden. [ES. 398/r]

Das erwartete Versagen eingestehen macht potent

Das Nestelknüpfen, jene lachhafte Behexung zur Impotenz, durch die sich unsre Männer derart bedroht fühln, daß sie von nichts anderem mehr sprechen, ist meiner Meinung nach meistens nur eine Ausgeburt von Angst und Furcht.

Von einem, für den ich wie für mich selbst einzustehn vermag und der über jeden Verdacht der Schwäche oder gar des Behextseins erhaben ist, weiß ich zum Beispiel, daß ihm folgendes passierte: Nachdem er einen seiner Freunde hatte erzähln hören, wie er im ungelegensten Augenblick auf ihm völlig fremde Weise versagt habe, jagte ihm, als er sich in einer ähnlichen Situation befand, der sich plötzlich wieder seiner Phantasie bemächtigende Bericht einen derartigen Schrecken ein, daß ihn das gleiche Mißgeschick ereilte; von da an war er ständig Rückfällen ausgesetzt, weil die Erinnerung an das (nun eigne) klägliche Scheitern ihm im Nacken saß und ihn tyrannisierte.

Schließlich aber kam ihm gegen dieses Hirngespinst ein rettender Gedanke: Er gestand die Wahrscheinlichkeit seines Versagens selbst offen ein und kündigte es sogar lauthals an, so daß der Druck auf seine Seele nachließ und er durch den Hinweis auf das zu erwartende Mißgeschick die Anforderung an ihn als weniger ängstigend empfand. Als sich ihm eine Gelegenheit seiner eigenen Wahl bot, nutzte er sie in der jetzt entkrampften, von niederziehenden Gedanken freien und daher auch körperlich gebührenden Verfassung, indem er die Probe aufs Exempel machen ließ und seine eingeweihte Gespielin zum schnellen Zugriff ermunterte — und im Handumdrehn war er von seinem Übel geheilt.

Wer auch nur einmal mit einer potent war, ist bei ihr nie mehr impotent (es sei denn im Zustand einer allgemeinen Körperschwäche).

Solch Ungemach ist nur bei Unternehmungen zu befürchten, in denen unsre Seele sich über die Maßen zwischen Verlangen und Einhaltung der Anstandsgebote hin und her gerissen fühlt, vor allem, wenn sich die günstigen Gelegenheiten unversehens einstelln und zur Eile drängen: Es bleibt einem dann keine Zeit, dieser Verwirrung Herr zu werden. Ich kenne einen, dem es da geholfen hat, sich mit einem zur Dämpfung seines Liebesfurors anderweitig vorbefriedigten Körper ans Werk zu machen und der jetzt im Alter dank der Verringerung seiner Potenz auch seine Impotenz verringert findet. [ESS. 53/r–56/l]

In Diskussionen gleicher Meinung zu sein ödet mich maßlos an. Prallen die Meinungen aufeinander, verärgert oder beleidigt mich das also keineswegs — es dient mir vielmehr als

Anregung und Ansporn. Man läßt sich nur ungern eines Besseren belehrn, und doch sollte man gerade dafür offen und bereit sein, namentlich wenn es nicht schulmeisterlich, sondern gesprächsweise erfolgt. Bei jedem Einwand aber pflegt es weniger zu interessieren, ob er stichhaltig ist, als wie man ihn sich mit welchen Winkelzügen auch immer vom Halse schaffen kann. Statt die Arme streckt man ihm die Krallen entgegen.

Ich würde von meinen Freunden auch harte Rippenstöße hinnehmen, selbst wenn sie sagten: »Was bist du für ein Trottel!« oder »Du spinnst!« Ich liebe es, wenn man in rechter Männergesellschaft kein Blatt vor den Mund nimmt, sondern so redet, daß die Worte mit den Gedanken Hand in Hand gehn — wir müssen unsre Ohren gegen den einschmeichelnden Klang der gesellschaftlichen Phrasen abhärten. Und ich liebe eine Freundschaft, in der einen die temperamentvolle Derbheit des Umgangs so ergötzt wie in der Liebe das Kratzen und Beißen bis aufs Blut. Eine Freundschaft ist nicht lebendig und weitherzig genug, wenn ihr die Streitlust fehlt, wenn sie sich nur höflich, maßvoll und förmlich gibt, wenn sie Zusammenstöße fürchtet und sich Zwang antut, denn ohne Widerrede kann man nicht disputiern.

Gibt man mir Kontra, erregt das meine Aufmerksamkeit, nicht meinen Zorn. Dem, der mir widerspricht, öffne ich mich: Ich lerne ja von ihm. Die Wahrheit sollte unser beider Anliegen sein. Was aber vermag einer zu antworten, dessen wütende Erregung bereits seine Urteilskraft getrübt und in Verwirrung gestürzt hat, noch ehe die Vernunft zum Zuge kam? Es wäre recht heilsam, über den Ausgang unsrer Dispute Wetten abzuschließen, so daß jedesmal, wenn wir verlieren, dies sich materiell niederschlüge. Folglich ließe sich hierüber Buch führn, und mein Diener könnte mir sagen:

»Voriges Jahr mußtet ihr zwanzigmal hundert Taler berappen, weil ihr von der Sache nichts verstanden habt und trotzdem verbohrt geblieben seid!«

Wie verlaufen denn letztlich unsere Debatten? Der eine geht nach Osten, der andre nach Westen. Im Wust der Nebendinge verlieren alle die Hauptsache aus den Augen. Nach einer Stunde stürmischer Auseinandersetzungen weiß keiner mehr, was er will. So zielt der erste zu tief, der zweite zu hoch, der dritte zu weit links oder rechts. Dieser klammert sich an ein Wort oder einen Vergleich, jener begreift nicht mehr, was man ihm entgegenhält, derart verrannt ist er in seinen Gedankengang: Statt den andern folgt er nur noch sich selbst.

Der Gestank des eigenen Mistes ist jedem der liebste Duft

Mancher wiederum merkt seine Lendenlahmheit und läßt sich auf nichts mehr ein, da er jede Stellungnahme fürchtet, nachdem er von Anfang an das Thema mißverstanden und alles durcheinandergebracht hat; oder er verbohrt sich auf dem Höhepunkt der Debatte gar in ein völliges Schweigen, wobei er aus Ärger über seine Unwissenheit so tut, als sei es stolze Verachtung, die ihn den Kampf fliehen läßt — wenn nicht, noch lächerlicher, reine Bescheidenheit.

Ein andrer ist derart wild aufs Zuschlagen, daß es ihn wenig kümmert, wieviel Deckung er damit verliert. Dieser zählt seine Wörter und meint, so gewönnen sie das Gewicht von Gründen; jener verläßt sich voll und ganz auf seine Überlegenheit an Stimm- und Lungenkraft.

Mancher widerlegt sich mit seinen Schlüssen selbst, mancher betäubt einen mit überflüssigen Vorreden und Abschweifungen, mancher schwingt nur die Keule reiner Schmähungen und bricht notfalls einen Streit um des Kaisers Bart vom Zaun, um einen ihm in der Argumentation überlegnen Geist abzuschütteln, der ihn hart bedrängt; und mancher schließlich hat zwar keine Ahnung, worum es geht, setzt einen aber mit den dialektischen Schlüssen seiner Sätze und dem Formelkram seines Fachs außer Gefecht.

Die Welt ist nur eine Schule der Erkenntnissuche. Trefflich zu zielen zählt in ihr mehr, als zu treffen. Einer, der Richtiges sagt, kann es auf so falsche Weise tun, daß er an Narrheit dem gleichkommt, der Falsches sagt: Keineswegs um das Was geht es hier, sondern um das Wie. Ich möchte die Form jedenfalls nicht minder im Auge behalten als den Inhalt, und gemäß der Empfehlung des Alkibiades den Sachwalter nicht minder als die Sache.

Tag für Tag vergnüge ich mich damit, in den Werken bestimmter Schriftsteller zu lesen, ohne mich um die Zuverlässigkeit ihres Wissens zu scheren, denn mich interessiert bei ihnen nicht die Materie, sondern die Manier — wie ich auch das Gespräch mit einem berühmten Geist nicht suche, damit er mich belehrt, sondern damit ich ihn kennenlerne und ihm folglich, wenn er es wert ist, nachzueifern vermag.

Jeder kann also etwas Richtiges sagen; doch es klug, wohlgeordnet und sachgerecht tun können nur wenige. Mich ärgert es daher keineswegs, wenn einer aus Unwissenheit etwas Falsches sagt, durchaus aber, wenn einer dumm daherredet; und ich habe schon manchen Handel, der für mich vorteilhaft gewesen wäre, wegen der unbedarften Auslassungen derer abgebrochen, mit denen ich zu tun hatte.

Kein einziges Mal im Jahr erbosen mich die Fehler an sich, die meine Leute begehn; wenn sie sich dann aber störrisch wie die Esel, ja saudumm auf ihre Behauptungen, Ausreden und Rechtfertigungsversuche versteifen, sind wir täglich drauf und dran, uns an die Gurgel zu springen. Sie kapieren weder, was man ihnen sagt, noch warum, und entsprechend fallen ihre Antworten aus — es ist zum Verzweifeln.

Nichts stößt mich so vor den Kopf wie Dickköpfigkeit, und ich finde mich eher mit der Unzulänglichkeit meiner Leute ab als mit ihrer hanebüchnen Dummdreistigkeit. Sollen sie getrost weniger tun, solange sie es zu tun fähig sind! Ständig lebt man in der Hoffnung, ihren Lernwillen anfeuern zu können, doch von diesen Klötzen ist nichts zu erhoffen, was einem dienlich wäre.

Wie nun aber, wenn ich die Dinge anders sähe, als sie sind? Möglich ist es ja; und deswegen mache ich mir wegen meiner Unduldsamkeit Vorwürfe. Ich finde diese Eigenschaft bei dem, der recht hat, genauso tadelnswert wie bei dem, der unrecht hat; denn es zeugt immer von tyrannischem Starrsinn, Einstellungen und Verhaltensweisen, die von der eignen abweichen, nicht ertragen zu können. Außerdem gibt es wahrhaftig keine größre und verbohrtere Dummheit, als sich über die Dummheiten der Welt zu ärgern und zu empören — und nichts Widersinnigeres, bringt dieser Ärger uns doch vor allem gegen uns selbst auf!

Heraklit wäre nie um einen Anlaß zum Weinen verlegen gewesen, solange er den Blick auf sich gerichtet hätte. Myson hingegen, einer der sieben Weisen, gab auf die Frage, worüber er so ganz für sich lache, im Sinne von Timon und Demokrit die Antwort: »Darüber, daß ich so ganz für mich lache!«

Wieviel Unsinn rede ich meiner Meinung nach Tag für Tag daher, und wieviel mehr noch, steht zu vermuten, nach Meinung der andern! Wenn ich mir hierüber schon selbst in die Lippen beiße — was sollen sie dann erst tun? Kurz, man muß mit den Lebenden leben und das Wasser unter der Brücke hinfließen lassen, ohne sich darum zu kümmern — oder zumindest, ohne deswegen den Kopf zu verlieren.

Es regt uns ja keineswegs auf, einem zu begegnen, dessen Körper verdreht und krumm gebaut ist — warum zum Teufel aber packt uns bei der Begegnung mit einem verdrehten Geist jedesmal die Wut? Solch brüskes Gebaren stellt den Kritiker mehr bloß als den Kritisierten. Wir sollten stets dieses Wort Platons im Munde führn: »Wenn ich etwas unvernünftig finde, liegt es nicht vielleicht daran, daß ich selbst unvernünftig bin? Könnte nicht ich es sein, der irrt? Läßt sich mein Vorwurf nicht gegen mich kehren?« Ein weiser, ja göttlicher Leitspruch, der das häufigste und landläufigste Fehlverhalten der Menschen geißelt!

Nicht nur die Vorwürfe, die wir gegeneinander erheben, sondern auch die in strittigen Fragen von uns vorgebrachten Argumente und Begründungen lassen sich gewöhnlich gegen uns selber wenden, so daß wir uns mit den eignen Waffen schlagen. Das Altertum liefert uns hierfür überzeugende Beispiele genug. Dazu fällt mir die höchst originelle und treffliche Sentenz ein:

> *Unser liebster Duft, was ist es?*
> *Der Gestank des eignen Mistes!* [ESS. 462/r–468/l]

Vom Vorteil
eines schlechten
Gedächtnisses

Keinem Menschen steht es schlechter an als mir, vom Gedächtnis zu reden, denn ich entdecke in mir kaum eine Spur davon, und ich bezweifle, daß es auf der ganzen Welt ein zweites gibt, das so ungeheuerlich versagt. All meine anderen Eigenschaften sind von der gewöhnlichen, durchschnittlichen Art, in dieser aber glaube ich ein seltnes, ja einmaliges Exemplar zu sein — würdig, mir damit Ruf und Ruhm zu erwerben.

Zu den natürlichen Mißlichkeiten, denen ich dadurch ausgesetzt bin (denn in Anbetracht der Notwendigkeit des Gedächtnisses hat Platon gewiß recht, es eine große und mächtige Gottheit zu nennen), kommt hinzu, daß man hierzulande, wenn man sagen will, einer habe keinen Verstand, zu sagen pflegt, er habe kein Gedächtnis; und wenn ich mich über die Schwäche des meinen beklage, schüttelt man vorwurfsvoll und ungläubig den Kopf: als ob ich mich damit für verrückt erklärte. Zwischen Gedächtnis und Intelligenz sehen sie keinen Unterschied. Ich bin also ziemlich der Dumme.

Die Leute tun mir jedoch unrecht, denn die Erfahrung zeigt eher im Gegenteil, daß ein ausgezeichnetes Gedächtnis oft mit schwachem Urteilsvermögen Hand in Hand geht. Und unrecht tun sie mir, der sich auf nichts so gut versteht, wie ein guter Freund zu sein, auch darin, daß sie mit ein und denselben Worten nicht nur mein Gebrechen bezeichnen, sondern mich sogar der Undankbarkeit zeihen: Gedächtnisschwäche hält man für Gefühlskälte, und aus einem natürlichen Mangel macht man einen Makel der Gesinnung. »Er hat diese Bitte vergessen«, sagt man etwa, »und jenes Versprechen.« Oder: »Selbst seiner Freunde erinnert er sich nicht.« Oder: »Er hat nicht einmal daran gedacht, mir zuliebe dies zu tun, das zu äußern, jenes zu verschweigen.« Gewiß kann ich leicht etwas vergessen, aber einen Auftrag, den mir ein Freund erteilt hat, auf die leichte Schulter nehmen, das tue ich nicht. Möge man meine Misere doch auf sich beruhn lassen, ohne daraus eine Art Böswilligkeit zu machen — eine Böswilligkeit zudem, die meinem Naturell völlig fremd ist!

Ich weiß mich freilich einigermaßen zu trösten: Erstens habe ich hauptsächlich dieses Übel zum Anlaß genommen, einem viel schlimmeren zuvorzukommen, das mich leicht hätte befallen können — dem Ehrgeiz nämlich; denn ein schlechtes Erinnerungsvermögen ist für jeden eine unerträgliche Behinderung, der sich die Geschäfte der Welt auf den Hals lädt. Außerdem hat die Natur bei mir — wofür es aus ihrer Geschichte manch ähnliche Beispiele gibt — von sich aus in gleichem Maße, wie das Gedächtnis schwächer wurde, andre Fähigkeiten gestärkt. Gewiß würde auch ich leicht der Versuchung erliegen, Geist und Urteilskraft träge in den Spuren Dritter dahintrotten zu lassen (wie es ja, ohne die eignen Kräfte in Schwung zu bringen, alle Welt tut), wenn die fremden Ideen und Meinungen mir dank eines guten Erinnrungsvermögens stets gegenwärtig wären.

So aber fasse ich mich beim Reden um so kürzer — ist doch der Speicher des Gedächtnisses meist mit mehr Material gefüllt als der des selbst Erfundnen. (Hätte ich mich auf mein Gedächtnis verlassen können, würde ich all meine Freunde taubgeschwätzt haben, denn die Themen befeuern mein nun einmal vorhandnes Talent, sie ständig hin und her zu wenden und dabei immer mehr in Fahrt zu kommen.) Es ist zum Erbarmen! Was ich bei einigen meiner engsten Bekannten erlebe, liefert mir die Bestätigung: In dem Maße, wie das Gedächtnis ihnen eine Sache wieder voll und ganz vergegenwärtigt, gehn sie mit ihrer Erzählung so weit zurück und beladen sie derart mit Nebensächlichkeiten, daß sie, wenn die Geschichte interessant ist, alles Interessante daran ersticken; ist sie es aber nicht, wünscht man entweder ihr langes Gedächtnis oder ihren kurzen Verstand zum Teufel.

Hat man erst einmal losgelegt, fällt es gewiß schwer, die Rede knapp zu beenden. Doch an nichts erkennt man die Kraft eines Pferdes besser als an seiner Fähigkeit zu einem glatten Halt. Selbst unter denen, die zur Sache sprechen, sehe ich solche, die sich dem Sog ihres Redeflusses zwar entziehn wollen, aber nicht können: Hilflos nach dem Schlußwort suchend, treiben sie mit ihrem Geschwafel immer weiter dahin — Menschen gleich, die aus Erschöpfung das Bewußtsein verlorn haben.

Vor allem die Greise sind gefährlich, denn die Erinnerung an die verfloßnen Dinge ist ihnen geblieben, verloren aber ging ihnen die Erinnrung, wie oft sie diese schon erzählten. Ich habe an sich recht lustige Geschichten aus dem Munde eines hohen Herrn für die Anwesenden äußerst langweilig werden sehn, weil sie jedem nach hundertmaligem Anhörn zum Hals heraushingen.

Zweitens gereicht es mir zum Trost, daß Gedächtnisschwäche, wie ein antiker Schriftsteller sagte, erlittne Kränkungen eher vergessen läßt. Ich müßte mir dafür eigens einen Souffleur halten — so wie seinerzeit Dareios, um die von den Athenern ihm zugefügte Schmach nicht aus dem Gedächtnis zu verliern, einem Knaben befahl, ihm jedesmal, wenn er sich zu Tisch setzte, dreimal ins Ohr zu rufen: »Herr, vergeßt die Athener nicht!« Auch lachen mich nun die mir entfallnen Orte und Bücher, wenn ich ihnen wiederbegegne, stets mit der Frische des völlig Neuen an. [ESS. 20/1–23/1]

2 LESEN

Bücher sind die beste Wegzehrung,
die ich für unsre irdische Reise
gefunden habe

Der Umgang mit wohlgearteten und lebenstüchtigen Männern hat das Ärgernis der Seltenheit, den mit schönen und edlen Frauen läßt das Alter welken. Daher hätten beide Arten des Umgangs meine Lebensbedürfnisse keineswegs hinlänglich befriedigen können, wäre als dritter nicht der Umgang mit Büchern hinzugekommen. Er ist weitaus zuverlässiger und mehr uns selbst an die Hand gegeben.

Er tritt an die ersten beiden zwar die ihnen gebührenden Vorzüge ab, dafür bietet er uns aber den der Beständigkeit und leichten Verfügbarkeit. Er weicht mir auf meiner ganzen Lebensbahn nicht von der Seite und steht mir allenthalben zu Diensten. Er tröstet mich im Alter und in der Einsamkeit. Er entlastet mich von der Bürde eines öden Müßiggangs und hält mir zu jeder Stunde unerwünschte Gesellschaft vom Leibe. Er stumpft die stechenden Schmerzen, falls sie nicht übermäch-

tig sind. Um einen lästigen Gedanken loszuwerden, brauche ich bloß zu den Büchern zu greifen — sie befreien mich davon, indem sie mich sogleich voll in Anspruch nehmen. Sie verübeln es mir nicht einmal, daß ich immer nur dann ihre Gesellschaft suche, wenn ich jene andren, wirklicheren, lebendigeren und natürlicheren Genüsse entbehren muß, sondern empfangen mich stets mit gleich freundlicher Miene.

Wer ein Pferd am Zügel führt, hat gut zu Fuß gehn, sagt das Sprichwort. Daß sich dieses Sprichwort durch seine Nutzanwendung mir bewahrheitet hat, ist freilich der ganze Gewinn, den ich aus den Büchern ziehe. Ich bediene mich ihrer nämlich kaum häufiger als jene, die überhaupt keinen Umgang damit haben. Ich genieße sie so, wie der Geizhals seine Schätze genießt: Die Gewißheit, sie genießen zu *können*, wann es mir beliebt, reicht mir, und meine Seele gibt sich mit diesem Verfügungsrecht vollauf zufrieden.

Ich reise daher zwar nie ohne Bücher, ob Krieg oder Frieden; doch es pflegt Tage und Monate zu dauern, ehe ich sie zur Hand nehme. Ich werde es demnächst tun, sage ich mir, morgen vielleicht oder wann immer ich Lust hierauf habe. Inzwischen läuft die Zeit dahin und vergeht, ohne mich zu ängstigen; denn es läßt sich gar nicht sagen, ein wie beruhigendes Gefühl mir das Bewußtsein gibt, daß die Bücher mir zur Seite stehn, um mich, sobald ich ihrer bedarf, zu erfreuen. Die Erkenntnis, welch große Hilfe sie für mein Leben bereithalten, gibt mir Sicherheit. Sie sind die beste Wegzehrung, die ich für unsre irdische Reise gefunden habe, und ich bemitleide zutiefst alle Menschen von Verstand, die ihrer ermangeln. Ich lasse mich nun um so eher auf jede andre Art von Vergnügen ein, wie belanglos es auch sei, weil ich weiß, daß ich jederzeit zu diesem zurückkehrn kann.

Wenn ich zu Hause bin, widme ich mich den Büchern etwas häufiger. Von meiner Bibliothek aus überschaue ich mein ganzes Hauswesen mit einem Blick. Sie liegt über dem Eingangstor, und ich sehe unter mir meinen Garten, meine Stallungen, meinen Innenhof und die meisten Teile meines Anwesens. Da oben blättre ich einmal in diesem, einmal in jenem Buch, ohne Ordnung, ohne Plan: wie es sich eben ergibt. Bald hänge ich im Hin- und Hergehen meinen Tagträumen nach, bald halte ich meine Hirngespinste fest und schreibe sie auf, wie sie hier nun stehn.

Die Bibliothek liegt im zweiten Stockwerk eines Turms. Das Erdgeschoß wird von meiner Kapelle eingenommen, das erste Stockwerk besteht aus einem Schlafgemach mit Nebenraum, wo ich mich oft hinlege, um allein zu sein; und darüber nun befindet sich die Bibliothek, die früher als große Kleider- und Wäschekammer diente und der unnützeste Raum meines Hauses war. Hier verbringe ich die meisten Tage meines Lebens und die meisten Stunden der Tage. Nachts aber halte ich mich dort nie auf. Daneben liegt ein recht wohnliches kleines Arbeitszimmer, das wohltuend licht ist und in dem winters Feuer gemacht werden kann.

Ich könnte, wenn ich die mit einem Umbau verbundnen Plackereien nicht noch mehr als die Ausgaben fürchtete (und Plackereien lassen mich vor welcher Unternehmung auch immer zurückschrecken), leicht auf jeder Seite und gleicher Höhe eine Galerie anbringen lassen, hundert Schritt lang und zwölf breit, da ich festgestellt habe, daß die dafür erforderlichen Mauern zu andern Zwecken samt und sonders bereits so weit hochgezogen sind, wie ich es benötigte.

Jeder Ort der Zurückgezogenheit braucht einen Wandelgang. Meine Gedanken schlafen ein, wenn ich sitze; mein Geist rührt sich nicht, wenn meine Beine ihn nicht bewegen — wie es allen ergeht, die ohne Buch studiern.

Die Form der Bibliothek ist rund (außer einem geraden Stück Wand, das für Tisch und Stuhl so eben ausreicht). Daher läßt sie mich mit einem Blick all meine in fünf Reihen übereinander aufgestellten Bücher sehn. Sie hat drei Fenster mit großartiger freier Aussicht und mißt sechzehn Schritt im Durchmesser.

Im Winter halte ich mich nicht ständig darin auf, denn mein Anwesen liegt, wie schon sein Name *Montaigne* sagt, auf einem Hügel, und kein Raum darin ist stärker den Winden ausgesetzt als dieses Turmzimmer; doch gerade daß es abgelegen und ein bißchen mühsam zu erreichen ist, gefällt mir, weil es mir so die Leute vom Leib hält und die körperliche Anstrengung mir guttut.

Arm dran ist, wer bei sich zu Hause nichts hat, wo er bei sich zu Hause ist

Hier also bin ich ganz zu Hause, hier suche ich ganz mein eigner Herr zu sein und diesen einzigen Winkel sowohl der ehelichen und töchterlichen als auch der gesellschaftlichen

Gemeinschaft zu entziehn. Überall sonst bin ich Herr nur dem Namen nach, in Wirklichkeit aber redet mir jeder dazwischen. Arm dran ist meines Erachtens, wer bei sich zu Hause nichts hat, wo er bei sich zu Hause ist, wo er sich verbergen, wo er mit sich selbst hofhalten kann. Wie fein entlohnt doch der Ehrgeiz seine Diener, indem er sie zeitlebens einer Marktsäule gleich zur Schau stellt! *Großes Glück ist große Knechtschaft*. Nicht einmal das Örtchen bietet ihnen einen Zufluchtsort.

LA TOUR DE MONTAIGNE
(1823)

An der Strenge des Lebenswandels, die sich unsre Mönche auferlegen, kommt mir nichts so hart vor wie die Regel einiger Orden, nach der sie bei all ihrem Tun mit einer großen Zahl andrer in immerwährender Gemeinschaft zusammensein müssen. Ich fände es notfalls erträglicher, immer allein zu sein, als es nie sein zu können.

Wer mir nun einwendet, es heiße die Musen entwürdigen, wenn man sich ihrer nur als Spielzeug und zum Zeitvertreib bediene, der weiß im Gegensatz zu mir nicht, welch hohen Wert Spaß, Spiel und Zeitvertreib haben — fast bin ich versucht zu sagen, jedes andre Ziel sei lächerlich. Ich lebe in den Tag hinein; und, mit Verlaub, ich lebe nur für mich: Hier endet all mein Sinnen und Trachten.

Als ich jung war, studierte ich, um damit großzutun, später ein wenig, um weiser zu werden, und jetzt, um mich zu vergnügen — nie aber, um Profit zu machen. Zwar trieb mich früher ein eitles und kostspieliges Verlangen dazu, mit den

Büchern nicht nur meinen Bedarf zu decken, sondern überdies drei von vieren gleichsam als Möbel zu betrachten, die mein Zimmer schmücken und so für mich Eindruck schinden sollten; doch diese Flause habe ich längst abgeschüttelt.

Die Bücher bieten denen, die sie recht auszuwählen wissen, viele Annehmlichkeiten. Doch kein Licht ohne Schatten: Auch diese Freude am Umgang mit ihnen ist sowenig wie alle andern rein und ungetrübt. Sie hat durchaus ihre Unannehmlichkeiten, sogar recht schwerwiegende; denn während der Geist sich beim Lesen betätigt, bleibt der Körper, dessen Wohlergehn ich auch nie aus dem Auge verloren habe, völlig untätig, so daß er verkümmert und verfällt. Ich wüßte daher kein Übermaß, das für mich schädlicher wäre und das ich nunmehr, da mein Leben zur Neige geht, mehr meiden müßte als das des Lesens. [ESS. 412/-413/r]

3 Lieben

Die Liebe ist eine fröhliche und
springlebendige Gefühlsregung

Es ist höchst einfältig, die Widrigkeiten des menschlichen Lebens durch Vorwegnahme zu verlängern, wie es jeder tut. Ich will lieber weniger lange alt sein als alt sein, ehe ich es bin. Noch die geringsten Gelegenheiten zum Vergnügen, die sich mir bieten, packe ich mit beiden Fäusten. Vom Hörensagen kenne ich zwar vielerlei Arten der Lust, die als weise, mannhaft und rühmlich gelten; andrer Leute Meinung hat jedoch nicht genug Macht über mich, meinen Appetit auf so etwas zu wecken: Weniger um Größe, Glanz und Gloria geht es mir bei der Lust als vielmehr darum, daß sie keine Mühe mache, leicht zur Hand sei und meinen Sinnen schmeichle. Meine Philosophie besteht im Tun, in der natürlichen Praxis des Hier und Heute — im Spekulieren kaum.

Ich hasse einen mißmutigen und mürrischen Geist, der über die Freuden des Lebens hinwegschleicht und lieber auf dessen Widerwärtigkeiten verweilt, um sich daran zu weiden.

Ich weiß nicht, wem es einfallen konnte, der Pallas und den Musen eine feindselige Haltung gegenüber Venus und eine kalte Zurückweisung Amors zu unterstellen. Ich jedenfalls kenne keine Gottheiten, die sich besser verträgen und einander mehr verdankten. Wer den Musen ihre Liebesträume nähme, würde sie ihrer schönsten Spiele und des edelsten Stoffs ihrer Werke berauben; und wer Amor den Umgang mit der Dichtkunst und den Genuß ihrer Dienste verlieren ließe, brächte ihn um seine besten Waffen.

Soweit ich mich darauf verstehe, kommt die bezwingende Macht Amors nämlich in den Darstellungen der Dichtkunst noch lebendiger und eindringlicher zur Geltung, als sie es an sich schon ist, denn

Verse haben Finger.

Die Dichtkunst überflügelt deswegen mit ihrem mir unergründlichen Liebeszauber die Liebe selbst, ist Venus doch in ihrer ganzen Nacktheit und vor Lust keuchenden Wirklichkeit nicht so schön wie hier bei Vergil:

Die Göttin, ihre Arme weiß wie Schnee, umschlingt
gelind Vulkan, den Zögernden, und schon durchdringt
die altvertraute Flamme, altvertraute Glut
des bebend Hingestreckten Mark und Bein und Blut:
Die Wolken spaltet so des Blitzes jäher Strahl,
mit Donner Feuergarben sprühend sonder Zahl.
. . . . . So liegt Vulkan,
vom Liebesdienst die Glieder schlaff, nun regungslos
und wohlig hingegossen in der Gattin Schoß.

Freilich ist dazu meines Erachtens anzumerken, daß der Dichter sie für eine verheiratete Venus doch etwas zu leidenschaftlich darstellt. Im vernunftgelenkten Geschäft der Ehe sind die sinnlichen Begierden nicht derart wild, sondern abgestumpfter und eher trübselig. Die Liebe haßt es, wenn zwei Menschen nicht ausschließlich um ihretwillen zusammenhalten, und nimmt deshalb nur als lustloser Gast an Verbindungen teil, die zu andren Zwecken eingegangen und aufrechterhalten werden, und das ist bei der Ehe der Fall: Familienbande und Vermögen haben darin zu Recht ebensoviel Gewicht wie Anmut und Schönheit, oder noch mehr.

Man heiratet nicht für sich, was immer man sagen mag, sondern in gleichem, wenn nicht stärkerem Maße für seine Nachkommen, für seine Familie. Der Brauch der Eheschließung nutzt weit über uns hinaus unserm ganzen Geschlecht. Daher gefällt mir die Gepflogenheit, eine Heirat eher durch

Dritte als durch das Paar selbst ausrichten zu lassen und sie auf das Urteil andrer statt aufs eigne zu gründen.

Wie entgegengesetzt ist das alles zu den Liebeshändeln! Deshalb finde ich es eine Art Unzucht, wenn man sich im so verehrungswürdigen und geheiligten Ehebund den maßlosen Ausschweifungen der Sinnenbrunst hingibt. Der Mann, sagt Aristoteles, dürfe seine Frau nur zurückhaltend und zuchtvoll berühren, damit sie, falls er sie allzu ungestüm reize, vor Wollust nicht außer Rand und Band gerate.

Und was dieser des Gewissens wegen rät, raten die Ärzte der Gesundheit wegen: Eine allzu heftige und hitzige Wolllust, erklären sie, verderbe den Samen und hemme die Empfängnis. Andrerseits sagen sie, daß man einen lauen Geschlechtsverkehr, wie es der eheliche von Natur aus ist, nur in beträchtlichen Abständen ausüben solle, damit sich die gebotene Inbrunst speichre,

weil des Mannes Samen nur zur Zeugung taugt,
wenn der Gattin Schoß ihn gierig in sich saugt.

Eine gute Ehe macht sich mit der Liebe nicht gemein Ich kenne keine Ehen, die schneller in Schwierigkeiten geraten und scheitern als jene, die sich auf Schönheit und Liebesverlangen gründen. Es bedarf hierzu festrer und dauerhafterer Fundamente sowie eines stets umsichtigen Vorgehns — überschäumendes Ungestüm ist da fehl am Platz.

Eine gute Ehe, falls es das gibt, macht sich mit der Liebe nicht gemein; sie strebt vielmehr dem Vorbild der Freundschaft nach: Sie ist eine linde Lebensgemeinschaft voller Beständigkeit und Vertrauen, mit einer unendlichen Zahl nützlicher und handfester wechselseitiger Dienste und Pflichten. Keine Frau, die auf den Geschmack gekommen ist,

weil den Rechten sie gefunden,
sich im Brautkleid ihm verbunden,

möchte jemals die Rolle einer Mätresse oder eines Liebchens ihres Gatten übernehmen. Wenn sie als Ehefrau in seinem Herzen wohnt, so wohnt sie darin weit ehrenvoller und sichrer. Sollte er bei einer andern den leidenschaftlich Entflammten spielen, frage man ihn doch nur, wem er lieber eine Schande zustoßen sähe, seiner Frau oder seiner Mätresse, wessen Unglück ihn tiefer treffen würde und welcher von beiden er mehr Ansehn wünsche! In einer gesunden Ehe steht die Antwort außer Zweifel.

Daß man so selten gute Ehen findet, zeigt deren Wert und Würde. Wenn man sie recht zu nehmen und zu gestalten weiß, gibt es keine trefflichere Einrichtung in unsrer Gesellschaft. Wir können sie nicht entbehren, und doch gehn wir daran, sie herabzusetzen. So tritt ein, was wir an den Käfigen beobachten: Die Vögel, die draußen sind, suchen verzweifelt hineinzukommen, und ebenso verzweifelt wollen jene, die drinnen sind, hinaus. Als man Sokrates fragte, ob man besser eine Frau nehme oder nicht, gab er zur Antwort: »Was immer man tut — beides wird einen gereuen!«

Die Ehe ist eine Zweckgemeinschaft, auf die dieses Wort genau zutrifft: *Der Mensch ist dem Menschen entweder ein Gott oder ein Wolf.* Es müssen sich viele Eigenschaften verbinden, um sie aufzubaun. Die einfachen Seelen des Volkes kommen heutzutage eher damit zurecht, weil sie bei ihnen weniger durch Genußsucht, Neugierde und Müßiggang beeinträchtigt wird. Ausschweifende Naturen hingegen wie die meine, der jede Art von Bindung und Zwang zuwider ist, sind weniger für sie geeignet,

fühle ich mich wohler doch
ohne Kette, ohne Joch.

Von mir aus würde ich sogar der Weisheit, falls sie mich gewollt hätte, die Ehe ausgeschlagen haben. Doch was immer wir auch daherreden — Sitte und Brauch führen uns im gewöhnlichen Leben doch am Gängelband. Die meisten meiner Handlungen folgen dem mir vorgehaltnen Beispiel, nicht dem freien Willen. Jedenfalls habe ich mich eigentlich nicht selbst zur Ehe entschlossen, sondern wurde hineingeführt: Es waren äußere Anstöße, die mich dazu bestimmten. (Nicht nur die lediglich unbequemen Dinge nämlich, sondern schlechthin alle, und seien sie noch so abstoßend, verwerflich und im Grunde unannehmbar, können unter gewissen Bedingungen und Umständen annehmbar werden. Auf so wackligen Füßen steht der Mensch!)

Als ich zur Ehe bestimmt wurde, war ich gewiß schlechter für sie gerüstet und von größerem Widerwillen erfüllt denn heute, da ich die Probe aufs Exempel gemacht habe. Und für wie zügellos man mich auch halten mag, befolgte ich in Wahrheit die Gesetze des Ehestands strenger, als ich es versprochen und selbst erwartet hatte. Die Zeit, wider den Stachel zu löcken, ist vorbei, wenn man sich erst einmal die Fesseln anlegen ließ. Man sollte wohlweislich auf die Wahrung seiner Freiheit bedacht sein; sobald man sich jedoch dem Zwang gebeugt hat, muß man sich auch an das Gesetz der gemeinsamen Pflichten halten, zumindest aber sich darum bemühn.

Jene hingegen, die diesen Handel nur eingehen, um hernach ihren Widerwillen und Haß hieran auszulassen, verhalten sich ungerecht und machen die Lage beschwerlich. Ebenso ungerecht und abträglich freilich ist die famose Lebensregel, die ich bei den Ehefrauen wie einen heiligen Orakelspruch von Hand zu Hand gehn sehe:

Dien deinem Mann als deiner Obrigkeit,
mißtrau dem Schurken aber jederzeit!

Das heißt doch nichts anderes als »Benimm dich ihm gegenüber mit geheuchelter, argwöhnischer, ja feindseliger Ehrerbietung« und kommt deshalb einem hingeworfnen Fehdehandschuh gleich, einer Kriegserklärung. Für solche Ausstechereien mit eingelegter Lanze bin ich zu dünnhäutig.

Ich will gerne zugeben, daß ich an Geschick und geistiger Gewieftheit noch nicht jene Perfektion erreicht habe, für recht nur das zu halten, was mir billig scheint, und alle Regel und Ordnung mit Hohn und Spott zu übergießen, die meinem Geschmack widerspricht. Bloß weil ich dem Aberglauben feind bin, stürze ich mich doch nicht kopfüber in den Unglauben. Auch wenn man nicht immer seine Pflicht tut, muß man sie wenigstens immer anerkennen und hochhalten. Es ist Untreue, eine Frau zu ehelichen, ohne sich mit ihr zu verheiraten.

Unser Dichter stellt uns eine Ehe voller Eintracht und gutem Einvernehmen dar, in der trotzdem nicht viel Treue herrscht. Hat er sagen wollen, daß es keineswegs unmöglich sei, dem Liebestrieb außerehelich zu frönen und dennoch den ehelichen Pflichten in gewissem Umfang nachzukommen — daß man die Ehe also knicken könne, ohne sie zu brechen? Mancher Knecht zweigt

Kann man die Ehe knicken, ohne sie zu brechen?

ja manches von dem, was seinem Herrn gehört, für sich ab, ohne daß er es aus Abneigung gegen ihn täte.

Die Frauen haben gar nicht so unrecht, wenn sie die in die Gesellschaft eingeführten Sittengesetze ablehnen — sind sie doch von den Männern ohne ihre Mitwirkung festgelegt worden. Es ist somit nur natürlich, daß es zwischen den Frauen und uns zu Reibereien und Auseinandersetzungen kommt; selbst wenn wir uns in noch so vielem einig sind, bleibt das Verhältnis turbulent und stürmisch.

Keine Leidenschaft ist unabweisbarer als die Liebe, und dennoch wollen wir, daß allein die Frauen ihr widerstehn — nicht nur wie jedem andren Laster *Männer wollen die* auch, sondern wie einem besonders *Frauen heiß und* abscheulichen Frevel, schlimmer als *kalt — in einem* Ketzerei oder Vatermord; wir aber geben uns ihr ohne Schuldgefühl und Gewissensbisse hin. Selbst jene unter uns, die ihrer Herr zu werden suchten, haben offen genug bekannt, wie schwierig, ja wie unmöglich es sogar bei Anwendung materieller Mittel sei, den Leib abzukühlen, zu mäßigen und matt zu setzen. Von unsern Frauen hingegen verlangen wir nicht nur Gesundheit und Lebenskraft, Frische und Fülle, sondern Keuschheit obendrein — wir wollen sie heiß und kalt in einem!

Die Liebeskunst ist ihren Adern eingeborn,
der Venus Glut
in ihrem Blut,
und von ihrer Natur, ihrer Jugend und ihrer Gesundheit, diesen trefflichen Lehrerinnen, wird sie ihrer Seele ständig neu eingehaucht: Sie brauchen sie nicht zu erlernen.

Noch nie hat eine Taube wonnevoller je
mit schnellem Picken ihrem Tauber, weiß wie Schnee,
so viele Küsse abgeschnäbelt nimmermüd
als ihrem Mann ein Weib, in Liebesbrunst erglüht.

Hätte man diese natürliche Heftig- *Alles ist von der Be-*
keit ihres Begehrens durch die Angst *gierde nach Paarung*
vor ihrem Ehrverlust, die man ihnen *durchdrungen*
einflößte, nicht ein wenig im Zaum
gehalten, wären wir bloßgestellt. Die Bewegung der ganzen
Welt läuft auf die Paarung hinaus. Alles ist von der Begierde
danach durchdrungen, sie ist der Mittelpunkt, nach dem sich
alles richtet.

Bei den meisten Völkern wurde das männliche Glied zum
Gott erhoben.

In Rom fiel den tugendhaftesten Familienmüttern die
Ehre zu, dem Gott Priapus Blumen und Kränze darzubrin-
gen; und die Jungfrauen hieß man bei der Hochzeitsfeier,
sich auf dessen unanständigste Teile zu hocken. Ich frage
mich, ob das, was ich zu meiner Zeit gesehen habe, nicht
Züge einer ähnlich abgöttischen Verehrung trägt: Denn welchem andern Zweck diente wohl jener den Hosen unsrer
Väter aufgenähte lächerliche Beutel, wie man ihn noch bei
unsern Schweizern sieht? Und warum stellen wir heutzutage die Form unsres sich den Hosen eindrückenden Glieds
so offen zur Schau und, was
schlimmer ist, vergrößern es
oft gar durch betrügerische
Manipulationen über sein natürliches Maß?

Ich möchte freilich glau-
ben, daß diese Art Kleidung
in besseren und ehrlicheren
Zeiten nicht zur Täuschung,
sondern zu deren Verhind-
rung erfunden wurde: Jeder
Mann sollte damit aller Welt
mit gleicher Offenheit vor

Augen führn, wie er ausgerüstet war (und bei den einfachsten Völkern entspricht dergleichen Veranschaulichung heute noch ungefähr der wirklichen Größe). Damals wollte man über das, was dieses arbeitsame Glied zu bieten hat, genauso Bescheid wissen wie wir heute über die Abmessungen von Arm und Fuß.

Die verheerendste Krankheit der Seele: Eifersucht

Unser maßloser, nicht zu rechtfertigender Groll gegen die weibliche Wolllust entspringt der wahnhaftesten und verheerendsten Krankheit, von der die menschliche Seele befallen wird: der Eifersucht.

Sie und der Neid, ihr Zwillingsbruder, scheinen mir in der Tat von der ganzen Sippschaft der Laster am hirnverbranntesten zu sein.

Wenn die Eifersucht jene armen Seelen, die ihr ohne Widerstandskraft erliegen, am Wickel hat, ist es mitleiderregend, wie grausam sie davon hin und her geworfen und tyrannisiert werden. Zunächst schleicht sie sich bei ihnen unter dem Vorwand liebender Zuneigung ein — sind sie aber erst einmal von ihr voll erfaßt, wandelt sich dieser angebliche Beweggrund in eine Triebfeder tödlichen Hasses. Unter allen Seelenkrankheiten ist sie jene, der die meisten Dinge zur Nahrung und die wenigsten zur Heilung dienen. Alles: Kraft und Gesundheit des Mannes, seine Verdienste und sein Ansehn schüren den Brand ihrer rachsüchtigen Wut immer weiter.

Von Lieb' gespeister Haß:
ein bodenloses Faß.

Was Vergil über die eheliche Sinnenlust von Venus und Vulkan sagt, trifft noch mehr auf die der außerehelichen, in aller Heimlichkeit genoßne von Venus und Mars zu, wie sie uns Lukrez darstellt:

So wühlt der waffenmächt'ge Mars, der Herr des
Krieges,
sich lechzend oft in deinen Schoß, erliegt des Sieges
Gewalt der ew'gen Liebeswunde; und er hebt
den Blick zu dir, o Augenweide, und erbebt,
vereinen eure Odem sich an deinem Mund.
Dein heil'ger Leib umfließe den Erschlafften, und
aus deinen Lippen, Göttin, laß der zärtlich-süßen,
der liebestrunknen Worte Labsal sich ergießen!

Ich finde, daß die Liebe letzten Endes nichts anderes ist als das Dürsten nach dem Genuß eines begehrten Menschen, und die von Venus verkörperte Sinnenlust uns Männern nichts anderes als das Wonnegefühl beim Entleeren der Hoden. Wahl- und maßlos betrieben aber, wird die Liebe zum Laster. Für Sokrates ist sie der von der Schönheit ausgelöste Fortpflanzungstrieb.

Wenn ich mir immer wieder den lächerlichen Kitzel dieser Sinnenlust betrachte, die absonderlichen und hirnverbrannten, ja völlig blinden Gefühlsregungen, die sie in Zenon und

Kratippos aufwühlte, diese hemmungslose Raserei, dieses beim lieblichsten Werk der Liebe vom Furor der Grausamkeit durchglühte Gesicht, dann dieses inmitten solch ausgelaßnen Tuns auf einmal völlig entrückte, todernste Sichanstarrn; und wenn ich weiter bedenke, daß die Organe unserer Wonnen mit denen unsres Unrats wahllos nebeneinander untergebracht sind und die höchste Wollust gleich dem Schmerz von Klagelauten und Ohnmachtsängsten begleitet ist — wenn ich all das betrachte und bedenke, dann glaube ich, daß Platon mit seiner Bemerkung recht hat, der Mensch sei das Spielzeug der Götter —

wie grausam, daß aus Lust am Quälen
sie uns zu ihren Opfern wählen —,

und daß die Natur aus schierer Spottsucht uns das aufwühlendste Tun als unser gewöhnlichstes vermacht hat, um uns alle gleichzusetzen und Narren wie Weise, Menschen wie Tiere auf eine Stufe zu stelln.

Male ich mir aus, den vergeistigtsten und weisesten Mann im Liebesakt anzutreffen, würde ich ihn als Schelm bezeichnen, wenn er mir aufbinden wollte, er sei vergeistigt und weise am Werk: Schaut sich der Pfau auf die Füße, schrumpft ihm augenblicklich das Rad.

Warum denn solln wir uns versagen,
die Wahrheit lachend vorzutragen?

Jene wiederum, die aus den Spielen jeden ernsthaften Gedanken verbannen wollen, handeln, hat jemand gesagt, wie ein Mann, der die Statue eines Heiligen anzubeten fürchtet, wenn die Schamteile unverhüllt sind.

Wie die Tiere müssen auch wir essen und trinken; gleichwohl behindern diese Verrichtungen nicht das Schalten und

Walten unseres Geistes, durch das wir *Der Liebesakt bringt*
unsren Vorrang ihnen gegenüber be- *all unser Denken*
haupten. Der Liebesakt jedoch bringt *unter sein Joch*
all unser Denken unter sein Joch und
zwingt mit seinem unabdingbaren Herrschaftsanspruch sogar die Theologie und Philosophie Platons zu diesbezüglich
rein tierischen Betrachtungen — ohne daß er sich darüber
beklagte.

Bei allen sonstigen Dingen kann man einen gewissen An-
stand wahren, alle sonstigen Verrichtungen gehorchen gewissen Regeln der Ehrbarkeit; diese aber empfindet man schon in
der Vorstellung als lasterhaft oder lächerlich. Probiert doch
einmal, ob sie sich mit Sinn und Verstand handhaben läßt!

Alexander pflegte zu sagen, er erkenne, daß er sterblich sei,
vorwiegend am Schlaf und an ebendieser Verrichtung: Der
Schlaf unterdrücke und ersticke unsere seelischen Kräfte,
und der Beischlaf ziehe sie von uns ab und verstreue sie. In
der Tat ist er ein Brandmal nicht nur unserer Erbsünde, sondern auch unsrer Verunstaltung und Nichtigkeit.

Einerseits drängt uns die Natur hierzu, hat sie dem Ge-
schlechtstrieb doch die edelste, nützlichste und angenehmste
Aufgabe ihres Waltens zugewiesen; andrerseits läßt sie es
geschehen, daß wir, als wäre diese unanständig, ja schändlich,
über sie erröten, ihr aus dem Wege gehn und sie verurteiln —
mit der Empfehlung, sich ihrer zu enthalten. Machen wir uns
aber nicht zu Tieren, wenn wir den Akt *tierisch* nennen, der
uns hervorbringt?

In ihrer Religionsausübung weisen die Völker viele Ähn-
lichkeiten auf: fromme Gaben und Lichter, Weihrauch und
Fastentage sowie Opferrituale; und häufig eben auch die
Verurteilung des Liebesakts. Alle erdenklichen Auffassungen
und Gepflogenheiten kommen vor, sogar der weit verbreitete Brauch der Beschneidung — als Strafe!

Doch vielleicht haben wir sogar recht, wenn wir es uns zum Vorwurf machen, etwas so Dummes wie einen Menschen zu zeugen, wenn wir diese Verrichtung *schändlich* nennen und wenn wir die dazu benutzten Organe als *Schamteile* bezeichnen.

Bei den Essenern, von denen Plinius spricht, sah man weder Ammen noch Säuglinge, und dennoch blieb ihre Bevölkerungszahl über mehrere Jahrhunderte gleich: durch den ständigen Zustrom von Fremden, die sich ihnen anschlossen und ihre wunderlichen Anschauungen übernahmen. So setzte sich ein ganzes Volk lieber der Gefahr der Selbstauslöschung aus, als daß die Männer zur Umarmung einer Frau bereit gewesen wären. Lieber ließen sie all ihre Menschen aussterben, als einen zu zeugen!

Zenon soll ein einziges Mal in seinem Leben einer Frau beigewohnt haben — und dies nur aus Höflichkeit, um nicht den Eindruck zu erwecken, er lehne das weibliche Geschlecht allzu starrsinnig ab.

Jeder läuft weg, wenn der Mensch geboren wird, jeder läuft herbei, wenn er stirbt. Um ihn fertigzumachen, wählt man ein weites Schlachtfeld im hellen Tageslicht; um ihn anzufertigen, verkriecht man sich in den engsten und dunkelsten Winkel: Die Pflicht gebietet, ihn heimlich zu erschaffen und hierbei zu erröten, Ruhm aber bringt es ein, ihn hinwegzuraffen und zu töten, und eine ganze Reihe Tugenden folgt dem nach. Das eine ist Missetat, das andre Wohltat — wie ja schon Aristoteles sagte, in seinem Land bedeute die Wendung *jemandem etwas Gutes tun*, daß man ihn töte.

Um Zeugen und Töten als gleichermaßen verwerflich zu erklären, verboten die Athener, als sie zur Besänftigung Apolls die Insel Delos einem Reinigungsritual unterzogen, für deren gesamten Bereich sowohl jede Geburt als auch jedes Begräbnis.

Da wir unser ganzes Sein für verfehlt halten,
sind wir vor Scham
uns selber gram.

Die Liebesverse von Vergil und Lukrez scheinen mir die Fleischeslust durch deren zurückhaltende und verhüllende Darstellung nur um so deutlicher zu enthülln. Die Frauen bedecken ihren *Zurückhaltung ist* Busen mit einem Flor, und die Priester *eine Art List* ihr Kultgerät mit Tüchern. Die Maler durchschatten ihre Bilder, um deren Leuchtkraft zu erhöhen, und man sagt, daß Sonnenstrahlen und Windstöße gebrochen größere Kraft entfalten als ungebrochen.

Jener Ägypter, den einer fragte, was er da verborgen unter seinem Mantel trage, antwortete sehr weise: »Es ist unter meinem Mantel verborgen, damit du nicht erfährst, was es ist.« Freilich gibt es auch bestimmte Dinge, die man verbirgt, um sie zu zeigen. Wenn ich aber diesen hier freiweg sagen höre:

So drückte ich das nackte Weib
mir immer enger an den Leib,

ist mir, als wollte er mich zum Kapaun machen. Martial mag die Röcke der Venus so hoch heben, wie er will — anders als Vergil und Lukrez gelingt es ihm dennoch nicht, sie in ihrer vollen Schönheit zu zeigen. Wer alles sagt, übersättigt uns derart, daß er uns den Appetit nimmt; wer sich hingegen zurückhaltend ausdrückt, regt unsre Gedanken an, in seinen Worten mehr zu suchen als drinsteckt.

Zurückhaltung ist folglich eine Art List, besonders dann, wenn man, wie die beiden Dichter es tun, unserer Phantasie gleichzeitig einen schmalen Durchblick auf den schönen Weg zum Verheißnen öffnet: In der Liebe müssen Dichtung und Verrichtung nach Diebesgut schmecken.

Spanier und Italiener gehen hier mit mehr Respekt und Rücksicht zu Werke als wir, verstohlener und verschwiegner — und das gefällt mir. Irgendwer unter den Alten wünschte sich, sein Schlund wäre so lang wie der eines Kranichs, um länger schmecken zu können, was er verschlingt. Einen solchen Wunsch fände ich bei der überstürzten und flüchtigen Wollust des Liebesakts noch angebrachter (namentlich für Naturen wie die meine, deren Fehler das Ungestüm ist). Um deren Flucht aufzuhalten und das Vergnügen in Vorspiele hinein zu erweitern, werten Spanier und Italiener denn auch alles als Beweis von Gunst und Gegenliebe: einen zugeworfnen Blick, eine Neigung des Kopfes, ein Wort, einen Wink. Wen der Duft des Bratens sättigen könnte — würde der nicht ganz schön was sparen?

Die Liebe ist eine Leidenschaft, die sehr wenig Wesentlichem sehr viel Eitelkeit und leeres Wähnen beimischt. Dementsprechend sollte man ihr zu Diensten sein. Laßt uns also die Frauen lehren, sich ins rechte Licht zu setzen, sich zu schätzen und uns mit ihren Spielen beschäftigt zu halten, indem sie uns ein X für ein U vormachen.

Bei uns kommt der Sturmangriff immer vorm Scharmützel — nie vermögen wir Franzosen unser Draufgängertum zu zügeln. Ließen wir die Frauen ihre Gunstbezeigungen gemächlich ausspinnen und uns stückchenweise zuteilen, bliebe für jeden bis in sein kümmerliches Greisenalter ein seinem Wert und Verdienst angemeßner Zipfel davon übrig.

Teures Fleisch mundet am besten   Wer Genuß nur am Genuß findet, wer nur alles oder nichts gewinnen will, wer an der Jagd nur die Beute liebt, der hat in unsrer Schule nichts zu suchen. Je mehr Stufen zu ersteigen sind, desto höher und ruhmvoller ist die letzte. Es sollte uns Freude machen, wie in prächtigen Palästen auf mancherlei Umwegen durch verschiedne Porta-

le und Passagen, durch lange und luftige Säulenhallen zu dieser letzten geführt zu werden, denn ein solch bedächtiges Voranschreiten käme uns zugute: Wir würden immer wieder verweilen wolln, und unsre Liebe gewänne so an Dauer. Bleiben Sehnen und Hoffen nicht erhalten, gelangen wir nirgendwohin.

Nichts sollten die Frauen mehr fürchten, als daß wir sie voll und ganz in Besitz nehmen und unserer Herrschaft unterwerfen: Haben sie sich erst einmal auf Gnade und Ungnade unsrer Treue und Beständigkeit ausgeliefert, wird es für sie recht gefährlich, denn diese Tugenden sind anstrengend und daher selten. Kaum gehören die Frauen uns, gehören wir nicht mehr ihnen,

weil für die Männer, ist die Fleischeslust gestillt,
kein feierlich gegebnes Wort, kein Eid mehr gilt.

Teures Fleisch mundet am besten. Seht euch doch an, wie sehr der für unser Land bei der Begrüßung so kennzeichnende Austausch von Küssen deren Reiz abgenutzt hat — und dabei sagt Sokrates, ihnen wohne die gefährliche Macht inne,

unsere Herzen zu stehln! Unser Brauch jedenfalls ist abstoßend und namentlich den Damen gegenüber eine Zumutung,
müssen sie doch ihre Lippen jedem darbieten, der drei Lakai-
en zum Gefolge hat, wie widerwärtig sie ihn auch finden,

> *selbst dem da mit der feuchten Hundenase, zum*
> *Erschrecken!*
> *Seh'n Fäden blauen Rotzes sie in seinem Barte stecken,*
> *wär's ihnen hundertmal wohl lieber, ihm den Arsch*
> *zu lecken.*

Aber auch wir selber fahren dabei kaum besser; denn so, wie
die Welt nun einmal aufgeteilt ist, müssen wir für drei schöne
Frauen fünfzig häßliche küssen; für einen schwachen Magen,
wie ihn Männer meines Alters haben, ist jedoch ein appetit-
licher Kuß mit einem unappetitlichen allzu teuer bezahlt.

Die Italiener spielen selbst bei jenen Frauen den schmach-
tenden Verehrer, die käuflich sind; und sie verteidigen dies
wie folgt: Es gebe Stufen im Liebesgenuß, und indem sie
auch Dirnen hofierten, wollten sie dessen höchste für sich
erreichen. Dergleichen Frauen verkauften ja nur den Körper,
ihre Gefühle aber stünden nicht zum Verkauf, denn hierüber
behielten sie ihr freies Verfügungsrecht; darum, sagen diese
Männer, machten sie gerade die Gefühle zum Ziel ihres Wer-
bens. Wie recht sie haben! (Wer Italien kennt, wird sich nicht
wundern, daß ich Beispiele zu unserm Thema nirgendwoher
anders nehme — kann sich dieses Land in Liebesdingen doch
als Lehrmeister der Welt bezeichnen.)

Sobald die Frauen darangehen, uns der Härteprüfung zu
unterziehn, werden sie uns soundso oft ihrer Wahl nicht
würdig finden:

> *Sie tastet prüfend sich hinan an seine Lenden,*
> *sein Glied jedoch hängt ihm nur kläglich schlaff und*
> *schlapp,*

als wär's 'ne feuchte alte Lederschnur, herab,
und selbst mit flinkster Hand kann sie die Not nicht
wenden.
Mit gutem Willen allein ist es da nicht getan. Dem Gesetz
zufolge machen Impotenz und Zeugungsunfähigkeit eine Ehe
ungültig:
Sie suchte einen andern, dessen stark' Gemächte
den Jungferngürtel ihr zu lösen fertigbrächte —
warum auch nicht? Oder sie hätte,
wenn das Werk, worauf sie seufzend dringt,
das so süße, immer ihm mißlingt,
von vornherein eine ihren Bedürfnissen gemäßre, ausschwei-
fendere Liebesbeziehung eingehn müssen.

Ist es nicht überhaupt eine Unver-   *Die Manneskraft*
schämtheit, wenn wir uns mit unsren   *der Greise: Nichts*
Mängeln und Schwächen ausgerechnet   *als Strohfeuer*
dorthin begeben, wo wir zu gefallen, wo
wir Wertschätzung und Ansehn zu
gewinnen suchen? Um des wenigen willen, was mir zur Stunde überhaupt noch abgeht,
denn kaum kann ich mit meinem Schlaffen
das Werk ein einz'ges Mal nur schaffen,
möchte ich keine Dame behelligen, der ich Achtung und
Ehrerbietung schulde.

Woher nehmt ihr die Dreistigkeit, euch zur Oberherrschaft
selbst über jene Frauen aufzuwerfen, die euch ihre Gunst auf
eigne Kosten schenken —
wie oft wird doch in schwarzer Nacht
ihr Liebesdienst euch dargebracht —,
und euch ihnen gegenüber sogleich die Vorrechte und das
kalte Machtgebaren eines Ehemanns anzumaßen? Es handelt
sich doch um eine freie Vereinbarung. Warum haltet ihr

euch, wenn ihr wollt, daß sie sich daran halten, nicht selbst daran? Freiwilligkeit schließt Gänglung aus.

Es widerspricht dem üblichen Verhalten — dennoch ist es wahr, daß ich zu meiner Zeit diesen Handel, soweit seine Natur es zuließ, nicht minder gewissenhaft als irgendeinen andern betrieben habe und hierbei möglichst gerecht zu sein versuchte, denn ich täuschte den Frauen nie mehr Liebe vor, als ich tatsächlich empfand, sondern gab ihnen offen und ehrlich deren Aufkeimen, Erblühn und Dahinwelken zu erkennen, Flut und Ebbe. Man geht ja nicht immer mit gleichem Schwung zu Werke. Ich war so sparsam mit meinen Versprechen, daß ich glaube, mehr gehalten als versprochen zu haben; und mehr, als ich ihnen schuldete.

Auf meine Treue konnten sie selbst in ihrer Untreue bauen, ihrer zugegebnen und manchmal gar wiederholten. Nie habe ich mit einer gebrochen, solange ich an ihr hing — und sei's nur am Ende des dünnsten Fadens; und nie auch, sie mochte mir noch soviel Anlaß hierzu gegeben haben, ließ ich es beim Auseinandergehn zu Verachtung und Haß kommen; denn ich fühle mich in solch intimen Beziehungen, auch wenn man sie durch verwerflichste Absprachen erlangt hat, stets zur Aufrechterhaltung eines gewissen Wohlwollens verpflichtet.

Gewiß bekamen die Frauen, wenn ich sie bei ihren Ränkespielen und Winkelzügen ertappte und wir in Streit gerieten, zuweilen meinen Unwillen und meine dann ziemlich wild dreinfahrende Wut zu spürn — neige ich doch von Natur aus zum Jähzorn, der, obwohl nur oberflächlich und kurz, mir oft meinen Handel verdirbt. Und falls sie ausprobieren wollten, wie unverblümt ich meine Urteile vorzubringen wisse, habe ich nie mit scharfen väterlichen Ermahnungen hinterm Berg gehalten, sondern stets, wie weh es ihnen auch tun mochte, den Finger auf die Wunde gelegt.

Wenn ich ihnen je Grund gab, sich über mich zu beklagen, dann allenfalls darin, daß ich beim Lieben im Vergleich zum heutigen Brauch auf einfältige Weise gewissenhaft vorging. Ich *Der Zeugungswunsch muß der Ehe vorbehalten bleiben* habe mein Wort selbst da gehalten, wo ich leicht hiervon entbunden worden wäre. Ehe die Frauen sich damals hingaben, stellten sie, um ihren Ruf zu bewahren, manchmal gewisse Kapitulationsbedingungen, die zu brechen sie dem Eroberer jedoch ohne weiteres zu gestatten pflegten. Um ihrer Ehre willen habe ich aber mehr als einmal auf dem Höhepunkt der Begierde die Segel gestrichen und sie gar, wenn die Vernunft mich dazu trieb, gegen mich gewappnet, so daß sie nach meinen Regeln, hatten sie diese erst einmal aus freien Stücken übernommen, sich sicherer und selbstbewußter zu geben vermochten, als es ihnen nach den eignen möglich gewesen wäre.

Soweit ich konnte, habe ich mir allein das Risiko unserer Verabredungen aufgebürdet, um die Frauen davon zu entlasten, und unsre Liebesabenteuer wurden von mir, damit sie weniger Argwohn erregten, auf den steinigsten, von keinem für gangbar erachteten und ebendarum, wie ich fand, gangbarsten Wegen ins Werk gesetzt. Dinge, um die man sich am wenigsten sorgt, werden auch am wenigsten im Auge behalten und geschützt. Etwas, von dem niemand glaubt, daß ihr es wagen werdet, könnt ihr um so unbekümmerter wagen — da es so schwierig ist, wird es leicht.

Nie war ein Mann, wenn er sich ans Werk machte, mehr auf Verhütung bedacht. Der Zeugungswunsch muß ausschließlich der Ehe vorbehalten bleiben. Meine Art des Liebens folgt eher der guten alten Regel der Rücksichtnahme; doch wie lächerlich meine Zeitgenossen sie finden und wie wenig Erfolg man damit heute hat, wer wüßte es besser als ich? Gleichwohl wird mir nie in den Sinn kommen, mein Verhalten zu bedauern, habe ich doch insoweit alles hinter mir:

> *Die Tafel an der Tempelwand,*
> *sie kündet, daß ich Rettung fand*
> *aus Schiffbruch und dem Gott der Meere*
> *mein nasses Kleid dafür verehre.*

Es ist deshalb an der Zeit, offen darüber zu sprechen. Aber wie ich zu einem andern vielleicht sagen würde: »Mein Freund, du träumst — die Liebe hat in deinen Tagen kaum etwas mit Treu und Glauben zu tun,

> *willst du nach verständ'gen Regeln sie regieren,*
> *wirst du vor Verstand bald den Verstand verlieren«,*

so würde umgekehrt ich für mein Teil, hätte ich noch einmal anzufangen, bestimmt wieder auf dieselbe Art und Weise vorgehn, und wenn es mir noch so wenig einbrächte. Unbeholfenheit und Einfalt sind bei unlöblichem Tun löblich. Je mehr ich mich hierin von den Zeitgenossen entferne, desto näher komme ich mir selbst.

In den Liebesbeziehungen habe ich mich nie völlig gehnlassen. Sie machten mir Spaß, aber ich vergaß mich dabei nicht. Das bißchen Verstand und Urteilsvermögen, das mir von der Natur mitgegeben wurde, wußte ich zum Vorteil der Frauen und zu meinem eignen voll und ganz zu bewahren: etwas Erregung, ja — aber bitte keine Raserei! Zwar belastete ich mein Gewissen manchmal gar mit Liederlichkeiten und Ausschweifungen, doch mit Undank oder Wortbruch, mit Niedertracht oder Grausamkeit nie und nimmer! Ich kaufte mir die Lust an diesem Laster nicht um jeden Preis, sondern ließ es schlicht und einfach mit dem ihr zustehenden genug sein, denn *ein Laster kommt selten allein.*

Mir ist ein schales und schläfriges Nichtstun fast in gleichem Maße zuwider wie ein anstrengendes und dorniges Tun. Dieses sticht und stachelt zwar, doch jenes betäubt mich. Offne Verletzungen finde ich nicht schlimmer als Quetschungen, Wunden von scharfer Klinge nicht schlimmer als von stumpfer.

In meinen Liebesbeziehungen habe ich, als ich dafür noch tauglicher war, zwischen beiden Extremen stets den Mittelweg zu finden gewußt. Die Liebe ist eine fröhliche und springlebendige Gefühlsregung; sie hat mich nie in Verwirrung oder tiefes Leid gestürzt, sondern immer nur erhitzt und durstig gemacht — und genau da muß man einhalten. Allein Toren wird sie gefährlich.

Ein junger Mann fragte den Philosophen Panaitios, ob es sich für einen Weisen gezieme, verliebt zu sein. »Lassen wir den Weisen beiseite«, antwortete er, »aber du und ich, die wir keine sind, sollten uns nicht in etwas derart Ungestümes und Aufwühlendes hineinziehn lassen, das uns zu Sklaven anderer und zu Verächtern unsrer selbst macht!« Er hatte damit insoweit recht, als wir dieser abgründigen Leidenschaft keine Seele aussetzen sollten, die unzureichend gerüstet ist, ihrem Ansturm standzuhalten und jenen Ausspruch des Agesilaos, Weisheit und Liebe könnten nicht miteinander auskommen, durch die Tat zu widerlegen.

Es stimmt schon: Das Lieben ist ein nichtswürdiges und ungehöriges Tun, da verboten und schandbar; doch auf meine gemäßigte Art betrieben, halte ich es gleichzeitig für gesund und dazu angetan, einen müden Geist und Körper munter zu machen; und wäre ich Arzt, würde ich es einem Menschen meiner Beschaffenheit und Lebensweise genauso bereitwillig wie irgendein andres Mittel verordnen, um ihm bis in seine hohen Jahre Kraft und Regsamkeit zu erhalten und den Zugriff des Alters auf ihn hinauszuzögern. Solange es erst bis zum äußeren Festungswall vorgedrungen ist, solange uns der Puls noch schlägt,

solange ich die Haare grade erst ergrauen sehe,
solange ich noch aufrecht an des Alters Schwelle stehe,
solange ich daß sich der Parze Spindel weiterdrehe
die Hoffnung heg' und ohne eines Stockes Stütze gehe,
solange sollten wir uns durch heftige Gefühlsregungen, wie die Liebe sie auslöst, immer wieder hochkitzeln und anspornen lassen.

Seht doch nur, wie sie dem weisen Anakreon Jugend, Kraft und Fröhlichkeit wiedergab! Und Sokrates, älter schon als ich heute, sprach so von einem geliebten Wesen: »Als ich, während wir gemeinsam ein Buch ansahn, meine Schulter an die seine lehnte und meinen Kopf dem seinen zuneigte, spürte ich plötzlich einen Stich in der Schulter: wie von einem Insektenbiß, ungelogen! Mehr als fünf Tage danach ließ das Ameisenkribbeln immer noch nicht nach und pflanzte sich als immerwährende Unruhe in mein Herz hinein fort.« Eine leichte Berührung, zufällig nur und nur an der Schulter, vermochte also eine vom Alter geschwächte und erkaltete Seele zu entflammen und aus der Fassung zu bringen — und die geläutertste aller Menschenseelen! Ja, zum Teufel, warum denn nicht? Sokrates war ein Mensch, und etwas andres wollte er weder sein noch scheinen.

Die Philosophie ist den natürlichen Lüsten keineswegs feind, solange sie Maß halten. Sie lehrt, sie zu zügeln, nicht aber, sie zu fliehn: Nur gegen die widernatürlichen und entarteten kämpft sie mit aller Macht an. Sie schärft uns ein, daß die körperlichen Begierden keinesfalls durch den Geist hochgetrieben werden dürften, und wohlweislich ermahnt sie uns, wir sollten nicht versuchen, unsren Hunger durch Sättigung erst recht zu wecken, und den Bauch, statt ihn einfach zu füllen, auch noch zu farcieren; jeden Genuß, der uns nach neuen lechzen lasse, müßten wir also meiden: alle Speise, die uns hungriger, und allen Trank, der uns durstiger mache. Gleichermaßen befiehlt sie uns, für das Lieben ein Lustobjekt zu wählen, das nur die körperlichen Bedürfnisse befriedige und die Seele unbehelligt lasse, die dieses Geschäft nicht zu ihrer Beschäftigung machen dürfe, sondern dem Körper einfach zu folgen und ihn zu begleiten habe.

Aber habe ich nicht recht, wenn ich meine, daß diese Vorschriften, die ich sowieso etwas streng und den Menschen überfordernd finde, allenfalls für einen voll seines Amtes waltenden *Es gibt nichts rein Körperliches und nichts rein Geistiges in uns* Körper gelten könnten, während es erlaubt sein müsse, einen abgeschlagenen (wie ja schon bei einem angegriffnen Magen üblich) nach allen Regeln der Kunst zu erwärmen und zu kräftigen, um ihm mit Hilfe der Phantasie wieder zu jenem Appetit und jener Munterkeit zu verhelfen, die er von sich aus aufzubringen nicht mehr in der Lage ist?

Und könnten wir nicht sagen, daß es während dieser irdischen Gefangenschaft nichts rein Körperliches und nichts rein Geistiges in uns gibt und wir daher einen lebendigen Menschen zu Unrecht auseinanderreißen?

Ich kenne außer der Liebe keine Leidenschaft, die mich noch in Atem halten könnte. Was Habsucht und Ehrgeiz, was Streitereien und Rechtshändel bei andern zuwege bringen, die wie ich keiner festen Tätigkeit nachgehn, brächte die Liebe bei mir auf angenehmere Weise zuwege: Sie gäbe mir wieder wachen Sinn und klaren Blick, gefälliges Auftreten und Achtsamkeit auf mein Äußres; sie machte meine Mienen beherrschter, damit die häßlichen und beschämenden Grimassen des Alters sie nicht verunstalten; sie ließe mich zu einer mit Verstand und Vernunft betriebenen Erkenntnissuche zurückkehrn, durch die ich mir vielleicht mehr Ansehn und Zuneigung erwürbe; sie rettete meinen Geist davor, an sich und seiner Tauglichkeit zu verzweifeln und versöhnte ihn mit sich selbst; sie lenkte mich von tausend quälenden Gedanken ab, von tausend schwarzgalligen Kümmernissen, die Müßiggang und schlechter Gesundheitszustand uns in so hohem Alter aufbürden; sie erwärmte zumindest für die Dauer der Träume noch einmal dieses Blut, das die Natur zunehmend erkalten läßt; und dem armen Mann, der da mit Riesenschritten seinem Verfall entgegengeht, höbe sie das Kinn ein bißchen höher und spannte die Sehnen seiner Seele immerhin so weit, daß ihr noch etwas Kraft und Lebensfreude erhalten bliebe.

Doch ich bin mir wohl bewußt, daß die Liebe ein Gut ist, das man nur äußerst schwer zurückgewinnt. Unseren Geschmack hat unsre Schwäche heikler und unsre lange Erfahrung anspruchsvoller gemacht. Wir verlangen um so mehr, je weniger wir zu geben haben. Wir wollen die größte Auswahl — jetzt, wo wir selbst es am wenigsten verdienen, gewählt zu werden.

Da wir aber wissen, daß es so um uns steht, wagen wir in Wirklichkeit weniger, und unser Kleinmut wird immer größer. Wenn wir uns unsre Verfassung und die der Kommen-

den vor Augen halten, kann uns nichts mehr zu der Hoffnung
verhelfen, je wieder geliebt zu werden. Ich schäme mich
inmitten all der grünenden, überschäumenden Jugend:

> *Mächt'ger als des Eichbaums Stamm auf Bergeshöhn*
> *sieht des Knaben Glied man auf den Lenden stehn.*

Wozu sollten wir unser Elend dieser ausgelaßnen Schar auch
noch vorführn?

> *Wie zur Asche die erloschne Fackel dir zerfällt —*
> *soll es denn die feur'ge Jugend, soll's denn alle Welt*
> *höhnend schaun, auf daß sie sich den Bauch vor Lachen*
> *hält?*

Die Kraft und das Recht stehn auf der Seite der Jugend.
Machen wir ihr Platz — wir können da nicht mehr mithalten!

Diese aufknospende Schönheit läßt nicht von altersklammen Händen an sich herumhantieren noch sich durch rein materielle Mittel zu sexuellen Beziehungen verführn. Ein antiker Philosoph antwortete jemandem, der sich darüber lustig machte, daß er die Gunst eines von ihm umworbnen jungen Mädchens nicht zu gewinnen wußte: »Kein Backfisch beißt solch rostigen Angelhaken an!«

Das Lieben ist ein Handel auf Gegenseitigkeit

Das Lieben ist ein Handel, der auf Gegenseitigkeit beruht. Für die übrigen Freuden, die man uns zukommen läßt, können wir uns durch Gaben andrer Art erkenntlich zeigen, diese aber lohnt man nur mit gleicher Münze — ja, hier umschmeichelt die Lust, die ich spende, mein Empfinden in Wahrheit noch süßer als die ihm gespendete. Dem, der Lust nur zu empfangen vermag, ohne welche zu geben, geht jede Großmut ab: Es verrät eine niedrige Seele, wenn einer alles schuldig bleiben will und sich gar darin gefällt, nur mit solchen Frauen zu verkehrn, auf deren Kosten er sich vergnügt. Es gibt keine noch so exquisite Schönheit, Anmut oder Intimität, in deren Genuß zu kommen sich ein Ehrenmann um diesen Preis wünschen dürfte.

Wenn die Frauen uns nur noch aus Mitleid Wohltaten erweisen, möchte ich tausendmal lieber gar nicht als von Almosen leben. Ich wünschte mir, sie zu Recht nach Art jenes Bettlers, den ich in Italien sah, um ihre Gunst angehn zu können: Tut mir Gutes — um euretwillen!

Amor kennt keine Regeln. Ja, sein Gang wird um so anmutiger, je mehr sich ihm Acht- und Planlosigkeit beigeselln. Mißgriffe und Mißerfolge erhöhen seinen Reiz und seine Grazie. Solang ihn heftiges Verlangen bewegt, kümmert es keinen, ob er umsichtig zu Werke geht. Seht nur, wie übermütig er sich tummelt, wie er selbst über seine Fehltritte hinwegtänzelt! Wer ihn mit Kunst und Klugheit gängeln will, fesselt ihn, und seiner göttlichen Freiheit tut man Zwang an, wenn man zuläßt, daß sich die behaarten und gichtigen Hände der Alten auf ihn legen.

Indessen höre ich oft, wie Frauen die Liebesbeziehungen als etwas rein Geistiges darstellen und es verschmähn, auch den Anteil zu berücksichtigen, den die Sinne daran haben. Gewiß, alles wirkt hier mit; ich muß jedoch sagen, daß ich immer wieder erlebt habe, wie Männer bei Frauen die Schwäche ihres Geistes um ihrer körperlichen Schönheit willen hinzunehmen bereit waren; nie aber habe ich erlebt, daß sie ihrerseits bereit gewesen wären, dem auch nur unwesentlich gealterten Körper eines Mannes um der Schönheit seines Geistes willen zur Hand zu gehn, mochte dieser noch so reich entfaltet und weise sein. Warum kommt keine die Lust zu jenem edlen sokratischen Tauschhandel Körper gegen Geist an, warum will sich keine mit der Schönheit ihrer Schenkel eine philosophische und geistige Umarmung und Begattung erkaufen — den höchsten Gegenwert, den je eine dafür zu erhalten vermag?

Platon bestimmte in den Gesetzen seines Staates, daß einem Mann, wie häßlich oder alt auch immer, der im Krieg eine außergewöhnlich nützliche Tat vollbracht habe, während der Dauer *Mann und Frau* des Feldzugs niemand einen Kuß *sind aus demselben* oder irgendeine andre Liebesgunst *Lehm geknetet* verweigern dürfe, ganz gleich, von wem er sie begehre. Könnte denn, was er als Belohnung für militärische Verdienste recht findet, nicht auch als Belohnung für sonstige Verdienste billig sein?

Warum also, wiederhole ich, kommt nie eine die Lust an, ihren Geschlechtsgenossinnen den Ruhm einer solch keuschen Liebe, wie Sokrates sie fordert, wegzuschnappen? Ich sage absichtlich *keuschen*, denn

wie oft, wenn Fleisches Liebe sich im Sturm erhoben,
ist schnell sie wieder, nur ein brennend Stroh, zerstoben!

Die Laster, die sich in Gedanken erschöpfen, sind die schlimmsten nicht.

Zum Abschluß dieser arg aus dem Rahmen fallenden Darlegungen, die mir in einem Schwall von Geschwafel entfahren sind, einem zuweilen ungestümen und mich bloßstellenden Schwall, behaupte ich nun, daß Mann und Frau aus ein und demselben Lehm geknetet sind; wenn man von Erziehung und Brauch absieht, besteht jedenfalls kein großer Unterschied zwischen ihnen.

Platon beruft Männer wie Frauen in seinem Staat ohne Unterschied zur Teilnahme an allen Wissenschaften und Übungen, Ämtern und Tätigkeiten in Krieg und Frieden; und der Philosoph Antisthenes verneinte überhaupt jeden Unterschied zwischen der Frauen Tugend und unsrer.

Es ist leichter, das eine Geschlecht anzuklagen, als das andre freizusprechen. Daher pflegt man zu sagen: »Der rußige Schürhaken bespottet den Ruß des Kessels.« [ESS. 419/r–450/r]

4 FREUNDSCHAFT UND GESELLIGKEIT PFLEGEN

Ich bin gesellig bis zum Übermaß

Es gibt ungesellige, nach innen gewandte und verschloßne Naturen. Mein wesentlicher Charakterzug hingegen ist die Neigung, mich mitzuteilen und zu offenbaren: Zu Geselligkeit und Freundschaft geborn, bin ich vor aller Augen ganz nach außen gewandt. Wenn ich dennoch auch die Einsamkeit liebe und lobe, so im Grunde nur deswegen, weil sie mir dazu dient, mich mit meinen Gefühlen und Gedanken zu sammeln, meine Wünsche und Ängste, nicht meine Schritte zu zähmen und zu zügeln, mich um keine fremden Angelegenheiten mehr zu kümmern und jede Dienstbarkeit und Verpflichtung

wie den Tod zu fliehen. Weniger dem Andrang der Menschen als dem der Geschäfte suche ich mich zu entziehn.

Die Wahrheit ist freilich, daß die Einsamkeit meines Schlupfwinkels mich eher in die Weite wachsen und nach draußen ausgreifen läßt: Ich werfe mich bereitwilliger auf die Staats- und Weltgeschäfte, wenn ich allein bin. Am Königshof hingegen treibt mich die Menge in mich selbst zurück; ich schließe mich dann in meine Haut ein, und nie unterhalte ich mich mit meinen Gedanken so ausgelassen, ja hemmungslos wie an solchen Orten der Ehrfurcht und feierlichen Zurückhaltung. Nicht unsere Narrheiten machen mich lachen, sondern unsre Weisheiten.

Dabei bin ich von Natur aus dem Treiben an den Höfen gar nicht feind. Ich habe dort ja einen Teil meines Lebens zugebracht, und meine Veranlagung ist so, daß ich mich in großen Gesellschaften durchaus wohl fühle — vorausgesetzt, ich brauche sie nur in Abständen zu besuchen, und nur dann, wenn es mir paßt.

Meine schwierige und wählerische Sinnesart jedoch, von der ich gesprochen habe, läßt mich zwangsläufig immer wieder die Einsamkeit suchen, selbst bei mir, inmitten einer vielköpfigen Familie und Dienerschaft sowie eines Hauses, wo die Besucher ein und aus gehen. Da sehe ich Leute genug, aber selten die, mit denen ich mich gern zu unterhalten pflege; deshalb billige ich sowohl mir als auch den andern ein ungewöhnliches Maß an Freiheit zu. Den Besuchern beim Empfang entgegenzugehn und sie beim Abschied hinauszubegleiten — solche Förmlichkeiten und all die andren lästigen Höflichkeitsregeln (o diese uns knechtenden Konventionen!) sind bei uns außer Kraft gesetzt. Jeder kann sich hier benehmen, wie es ihm gefällt, und, wenn er will, seinen Gedanken nachhängen. Ich meinerseits bleibe stumm und träumerisch in mich verschlossen, ohne daß meine Gäste daran Anstoß nehmen.

Die Männer, deren Gesellschaft und *Seelisch-geistige* nähere Bekanntschaft ich suche, sind jene, *Betätigung als* die man als wohlgeartet und lebenstüchtig *Selbstzweck* bezeichnet. Ihr Vorbild verleidet mir den Geschmack an den andern. Genaugenommen verkörpern sie die seltenste Menschenart — eine Art, die sich im wesentlichen der Natur verdankt. Beim Umgang mit solchen Männern geht es einfach um Vertraulichkeit, Geselligkeit und Meinungsaustausch, kurz: um seelisch-geistige Betätigung als Selbstzweck. In unsern Gesprächen ist mir jedes Thema recht, und es kümmert mich kaum, ob es den Worten an Gewicht und Tiefe fehlt, denn an Trefflichkeit und Anmut fehlt es ihnen nie. Alles ist hier von einer reifen und sich gleichbleibenden Urteilskraft geprägt, der stets Offenheit und Frohsinn, Wohlwollen und freundschaftliche Zuneigung beigesellt sind.

Nicht nur bei der Erörterung des Erbfolgerechts, nicht nur in den Haupt- und Staatsaktionen zeigt der menschliche Geist seine Kraft und Schönheit, sondern ebenso im privaten Geplauder — ja, ich erkenne die mir sympathischen Leute schon daran, wie sie schweigen und wie sie lächeln, und wahrscheinlich gewinne ich bei Tisch mehr Aufschluß über sie als im Ratssaal. Hippomachos sagte einleuchtend, er brauche, um einen guten Ringer zu erkennen, ihn nur über die Straße gehen zu sehn. [ES. 410/l–r]

Ich bin gesellig bis zum Übermaß. [ES. 493/r] Sollte die Schulweisheit an unseren Gesprächen teilzunehmen wünschen, werden wir ihr das keineswegs verwehren, falls sie sich nicht (wie zumeist) aufdringlich belehrend und herrisch benimmt, sondern einfügsam und ihrerseits lernwillig. Mit unserm Meinungsaustausch suchen wir uns nur die Zeit zu vertreiben; sobald wir der Belehrungen und Moralpredigten bedürfen, werden wir uns vor dem Thron der Schulweisheit einfinden. Wenn sie will, soll sie also getrost zu uns herabsteigen — für diesmal; denn wie nützlich und erstrebenswert sie auch sei, glaube ich doch, daß wir zur Not ganz ohne sie auskommen können, ganz ohne sie unser Ziel erreichen. Eine von Geburt wohlgebildete und im Umgang mit Menschen erfahrne Seele macht sich von selbst rundum liebenswert. [ESS. 410/r–411/l]

Deshalb muß man den Körper, solange er noch bildsam ist, dazu befähigen, sich allen Verhaltensweisen und Gewohnheiten anzupassen; und wenn man das Wünschen und Wollen eines jungen Menschen überhaupt an die Leine zu nehmen vermag, zögere man nicht, ihn so zu erziehn, daß er in jedem Land und in jeder Gesellschaft leben, ja notfalls sogar an Ausschweifungen und Orgien teilnehmen kann. Sein Wandel richte sich nach dem jeweiligen Brauch. Er soll alles tun können, aber nur das Gute zu tun lieben.

Selbst die Philosophen finden es nicht lobenswert, daß Kallisthenes sich die Gunst Alexanders des Großen, seines Herrn, verscherzte, weil er es ihm beim Zechen nicht gleichtun wollte. Unser junger Mann soll mit seinem Fürsten lachen, herumalbern und über die Stränge schlagen. Ich möchte, daß er sogar im Exzeß seine Gefährten an Stärke und Ausdauer übertreffe und das Verwerfliche folglich nicht aus Mangel an Kraft oder Kenntnis unterlasse, sondern weil ihm der Wille dazu fehlt. *Es ist ein großer Unterschied, ob einer nicht sündigen will oder nicht zu sündigen weiß.*

Einmal wollte ich einem Herrn, dem Ausschweifungen so fern liegen wie nur irgend jemandem in Frankreich, eine Ehre erweisen, indem ich ihn in guter Gesellschaft fragte, wie oft er sich wohl schon zur pflichtgemäßen Wahrnehmung der Interessen unsres Königs in Deutschland betrunken habe. Er verstand sofort, worum es mir ging, und antwortete, das sei dreimal geschehn, und dann schilderte er die näheren Umstände. Ich kenne Leute, die hingegen mangels solcher Trinkfestigkeit in arge Verlegenheit gerieten, als sie mit den Deutschen zu tun hatten.

Oft habe ich das erstaunliche Naturell des Alkibiades bewundert, der sich ohne Beeinträchtigung seiner Gesundheit sofort den unterschiedlichsten Lebensweisen anpassen konnte. Bald übertraf er an Prunk und Prasserei die Perser, bald an Kargen und Knausern die Spartaner: Genauso asketisch war er zu Sparta wie ausschweifend in Ionien! Auch

Aristipp kam stets zurecht:
Keine Lage fand er schlecht.

Und auf ebendiese Art möchte ich meinen Zögling heranbilden,

denn ich bewundre den, der heut in Lumpen geht,
doch morgen auch den Purpurmantel nicht verschmäht —
und den ihr beides voller Grazie tragen seht.

»Gott möge verhüten«, sagt jemand bei Platon, »daß Philosophieren lediglich bedeute, vielerlei zu lernen und sich mit Kunst und Wissenschaft zu befassen!« Recht zu leben, diese größte aller Künste, haben die Alten weniger durch ihre Schriften als durch ihr Leben dargestellt. [ES. 91/l–/r]

Zu nichts scheint die Natur den Menschen mehr bestimmt zu haben denn zu einem gesellschaftlichen Wesen. Hierzu sagt Aristoteles, die guten Gesetzgeber hätten aber in noch höherem Maße als für die Gerechtigkeit für den Schutz der Freundschaft Sorge getragen, und wirklich bildet sie die Krönung der Gesellschaft. All jene menschlichen Beziehungen nämlich, die aus geschlechtlichem Bedürfnis oder Gewinnstreben, aus öffentlicher oder persönlicher Notwendigkeit entstehn und gepflegt werden, sind um so weniger schön und edel und daher um so weniger wahre Freundschaften, als sich hier andere Gründe, Zwecke und Erwartungen beimischen.

Bei der Beziehung zwischen Kindern und Vätern handelt es sich eher um Ehrerbietung. Das Lebenselixier der Freundschaft ist der vertrauliche Umgang, der aber hier wegen der zu großen Ungleichheit zwischen ihnen nicht stattfinden kann und vielleicht sogar die naturgegebnen Pflichten verletzen würde; denn weder vermögen die Väter den Kindern all ihre geheimen Gedanken mitzuteilen, weil dadurch eine unangemeßne Vertraulichkeit entstünde, noch dürfen Kinder sich Ermahnungen und Zurechtweisungen (wie sie doch zu den ersten Pflichten einer Freundschaft gehörn) ihren Vätern gegenüber herausnehmen.

Es hat Völker gegeben, bei denen die Kinder nach allgemeinem Brauch ihre Väter, und solche wiederum, wo die Väter ihre Kinder töteten — in beiden Fällen, weil man damit verhindern wollte, daß man sich eines Tages gegenseitig beenge: Von Natur aus steigert der Wegfall des einen ja das Wohlergehn des andern. Und auch Philosophen hat es gegeben, die das natürliche Band zwischen Vätern und Kindern verächtlich fanden, zum Beispiel Aristippos: Als man ihn vorwurfsvoll an die Liebe erinnerte, die er doch seinen Kindern schulde, weil sie aus ihm hervorgegangen seien, spuckte er auf den Boden und sagte, auch dieser Auswurf gehe aus ihm hervor, und wir erzeugten ja sogar Läuse und Würmer. Und jener, den Plutarch bewegen wollte, sich mit seinem Bruder auszusöhnen, erwiderte: »Soll er mir wichtiger sein als andre, nur weil wir aus demselben Loch gekrochen sind?«

In Wahrheit aber ist *Bruder* ein schöner Name, voller Innigkeit. Zwischen leiblichen Brüdern jedoch führen sowohl Gemeinschaft wie Trennung der Güter und die Tatsache, daß der Reichtum des einen die Armut des andern bedeutet, zu einer erheblichen Schwächung und Lockrung ihrer geschwisterlichen Bande. Da sie auf dem gleichen Weg und mit gleicher Geschwindigkeit voran- und emporkommen müssen, ist es unausbleiblich, daß sie hierbei oft aneinandergeraten und einander umrennen.

Und warum eigentlich sollte die auf wechselseitigem Verständnis beruhende innige Beziehung, aus der die wahren und vollkommenen Freundschaften hervorgehn, auch bei ihnen vorhanden sein? Vater und Sohn können völlig unterschiedliche Charaktere haben, und die Brüder ebenso. Dies ist mein Sohn, dies mein Verwandter — na und? Deswegen kann er trotzdem ein grober Klotz sein, ein Trottel oder ein Bösewicht. Und überdies: Je mehr uns Gesetz und natürliche Pflicht solche Bindungen auferlegen, desto weniger hat unsere Wahl- und Willensfreiheit Anteil daran. Nichts hingegen ist so voll und ganz das Werk unsres freien Willens wie Zuneigung und Freundschaft.

Die Liebe zu den Frauen kann man, obwohl sie ebenfalls unsrer eigenen Wahl entspringt, genausowenig mit wahrer Freundschaft vergleichen noch überhaupt dieser Rangstufe zuordnen. Ihr Feuer, das muß ich zugeben,

auch mich hat jene Göttin, deren Zaubermacht
der Liebe bittre Süße beimischt, reich bedacht,

ist zwar heftiger, beißender und verzehrender, aber es flackert nur flüchtig auf, in ständigem Wechsel hin und her wabernd: eine Fieberhitze, die bald steigt, bald fällt und bloß einen Zipfel von uns ergreift. Bei der Freundschaft hingegen umfaßt uns eine alles durchdringende, dabei gleichmäßige und wohlige Wärme, beständig und mild, ganz Innigkeit und stiller Glanz; nichts Beißendes ist in ihr, nichts, das uns verzehrte.

Mehr noch: Allein nach ebendem, was uns flieht, packt uns in der geschlechtlichen Liebe ein irrsinniges Verlangen,

so wie der Jäger über Berg und Tal, ja bis ans Meer,
ob Hitze oder Frost, den Hasen hetzt,

doch was von ihm erlegt ist, nicht mehr schätzt —
denn einzig dem, was flieht, jagt voller Gier er hinterher.
Sobald sie aber das Reich der Freundschaft betritt, des Harmonisierens zweier Willen, büßt sie alle Kraft ein und schwindet dahin. Der Vollzug ist ihr Ende, weil sie auf die Körper zielt und so der Sättigung unterliegt. Umgekehrt gehn bei der Freundschaft Begehren und Genuß derart Hand in Hand, daß sie grade durchs Vollziehen wächst und gedeiht, da sie geistig ist und die Seelen sich im Umgang miteinander immer weiter verfeinern.

Die Ehe wiederum ist ein Handel, bei dem nur das Eingehen frei ist (denn ihre Dauer wird uns auferlegt und aufgezwungen und hängt folglich von ganz anderem ab als unserm Wollen), zudem ein Handel, der gewöhnlich Zwecken dient, die mit Freundschaft nichts zu tun haben. So kommt es zu tausenderlei äußeren Verwicklungen — genug jedenfalls, um beim Versuch, sie zu entwirrn, den Fortgang einer lebhaften Zuneigung zu behindern und ihren Faden reißen zu lassen. In der Freundschaft hingegen gibt es kein Geschäft und keinen Handel, sie beschäftigt sich ausschließlich mit sich selbst.

Hinzu kommt, daß in Wahrheit das geistige Vermögen der Frauen gewöhnlich den Anforderungen des engen Gedankenaustauschs und Umgangs nicht gewachsen ist, aus denen der heilige Bund der Freundschaft hervorgeht; auch scheint ihre Seele nicht stark genug, den Druck eines so fest geknüpften und dauerhaften Bandes zu ertragen.

Freilich, wenn das anders wäre und man mit den Frauen eine derart freie, freiwillige und vertrauensinnige Beziehung

Freundschaft mit den Frauen: Krönung im Konjunktiv

aufbauen könnte, daß darin nicht nur Geist und Seele ihren vollen Genuß fänden, sondern auch die Körper an der Vereinigung teilnähmen und folglich der ganze Mensch sich hingäbe, dann würde das gewiß eine noch umfassendere und erfülltere Freundschaft sein. Aber es findet sich kein einziges Beispiel, daß das weibliche Geschlecht bisher so weit zu gelangen vermocht hätte, und nach einhelligem Urteil der antiken Philosophenschulen bleibt ihm der Zugang hierzu verwehrt.

Was nun die unzüchtige Freundesliebe der Griechen betrifft, gilt sie nach unserer Sitte zu Recht als abscheulich. Davon abgesehn, entsprach auch sie nicht hinlänglich der von uns hier geforderten vollkommnen Übereinstimmung und Seelenharmonie, da bei ihr so, wie sie ausgeübt wurde, notgedrungen Altersunterschiede und ungleich aufgeteilte Dienste eine große Rolle spielten. Denn worin besteht diese Freundesliebe? Warum liebt man weder einen häßlichen Jüngling noch einen schönen Greis?

Ich komme nun auf meine Beschreibung der anderen Art von Freundschaft zurück: der gleichgestimmten und gleichgesinnten. Im allgemeinen kann man Freundschaften erst beurteiln, wenn sich die Charaktere mit dem Alter herausgebildet und gefestigt haben.

Bei dem, was wir gewöhnlich Freunde und Freundschaft nennen, handelt es sich allenfalls um nähere Bekanntschaften, die bei gewissen Anlässen oder um irgendeines Vorteils willen geknüpft wurden und uns nur insoweit verbinden. Bei *der* Freundschaft hingegen, von der ich spreche, verschmelzen zwei Seelen und gehen derart ineinander auf, daß sie sogar die Naht nicht mehr finden, die sie einte. Wenn man in mich dringt zu sagen, warum ich Étienne de la Boétie liebte, fühle ich, daß nur *eine* Antwort dies ausdrücken kann: »Weil er er war, weil ich ich war.«

Daß man mir die gewöhnlichen Freundschaften ja nicht auf dieselbe Stufe stelle! Ich habe hiervon ebenso viele kennengelernt wie jeder andre, selbst solche der vollkommensten ihrer Art; dennoch warne ich davor, beider Gesetze zu vermengen — man geriete sonst auf den Holzweg. Bei solchen Freundschaften nämlich muß man den Zügel angezogen halten, stets wachsam bleiben und auf der Hut sein. Ihr Band ist nicht so fest geknüpft, daß Mißtrauen überflüssig wäre. »Liebe ihn«, sagte Chilon, »wie einen, den du eines Tages vielleicht hassen wirst; hasse ihn wie einen, den du später vielleicht liebst!« Dieser Rat, den jener hohen, jener höchsten Freundschaft zu erteilen schändlich wäre, ist dem Alltag der Alltagsfreundschaften durchaus dienlich, für die das von Aristoteles so gern benutzte Wort gilt: »O meine Freunde, Freunde gibt es nicht!«

Im hochgesinnten Umgang zwischen wahren Freunden gebührt den Diensten und Wohltaten, welche die anderen Beziehungen am Leben erhalten, nicht einmal Erwähnung, so vollständig ist hier die Verschmelzung der Willen; denn wie die Freundschaft, die ich zu mir selber hege, nicht dadurch größer wird, daß ich mir im Notfall beistehe (was immer die Stoiker hierüber sagen mögen), und wie ich mich für den Dienst, den ich mir erweise, nicht eigens bei mir bedanke, läßt auch der Bund derartiger Freunde, da wahrhaft vollkommen, sie diese Pflichten gar nicht mehr als solche empfinden; unterteilende und einstufende Wörter wie *Wohltat*, *Schuldigkeit* und *Erkenntlichkeit*, wie *Bitte* und *Dank* und dergleichen sind bei ihnen deshalb verpönt und verbannt. Da sie in Wirklichkeit alles gemeinsam haben — Wünsche und Gedanken, Urteile und Güter, Frauen und Kinder, Ehre und Leben — und sie nach der höchst treffenden Definition des Aristoteles nur noch eine einzige Seele in zwei Körpern sind, können sie voneinander nichts leihen und einander nichts geben.

Das ist auch der Grund, warum die Gesetzgeber Schenkungen zwischen Gatten verbieten; so wollen sie der Ehe die Ehre einer gewissen — freilich illusorischen — Ähnlichkeit mit jenem göttlichen Bund der Freundschaft erweisen und dartun, daß jedem von ihnen alles gehöre und sie folglich unter sich nichts aufzuteilen hätten.

Könnte in der Freundschaft, von der ich spreche, der eine dem andern etwas geben, würde nicht der Wohltäter den Empfänger, sondern der Empfänger den Wohltäter zu Dank verpflichten; denn da beide in höchstem Maße bestrebt sind, sich gegenseitig Gutes zu tun, ist jener der wahrhaft freigebige, der seinem Freund Anlaß und Gelegenheit hierzu gibt und ihm so zu dem Glück verhilft, das zu verwirklichen, was er sich am meisten wünscht. (Wenn der Philosoph Diogenes kein Geld hatte, pflegte er zu sagen, er werde von seinen Freunden welches zurückerbitten — und nicht, er werde welches erbitten. Sie schuldeten es ihm ja aus Freundespflicht!) Um zu zeigen, wie sich so etwas in der Praxis abspielt, werde ich nun von einem ungewöhnlichen Beispiel aus der Antike berichten.

Die gewöhnlichen Freundschaften kann man aufteilen: Man vermag in dem einen die Schönheit zu lieben, im andern die Gefälligkeit der Umgangsformen, im dritten die Großzügigkeit, im vier- *Die wahre* ten das väterliche Wohlwollen, im fünf- *Freundschaft ent-* ten die Brüderlichkeit und so weiter; *bindet von allen* die wahre Freundschaft aber ergreift *Verbindlichkeiten* vom ganzen Menschen Besitz und beherrscht ihn so uneingeschränkt, daß sie sich unmöglich vervielfachen läßt.

Die einmalige, die alles überragende Freundschaft entbindet von allen sonstigen Verbindlichkeiten. Ein Geheimnis, das niemand anderem zu enthüllen ich geschworen habe, kann ich, ohne einen Meineid zu begehn, dem mitteilen, der kein andrer ist: Er ist ich. Sich zu verdoppeln dünkt mich schon Wunder genug, und jene, die von ihrer Verdreifachung reden, kennen dessen wahre Größe nicht. Das Höchste hat nie seinesgleichen; wenn ich von zweien den einen ebensosehr wie den anderen liebe, und sie liebten sich untereinander und liebten mich ebensosehr, wie ich sie liebe, würde sich das Verbundenste und Unteilbarste (von dem ein Beispiel auf der Welt zu finden äußerst selten ist) in eine vielköpfige Bruderschaft zerteilen.

Kurz, diese Dinge sind für denjenigen unvorstellbar, der sie nicht selbst erfahren hat; daher bewundre ich über alle Maßen die Antwort, die ein junger Soldat dem Kyros gab. Als er von diesem gefragt wurde, für wieviel er bereit sei, sein Pferd herzugeben, mit dem er grade ein Rennen gewonnen hatte, und ob er es gegen ein Königreich eintauschen würde, erwiderte er: »Gewiß nicht, Herr; ohne Zögern aber würde ich mich von ihm trennen, um einen Freund zu gewinnen — falls ich einen Mann fände, der eines solchen Bundes würdig wäre.«

Mit Recht sagte er *fände*, denn Menschen, die zu einer oberflächlichen Bekanntschaft taugen, finden sich schnell genug. Aber bei der von mir gemeinten Freundschaft, wo man sich aus der tiefsten Tiefe des Herzens heraus dem andern zuwendet und jeden Rückhalt aufgibt, ist es unabdingbar, daß alle Beweggründe völlig lauter und vertrauenswürdig sind.

Bei Verbindungen, die durch nichts als einen einzigen Berührungspunkt zusammengehalten werden, braucht man lediglich dessen Beeinträchtigung zu vermeiden. Die Frage der Religion meines Arztes oder meines Anwalts läßt mich kalt. Sie hat mit den freundschaftlichen Diensten, die sie mir schulden, nichts zu tun; und in den häuslichen Beziehungen zwischen meinen Bedienten und mir halte ich es genauso. Bei einem Lakaien interessiert es mich wenig, ob er keusch lebt — ich will wissen, ob er arbeitsam ist. Lieber nehme ich einen Spieler zum Maultiertreiber als einen Schwächling, und lieber ein Lästermaul zum Koch als einen Stümper. Zur Tischgemeinschaft lade ich lieber den Witzigen als den Bedächtigen, zu Bett lieber die Schönheit als die Tugend, zur Gesprächsrunde lieber den Sachverstand, selbst wenn es ihm an Redlichkeit fehlen sollte. Und so mit allem.

Ich gebe mich nicht damit ab zu sagen, was in der Welt zu tun ist — damit geben sich genug andre ab —, sondern ich sage, was *ich* in ihr tue.

Das finde ich den rechten Brauch für mich;
du tue, was dir nützlich scheint für dich!

Als ein Mann dabei angetroffen wurde, wie er rittlings auf einem Stecken mit seinen Kindern spielte, bat er den, der ihn hierbei überraschte, sich jeder Äußrung zu enthalten, bis er selber Vater sei; sein Gedanke war, daß ihn dann erst die in der Seele erwachenden zärtlichen Gefühle zum gerechten Richter über ein solches Tun machten. [ESS. 99/r–103/r]

5 Reisen

Ich bin unterwegs,
um unterwegs zu sein

Nicht weil Sokrates das gleiche gesagt hat, sondern weil es in Wahrheit meine eigene (von Überschwang vielleicht nicht ganz freie) Auffassung ist, betrachte ich alle Menschen als meine Landsleute. Ich umarme einen Polen genauso herzlich wie einen Franzosen, denn gegenüber den nationalen Banden haben die uns alle verbindenden für mich Vorrang. Ich neige kaum dazu, mich nach der Heimaterde zu verzehrn. Völlig neue, völlig auf eignem Entschluß gründende Bekanntschaften scheinen mir ebensoviel wert wie die alltäglichen, die sich aus zufälliger Nachbarschaft ergeben. Rein selbsterworbne Freundschaften übertreffen gewöhnlich jene, die von Bindungen der Blutsverwandtschaft oder Landsmannschaft herrührn. Die Natur hat uns frei und ungebunden in die Welt gesetzt. Wir aber kerkern uns jeder in seiner Provinz ein: wie die Perserkönige, die, indem sie sich auferlegten, allein das Wasser des Flusses Choaspes zu trinken,

törichterweise auf ihr Nutzungsrecht an allen anderen Wassern verzichteten und so für sich die ganze übrige Welt austrockneten. [ESS. 488/r–489/l]

Das Reisen scheint mir, von den angeführten Gründen ganz abgesehn, eine ersprießliche Betätigung. Der Geist übt sich dabei ständig in der Beobachtung neuer, ihm unbekannter Dinge. Ich wüßte (wie ich schon oft gesagt habe) keine beßre Schule, uns im Leben weiterzubilden, als ihm unausgesetzt die Mannigfaltigkeit so vieler andrer Daseinsweisen, Anschauungen und Gebräuche vorzuführn und ihn an diesem ewigen Wandel der Erscheinungsformen unsrer Natur Geschmack finden zu lassen. Gleichzeitig ist der Körper weder untätig noch überanstrengt, vielmehr macht solch maßvolles Bewegtsein ihn frisch und munter. So steinkrank ich bin, halte ich mich acht bis zehn Stunden ununterbrochen im Sattel, ohne daß es mir zuviel würde,

von einer Kraft beseelt,
wie sonst sie Greisen fehlt.

Kein Wetter ist mir zuwider, außer der Gluthitze einer sengenden Sonne; denn auch die Schirme, deren man sich in Italien schon seit dem alten Rom bedient, belasten die Arme mehr, als sie den Kopf erleichtern. Ich wüßte gern, dank welcher Vorrichtungen die Perser bereits in jenen fernen Zeiten, da der Luxus grade erst im Entstehen war, sich nach Gutdünken kühle Luft zuzufächeln und Schatten zu spenden wußten, wie Xenophon erzählt.

Ich liebe Regen und Schlamm, wie die Enten. Auch Luftveränderung und Klimawechsel machen mir nichts aus: Jeder Himmelsstrich ist mir recht. Das einzige, was mir zusetzt, sind die in mir selbst entstehenden Umschwünge, und die kommen auf Reisen seltner vor.

Es ist nicht leicht, mich auf Trab zu bringen; bin ich aber erst einmal in Schwung, halte ich durch, solang man will. Ich entschließe mich ebensoschwer zu kleinen wie zu großen Unternehmen, zu den Vorbereitungen für einen Tagesbesuch beim Nachbarn ebensoschwer wie zu denen für eine regelrechte Reise. Ich habe gelernt, meine Tagesetappen nach spanischer Art in einem Zug zu bewältigen — tüchtige, lange Etappen. Wenn es ungewöhnlich heiß ist, lege ich sie des Nachts zurück, vom Sonnenuntergang bis zum Morgen. Die andre Art, nämlich unterwegs den Ritt zu unterbrechen, um die Pferde zu füttern und in Hast und Hetze eine Mahlzeit zu verschlingen, ist lästig, vor allem, wenn die Tage kurz sind. Die Pferde fühlen sich nach der meinen jedenfalls wohler: Noch nie ist mir eins, das die erste Etappe mit mir durchzuhalten vermochte, später ausgefalln. Ich tränke sie bei jeder Gelegenheit und achte nur darauf, daß sie noch eine genügend große Strecke vor sich haben, das Wasser zu verarbeiten.

Da ich Spätaufsteher bin, kann mein Gefolge in aller Ruhe vor der Weiterreise das Mittagsmahl einnehmen. Was mich betrifft, ist es zum Essen nie zu spät. Der Appetit kommt mir beim Essen, eher nicht. Hunger habe ich ausschließlich bei Tisch.

Abwechselnd sich trennen und neu entbrennen

Manche beanstanden, daß es mir, verheiratet und alt, immer noch Vergnügen macht, auf Reisen zu gehn. Sie haben unrecht. Die beste Zeit, die Familie hin und wieder sich selbst zu überlassen, ist gerade dann, wenn wir dafür gesorgt haben, daß sie ohne uns auszukommen vermag, wenn wir das Hauswesen also in einer solchen Ordnung übergeben, daß alles seinen alten Gang weitergehen kann. Viel unvorsichtiger wäre es doch, dann zu verreisen, wenn man das Haus einer weniger treuen, weniger auf die Wahrung unsrer Interessen bedachten Hüterin anvertrauen muß, als es die eigne Frau ist.

Der Meinung, daß man durch Reisen die ehelichen Pflichten verletze, schließe ich mich nicht an. Im Gegenteil, die Beziehungen zwischen Mann und Frau kühlen durch fortwährendes Zusammensein eher ab — allzuviel ist ungesund. Den Umgang mit jeder fremden Frau finden wir dann um so anziehender. Wenn man sich ständig sieht, das kennt jeder aus Erfahrung, empfindet man nicht dasselbe Vergnügen, wie wenn man abwechselnd sich trennt und neu entbrennt.

Solche Unterbrechungen erfüllen mich daher mit frischer Liebe zu den Meinen und machen mir das Zuhausesein wieder angenehm. Die Abwechslung schärft meinen Appetit erst auf dieses, dann auf jenes. Ich weiß doch, daß die Arme der Zuneigung lang genug sind, uns von einem Ende der Welt zum andern zu umfangen; und das gilt namentlich für die eheliche, da sie uns durch die ständige Wahrnehmung wechselseitiger Pflichten ihr Band immer wieder in Erinnrung ruft.

Die Stoiker sagen zu Recht, die Weisen stünden in so enger Beziehung zueinander, daß einer, der in Frankreich speise, seinen Kollegen in Ägypten miternähre, und strecke ein andrer wo auch immer nur den kleinen Finger aus, fänden das alle Weisen auf der bewohnten Erde als Hilfe.

Genuß und Besitz sind im wesentlichen Sache der Vorstellung. Sie umfängt das, was ihr an Wünschenswertem vorschwebt, wärmer als das, was wir mit Händen fassen, und beharrlicher dazu. Geht doch euer tägliches Leben einmal durch, und ihr werdet finden, daß ihr von einem, den ihr liebt, am weitesten weg seid, wenn er bei euch weilt: Seine Gegenwart läßt eure Aufmerksamkeit erschlaffen und setzt eure Gedanken frei, sich jederzeit davonzustehlen, was immer der Anlaß sei.

Von Rom aus, fern der Heimat, führe ich in Gedanken das Regiment über mein Haus und allen zurückgelaßnen Besitz mit fester Hand: Ich sehe meine Mauern, meine Bäume und meine Einkünfte fast auf den Zentimeter genau ebenso wachsen oder auch, was letztere betrifft, weniger werden, wie wenn ich da bin:

Haus und Feld und heimatliches Leben
seh' ich deutlich mir vor Augen schweben.

Falls wir nur das genießen, was wir in Händen und Armen halten — adieu dann ihr Taler, wenn ihr in unsren Truhen ruht, und adieu ihr Söhne, wenn ihr auf der Jagd seid! Wir wünschen sie näher. Im Garten — ist das weit? Eine halbe Tagereise weg, zehn Meilen — weit oder noch nah? Wenn nah, wie wär's mit elf, zwölf, dreizehn? Und so fort, Schritt für Schritt. Wahrlich, der Frau, die ihrem Mann vorschreiben möchte, mit dem wievielten Schritt das *nah* aufhört und mit dem wievielten das *weit* beginnt, würde ich raten, daß sie ihn im *dazwischen* einhalten lasse.

Mögen die Frauen, wenn ihnen dessen Bestimmung Schwierigkeiten macht, sich ruhig mit der Philosophie trösten, der man ja ebenfalls vorwerfen könnte, daß sie nur höchst ungenau die Mitte zu definieren weiß, da sie nicht zu erkennen vermag, wo das Zuviel ins Zuwenig übergeht, das Lange ins Kurze, das Leichte ins Schwere, das Nahe ins

Weite. *Die Natur hat uns keinerlei Kenntnis von den Grenzen der Dinge gegeben.*

> *Beenden wir durch Sachbestimmung unsern Streit!*
> *Dem Haufen deiner Gründe, bist du nicht bereit,*
> *entreiße ich wie Haare einem Pferdeschwanz*
> *dir einen nach dem andern: Er verschwindet ganz!*

Bleiben die Frauen und Freundinnen der Verstorbnen (die sich keineswegs am Ende unsrer Welt, sondern nur in jener andern befinden) dies nicht etwa weiterhin? Wir schließen nicht bloß die zeitweilig Abwesenden in unser Herz, sondern auch die, welche nicht mehr, und die, welche noch nicht sind. Als wir heirateten, haben wir doch keineswegs vereinbart, ständig aneinanderzuhängen, wie wir es bei gewissen kleinen Tieren sehn, oder den Straßenkötern gleich, wie es von den verhexten Einwohnern der Stadt Karenti berichtet wird. Und eine Frau sollte die Augen nicht derart begierig auf die Vorderseite ihres Mannes geheftet halten, daß sie es nicht ertragen kann, wenn er ihr einmal den Rücken kehrt. Aber zur Erklärung der Ursache ihrer Klagen wäre vielleicht das Wort dieses hervorragenden Interpreten ihrer Sinnesart angebracht:

> *Deine Frau, wenn du zu lange ausbleibst,*
> *glaubt, daß du es schnöde außer Haus treibst,*
> *dich betrinkst und deinen großen Spaß hast,*
> *ohne sie dich austobst ohne Maß fast.*

Oder sollte es einfach so sein, daß Widerspenstigkeit und Widerrede ihnen wohltun und Freude machen — sie sich also erleichtert fühln, wenn sie es uns schwermachen?

Wenn man nun mein Alter gegen meine Reisen ins Feld führt, entgegne ich, daß es im Gegenteil Sache der Jugend ist, sich den vorherrschenden Auffassungen zu fügen und um andrer willen sich einzuschränken. Sie vermag noch beidem dienlich zu sein: den Leuten und sich selbst. Wir aber haben mehr als genug mit uns allein zu tun. Laßt uns in dem Maße, wie uns die natürlichen Annehmlichkeiten verlorengehn, sie durch die künstlichen ersetzen! Es ist ungerecht, die Jugend zu entschuldigen, wenn sie sich den Vergnügungen hingibt, und gleichzeitig dem Alter zu verwehren, solche zu suchen.

Als ich jung war, verbarg ich meine munteren Regungen hinter wohlbedachter Zurückhaltung; alt nun, vertreibe ich die mißmutigen, indem ich die Zügel lockre. So verbieten denn auch Platons Gesetze, vor dem vierzigsten, fünfzigsten Lebensjahr auf Reisen zu gehn, da man erst in höherem Alter den rechten Nutzen und Erkenntnisgewinn daraus ziehen könne. (Ich würde freilich eher dem zweiten Artikel dieser Gesetze zustimmen, der Reisen nach sechzig untersagt.)

»Aber in eurem Alter werdet ihr nie von einer so langen Wegstrecke zurückkehren!« Na und?
Ich unternehme meine Reisen weder, *Jede Tagesetappe* um zurückzukehren, noch um ans Ziel *ist mir Ziel genug* zu kommen. Ich unternehme sie allein um der Bewegung willen, solang mir die Bewegung gefällt. Ich bin unterwegs, um unterwegs zu sein. Denen, die einem Hasen oder einer Pfründe hinterherlaufen, geht es gar nicht ums Laufen; ums Laufen geht es denen, die es als Sport und Spiel betreiben und sich darin üben wollen.

Die Einteilung meines Reiseplans läßt sich jederzeit und allerorts ändern. Er gründet auf keinen großen Erwartungen, jede Tagesetappe ist mir Ziel genug (und mit meiner Lebensreise halte ich es genauso). Indes habe ich viele ferne Orte gesehn, an denen ich mir gewünscht hätte, bleiben zu können. Warum auch nicht, wo doch viele Weise selbst der Stoa, dieser strengsten Philosophenschule, ihrem Land den Rücken gekehrt haben (so Chrysippos, Kleanthes und Diogenes, Zeno und Antipater) — ohne den geringsten Anlaß, mit ihm unzufrieden zu sein, nur um in den Genuß einer andren Luft zu kommen! So besteht denn auch das größte Mißvergnügen auf meinen Wanderfahrten darin, daß mir der Entschluß verwehrt ist, dort meine Bleibe zu errichten, wo es mir gefällt, und daß ich mich stets nach dem Allerweltsbrauch richten und zur Rückkehr aufraffen muß.

Wenn ich fürchtete, woanders als am Ort meiner Geburt zu sterben, wenn ich glaubte, fern von den Meinen schwerer zu sterben, dann würde ich Frankreich, dann würde ich mein Kirchspiel kaum jemals ohne Zittern und Zagen verlassen — fühle ich doch ständig den Krallengriff des Todes in Kehle und Lende. Aber ich bin aus anderm Holz geschnitzt: Für mich ist er überall derselbe. Hätte ich freilich zu wählen, würde ich, davon bin ich überzeugt, lieber als im Bett zu Pferde sterben, fern von meinem Haus und den Meinen.

»Aber auf so langen Reisen werdet ihr eines Tages elend in einer Dreckshütte, wo es euch an allem fehlt, auf der Strecke bleiben!« Nun, die meisten notwendigen Dinge trage ich bei mir. Und dann: Wir können dem Schicksal, falls es vorhat, sich uns an die Fersen zu heften, sowieso nicht entgehn. Sollte ich erkranken, bedarf ich keiner besondren Heilmittel: Was die Natur nicht in mir vermag, das soll auch keine Quacksalberei vermögen.

Auf Reisen rechne ich zu den Annehmlichkeiten einer Unterkunft, wie ich sie suche, keineswegs Weiträumigkeit und reiche Ausstattung — die sind mir eher zuwider —, sondern eine gewisse propere Ansehnlichkeit, wie man sie am häufigsten in Häusern antrifft, die weniger Drum und Dran aufweisen und denen die Natur daher einen ganz eignen Reiz verliehen hat. *Hier schmaust man nicht üppig, doch gepflegt, nicht luxuriös, doch mit Lust.*

Was aber die Gefahr angeht, daß mich unterwegs der Tod ereilt, sollte sie eher jene beschäftigen, die von ihren Geschäften mitten im Winter über die Berge Graubündens getrieben werden. Ich hingegen, der ich meistens nur zum Vergnügen reise, verhalte mich vernünftiger: Sieht es rechts bedenklich aus, wende ich mich nach links; fühle ich mich zu schlecht, mich in den Sattel zu schwingen, bleibe ich, wo ich bin. Durch dieses Verhalten finde ich es in der Tat allerorts genauso angenehm und bequem wie zu Hause. Was freilich überflüssig ist, finde ich stets überflüssig. Schon Überfeinerung und unnötiger Aufwand berührn mich unangenehm.

Bin ich an irgend etwas Sehenswertem vorbeigeritten? Dann kehre ich eben um — es ist so oder so mein Weg! Ich lege mich auf keine Linie fest: keine grade und keine krumme. Finde ich an dem Ort nicht das vor, was man mir darüber erzählt hatte (denn es geschieht oft, daß die Urteile andrer nicht mit den meinen übereinstimmen, ja meistens mußte ich feststellen, daß sie falsch waren), beklage ich deshalb keinesfalls die Mühe meines Umwegs: Ich weiß nun, daß das, was man mir sagte, nicht stimmt.

Ich habe ein so anpassungsfähiges Naturell und einen so vielseitigen Geschmack wie nur irgendeiner auf der Welt. Die Verschiedenheit der Lebensweisen von einem Volk zum andern löst in mir nichts als Freude an solcher Mannigfaltigkeit aus. Jeder Brauch hat seinen Daseinsgrund. Irdene Teller oder aus Zinn oder aus Holz, Gekochtes oder Gebratnes, Butter oder Nuß- und Olivenöl, warm oder kalt — alles gilt mir gleich, ja derart gleich, daß ich, nun älter werdend, mir diese völlige Offenheit vorzuwerfen beginne, weil es mir not täte, daß ein wählerischerer und feinrer Geschmack meinen unterschiedslos genießenden Appetit zügle und meinem Magen hin und wieder Erleichtrung verschaffe.

Wurde ich außerhalb Frankreichs aus Höflichkeit gefragt, ob *ich à la française* bewirtet werden wolle, habe ich mich jedesmal darüber lustig gemacht und mich schleunigst auf den Tisch gestürzt, an dem die meisten Fremden saßen. Ich schäme mich, wenn ich sehe, wie meine Landsleute sich von dem törichten Hang benebeln lassen, vor Verhaltensweisen zurückzuscheun, die den ihren entgegengesetzt sind. Sie fühlen sich, sind sie nicht mehr in ihrem Dorf, nicht mehr in ihrem Element. Wohin sie auch gehen, klammern sie sich an ihre Gepflogenheiten und schütteln sich vor denen der Fremden. Begegnen sie einem Landsmann in Ungarn, feiern sie das als großes Ereignis: Sogleich rücken sie hautnah aneinander und verurteilen all die *barbarischen* Sitten, die sie um sich her sehn — da nicht französisch, *müssen* sie ja barbarisch sein!

Dabei sind solche Landsleute noch die intelligentesten: Sie nehmen fremde Bräuche wenigstens wahr, wenn auch nur, um sie herabzusetzen. Die meisten aber machen sich bloß des Heimwegs willen auf den Hinweg. Sie reisen verschlossen, in ein mißtrauisches und sich jeder Kommunikation versagendes Schweigen gehüllt, um ja nicht von der ihnen unbekannten Atmosphäre angesteckt zu werden.

Die meisten Reisegesellschaften von Landsleuten sind mehr Last als Lust

Was ich hier über diese Leute sage, erinnert mich an etwas Ähnliches: Bei einigen unsrer jungen Höflinge habe ich zuweilen beobachtet, daß sie sich nur an ihresgleichen halten und uns teils herablassend, teils mitleidig wie Menschen von einem anderen Stern betrachten. Beraubt man sie jedoch ihrer Unterhaltungen über die Geheimnisse des Hofs (und das ist ihr einziges Jagdrevier), fällt ihnen plötzlich nichts mehr ein: in unseren Augen nun genauso ahnungslose Grünschnäbel und unbeholfne Klötze wie wir in ihren! Die Leute haben schon recht, wenn sie behaupten, nur ein vielseitiger Mann sei ein Mann von Kultur!

Im Gegensatz zu meinen Landsleuten reise ich, weil ich unsrer Lebensweise überdrüssig bin, und nicht, um Gascogner in Sizilien zu suchen (davon habe ich ja genug zurückgelassen); ich suche eher Griechen und Perser. Das sind die Leute, denen ich mich zuwende und die ich erforschen möchte; auf sie stelle ich mich ein und ihnen widme ich mich. Dabei fällt mir vor allem auf, daß ich kaum Sitten und Gebräuchen begegnete, die den unsren nicht gleichwertig wären. (Freilich habe ich gut reden — bin ich doch bloß gelegentlich so weit gereist, daß ich die Wetterfahne auf meinem Haus aus dem Blick verlor!)

Die meisten Reisegesellschaften von Landsleuten, die man unterwegs zufällig trifft, sind jedenfalls mehr Last als Lust. Ich pflege mich ihnen nicht anzuschließen, besonders jetzt, da das Alter mich zum Einzelgänger macht und dem üblichen Umgang entfremdet. Ich leide unter den anderen, oder die andern unter mir — beides finde ich lästig, aber dieses noch mehr. Es ist ein seltenes, ein unschätzbare Erleichtrung bringendes Glück, einen rechtschaffnen Mann mit gesundem Menschenverstand bei sich zu haben, dessen Wesensart mit der eignen übereinstimmt und dem es Freude macht, einen zu begleiten. Ein solcher hat mir auf all meinen Reisen schmerzlichst gefehlt. Man müßte ihn freilich bereits daheim für sich gewählt und gewonnen haben.

An keinem Vergnügen, das ich nicht mit einem teile, finde ich Geschmack. Kaum daß mir ein heitrer Gedanke in den Sinn kommt, ärgere ich mich schon, daß dies in der Einsamkeit geschieht und ich niemand habe, dem ich ihn vortragen kann. *Wenn man mir die Weisheit unter der Bedingung anböte, sie verschlossen zu halten und unausgesprochen zu lassen, würde ich sie zurückweisen.*

Ein andrer schlägt einen noch höheren Ton an: *Wäre einem Weisen ein Leben gewährt, das ihn mit sämtlichen materiellen Gütern reichlich versorgte und ihm daher volle Muße ließe, alles Wissenswerte zu betrachten und zu überdenken, er*

*sich dabei jedoch in derartiger Einsamkeit befände, daß er
keinen Menschen zu sehen bekäme, so würde er aus diesem Le-*

ben scheiden. Mir gefällt die Ansicht
des Archytas, daß es selbst im Jenseits kein Vergnügen mache, unter
jenen großen göttlichen Himmels-
körpern ohne Begleitung eines Gefährten herumzuwandeln.

Freilich ist Einsamkeit einer langweiligen und unbedarften Gesell-
schaft immer noch vorzuziehn. Aristippos liebte es, überall
als Fremder zu leben;

> *und wäre mir von meinem Los hienieden*
> *ein Leben ganz nach meiner Art beschieden,*

so würde ich es mit dem Hintern im Sattel verbringen,
begierig zu schauen,

> *wo schwarze Regenwolken, schwere Nebel ziehn,*
> *wo unterm Sonnenfeuer Feld und Flur verglühn.*

Man mag mir einwenden: »Habt ihr keinen bequemeren
Zeitvertreib als das Reisen? Woran fehlt es euch denn? Liegt
euer Haus nicht in einer schönen und
gesunden Gegend? Ist es nicht mit allem
hinreichend versehn, ist seine Weiträumigkeit nicht sogar mehr als hinreichend? Schließlich hat die königliche
Majestät mit all ihrem Gefolge darin
zweimal Aufnahme und Bewirtung gefunden. Und läßt von
allen Familien die eure an geordneter Lebensführung nicht
mehr unter sich, als sie an gesellschaftlichem Rang über sich
hat? Bereitet euch euer Zuhause denn derart quälende Sorgen, daß ihr

> *nimmermehr sie könnt vergessen,*
> *da sie euch das Herz zerfressen?*

*Selbst als
Wunschbild sehe
ich nichts, was ich
festhalten wollte*

Wo wähnt ihr wohl ungestört und unbeeinträchtigt leben zu können? Keinem gewährt Fortuna ein reines Glück. Nehmt endlich zur Kenntnis, daß allein ihr selbst eure Bürde seid. Ihr werdet sie überallhin mit euch tragen und euch überall beklagen, denn außer für die tierischen und die göttlichen Seelen gibt es hienieden keine völlige Zufriedenheit. Wenn ihr in euren so glücklichen Verhältnissen das Glück nicht findet — wo meint ihr es denn zu finden? Für wieviel Tausende von Menschen wäre eure Lage die Erfüllung ihrer höchsten Wünsche! Ihr braucht euch nur zu läutern, denn euch selbst könnt ihr alles abverlangen, während ihr dem Schicksal gegenüber keinen anderen Anspruch habt, als es geduldig zu ertragen. Es gibt keine Seelenruhe außer der, die auf vernünftiger Einsicht beruht.«

Ich sehe, wie berechtigt diese Ermahnungen sind, ich seh es sehr wohl. Aber man hätte mir das viel kürzer und treffender mit einem Wort sagen können: Seid weise! Die mir empfohlene feste Haltung brauchte ja Weisheit als Voraussetzung — sie wäre deren Werk und Wirkung. Solche Ratschläge gleichen denen eines Arztes, der einen armen dahinsiechenden Kranken anschreit, er solle gefälligst fröhlich sein. (Etwas weniger abwegig wäre es, wenn er ihn bloß ermunterte: »Schau, daß du gesund wirst!«)

Ich jedenfalls bin nur ein Mann der gewöhnlichen Art. Begnüge dich mit dem, was dein ist, nämlich dem gesunden Menschenverstand — diese Vorschrift finde ich klar, leicht zu verstehn und hilfreich (wenn auch ihre Einhaltung den Weisesten nicht minder schwerfällt als mir). Jeder führt den Satz im Munde, vielleicht ohne dessen ungeheure Tragweite zu erkennen, denn was besagt er nicht alles! Die Dinge sind durchweg bedingt und wandeln sich.

Daß meine Reiselust genaugenommen von Unrast und Unbeständigkeit zeugt, weiß ich — aber dies sind doch allge-

mein unsre vorherrschenden Eigenschaften. Ja, ich bekenne
es: Selbst im Traum oder als Wunschbild sehe ich nichts, was
ich festhalten wollte. Allein Abwechslung und Genuß der
Vielfalt finde ich (falls überhaupt etwas) lohnend. Auf einer
Reise erquickt mich ebendies, daß ich jederzeit ohne Nachteil haltmachen, mich woandershin wenden oder gemächlich
wieder heimkehrn kann. [ES. 498/l–/r]

Ich verabscheue alle
Fortbewegungsmittel   Wenn ich mich recht entsinne, habe
— außer Pferde   ich bei Plutarch gelesen (und er ist
                         von allen Schriftstellern, die ich ken-
ne, derjenige, welcher Kunst mit Natur wie Urteilskraft mit
Gelehrsamkeit am besten zu vereinen wußte), das Erbrechen,
das Seereisende zu überkommen pflegt, rühre von ihrer
Furcht her; denn er hatte einen Beweisgrund gefunden, daß
sie tatsächlich eine solche Wirkung zeitigen könne.

Ich, der ich selbst sehr leicht seekrank werde, weiß aber
genau, daß diese Ursache auf mich nicht zutrifft; und ich
weiß es nicht aus der Theorie, sondern aus unwiderlegbarer
Erfahrung. Ganz abgesehen davon, daß, wie man mir berichtete, dieses Übel oft auch Tiere, namentlich Schweine überkommt, die doch keinerlei Gefahrenbewußtsein haben, und
daß andrerseits ein Bekannter mir erzählte, ihm sei, obwohl
ebenfalls höchst anfällig hierfür, zwei-, dreimal der Drang
zum Erbrechen vergangen, grade weil ihm in einem großen
Sturm die Furcht arg zugesetzt habe (wie es schon diesem
Mann der Antike widerfuhr: *Ich war zu krank, um an die Ge-*
fahr zu denken) — ganz abgesehn also von alledem muß ich
sagen, daß ich weder auf dem Wasser noch sonstwo jemals
von einer Furcht ergriffen wurde, die mich aus der Fassung
gebracht oder auch nur unsicher gemacht hätte (und oft wäre

aller Grund dafür vorhanden gewesen, wenn denn Todesgefahr einer ist).

Furcht entsteht manchmal nicht minder aus einem Mangel an Urteilskraft als aus einem Mangel an Mut. Allen Gefahren, denen ich begegnete, habe ich mit offnem und freiem, vollem und ungetrübtem Blick ins Auge gesehen. Zudem erfordert es bereits Mut, sich Furcht einzugestehn. Als ich einmal die Flucht ergreifen mußte, kam es mir wie andren zustatten, daß ich sie geordnet durchführen konnte, weil ich dabei wenn auch keineswegs frei von Furcht, so doch von Panik und kopflosem Entsetzen war: Sie verlief aufregend, nicht aber in irrwitziger Wirrnis.

Gott schickt uns die Kälte nach Maßgabe unsrer Kleidung, und die Erschütterungen schickt er mir nach Maßgabe meines Vermögens, sie zu ertragen. Hat mich die Natur auf der einen Seite entblößt, so auf der andern bedeckt: An Stärke entwaffnete sie mich; doch sie bewaffnete mich dafür mit einem zuverlässig dicken Fell.

Was ich aber nicht lange auszuhalten vermag (und in meiner Jugend vermochte ich es noch weniger), sind Kutschen, Sänften und Schiffe — ja, ich verabscheue alle Fortbewegungsmittel außer Pferde, ob in der Stadt oder auf dem Land. Dabei ist mir eine Sänfte noch mehr zuwider als eine Kutsche, und aus demselben Grund ertrage ich eher das Geschüttel bei aufgewühlter See (obwohl es doch gewöhnlich Angst erregt) als die Bewegung, die man zu Wasser bei ruhigem Wetter verspürt: Die leichten Stöße, welche die Ruder dem von ihnen vorangetriebnen Boot mitteilen, erzeugen mir ein irgendwie schwummriges Gefühl in Kopf und Magen, wie ich auch das Schaukeln eines Tragsessels nicht aushalte.

Wenn hingegen das Segel und der Strom uns sanft mit sich führen oder wir ins Schlepptau genommen werden, stört mich solch gleichmäßiges Dahingleiten nicht im geringsten; es ist also nur eine mit kurzen Abständen fortwährend unterbrochne Bewegung, die mir Pein bereitet, vor allem wenn sie sich langsam und lange hinzieht — anders wüßte ich es nicht zu beschreiben. Die Ärzte verordneten mir zur Abwendung dieses Ungemachs, ich solle mir den Unterbauch fest mit einem Tuch umwickeln. Ich habe es jedoch nie ausprobiert, da ich gewohnt bin, meine Unzulänglichkeiten selber anzugehn und in den Griff zu bekommen. [ESS. 451/I–452/I]

6 Essen und Trinken

*Die schönste Frucht meiner Gesundheit
ist die Lust am Genuß*

Bei Tisch bin ich wenig wählerisch und greife nach dem erstbesten, was gerade vor mir steht, und nur ungern wechsle ich von einem Geschmack zum andern. Gänge und Gerichte in Massen sind mir ebenso zuwider wie Massen überhaupt. Ohne weiteres begnüge ich mich mit wenigem und verwerfe die Auffassung des Favorinus, daß bei einem Gastmahl jedes Gericht, sobald es einem zu schmecken beginnt, abgetragen und durch ein immer neues ersetzt werden müsse, daß es eine miserable Bewirtung sei, wenn man die Gäste nicht mit den Filetstückchen verschiedenartigster Vögel vollstopfe, und daß es allein die Feigendrossel verdiene, im Ganzen verzehrt zu werden.

Meistens esse ich gesalzen; Brot aber ziehe ich ungesalzen vor, und mein Bäcker versorgt meinen Tisch entgegen der Landessitte mit keinem andern. Als ich jung war, mußte man mich vornehmlich wegen meiner Verweigerung der Dinge zurechtweisen, die man in diesem Alter gewöhnlich am liebsten ißt: Zuckerzeug, Eingemachtes und Backwerk. Mein Erzieher bekämpfte diesen Widerwillen gegen Leckereien als eine Art Leckerhaftigkeit — und in der Tat zeigt eine solche Ablehnung, worauf immer sie sich beziehen mag, nichts anderes als einen mäkligen Geschmack: Wer einem Jungen seine eigensinnige und hartnäckige Vorliebe für Schwarzbrot, Speck und Knoblauch austreibt, treibt ihm damit die Vernaschtheit aus.

Es gibt Leute, die stöhnen und eine leidende Miene aufsetzen, wenn sie inmitten von gebratnen Rebhühnern Rindfleisch und Schinken vermissen. Raffinierte Genießer! Das ist die höchste Überfeinerung der Überfeinerten, das ist der Geschmack verwöhnter Glückskinder, die nicht mehr mögen, was sie alle Tage haben, und daher, *ihres Reichtums überdrüssig, mit dem Luxus der einfachen Dinge spielen.* Sich nicht munden lassen, was andern gerade mundet, und beim Essen stets etwas anderes vorgesetzt haben wollen ist das Wesen dieses Lasters:

> *Ich fände Grünzeug jetzt, ob zart, ob hart,*
> *gereicht in schlichter Schüssel mir, apart.*

Man fährt jedenfalls unvergleichlich besser, wenn man sein Begehren davon abhängig macht, was jeweils am leichtesten zur Hand ist. Dennoch bleibt es eine Untugend, sich überhaupt abhängig zu machen. Einen Verwandten, der sich im Dienst auf unseren Kriegsschiffen abgewöhnt hatte, unsre üblichen Betten zu benutzen und sich vorm Schlafengehen auszuziehn, habe ich einmal *überfeinert* genannt.

Ausgedehntes Tafeln beschwert mich und bekommt mir nicht, denn ich esse (vielleicht weil ich mir das als Kind angewöhnt habe) solange unbeherrscht weiter, wie ich am Tisch sitze. Deshalb nehme ich zu Hause, obwohl hier die Mahlzeiten eher kurz sind, meistens etwas nach den andren Platz, wie es auch Augustus zu tun pflegte. Abweichend von ihm aber stehe ich nicht vor den andern auf. Im Gegenteil, ich liebe es, danach noch lange geruhsam sitzen zu bleiben und mir anzuhörn, was da so alles erzählt wird; ich muß nur aufpassen, mich nicht daran zu beteiligen, denn mit vollem Magen sprechen ermüdet mich und greift mich an — wie ich andrerseits vor dem Essen lautstarke Auseinandersetzungen vergnüglich und höchst gesundheitsfördernd finde.

Die alten Griechen und Römer haben es vernünftiger gemacht als wir: Sie widmeten dem Essen (das eine der wesentlichsten Verrichtungen unsres Lebens ist), wenn sie nicht von einem außergewöhnlich dringenden Geschäft abgehalten wurden, etliche Stunden, ja den besten Teil der Nacht, aßen und tranken weniger hastig, als wir es zu tun pflegen, die wir alles in Windeseile erledigen, und zogen dieses natürliche Vergnügen durch mehr genußreiche Muße in die Länge, indem sie allerlei nützliche und angenehme, der Geselligkeit dienende Unterhaltungen einflochten.

Jene, die für mich sorgen müssen, könnten mir ohne weiteres alles vorenthalten, von dem sie glauben, daß es mir schädlich sei; denn weder verlange ich Dinge, die ich nicht sehe, noch vermisse ich sie; *Probleme mit* andrerseits aber wäre es Zeitverschwen- *der Diät* dung, auf mich einzupredigen, ich dürfe die nicht anrühren, die ich vor Augen habe. Daher muß man mich, will ich Diät essen, von den andern wegsetzen, und man darf mir kein bißchen mehr vorlegen, als für ihre Einhaltung vorgeschrieben ist — sonst vergesse ich, wenn ich mich zu Tisch setze, sogleich meinen Entschluß. Ordne ich an, daß irgendein Fleischgericht anders als üblich zubereitet werden solle, wissen meine Leute, was das bedeutet: daß ich nämlich keinen Appetit mehr habe und nichts davon anrührn werde.

Sämtliche Fleischarten, die es vertragen, liebe ich schwach gebraten, und ich liebe sie gut abgehangen, bei manchen sogar, bis sie schon stark riechen. Ganz allgemein stört mich lediglich Zähigkeit (während ich hinsichtlich aller andren Eigenschaften gleichgültig und duldsam bin) — dergestalt, daß ich entgegen dem vorherrschenden Geschmack selbst Fische manchmal zu frisch und zu fest finde. Das liegt keineswegs an meinen Zähnen, die stets gut bis ausgezeichnet gewesen sind und denen das Alter erst jetzt zuzusetzen beginnt. Von Kindesbeinen an habe ich gelernt, sie morgens sowie vor und nach jeder Mahlzeit mit meiner Serviette abzureiben.

Ich bin weder auf Salate noch auf Obst sonderlich erpicht, außer auf Melonen. Meinem Vater waren alle Arten von Soßen zuwider, ich mag sie alle. Zuviel essen beschwert mich; aber ich habe noch nicht mit Sicherheit herausfinden können, ob mir irgendeine Speise ihrer Beschaffenheit wegen schädlich ist, so wie ich auch keine unterschiedliche Wirkung von Voll-, Halb- oder Viertelmond auf mich verspüre, oder von Frühling und Herbst.

In uns gibt es ständig unregelmäßige und unergründliche Veränderungen. Rettiche zum Beispiel fand ich anfangs bekömmlich, dann unbekömmlich, und jetzt bekommen sie mir wieder. Auch bei manch andren Dingen stelle ich fest, daß Geschmack und Magenverträglichkeit sich bei mir wandeln. So bin ich erst von Weiß- auf Rotwein übergegangen, dann von Rot- zurück auf Weißwein.

Geradezu versessen bin ich auf Fisch; dadurch werden mir die mageren Tage zu fetten, die Fasten- zu Festtagen. Ich teile die Meinung mancher Leute, die sagen, Fisch sei leichter zu verdaun als Fleisch. Und wie mir mein Gewissen verbietet, an Fischtagen Fleisch zu mir zu nehmen, so mein Geschmack, Fisch und Fleisch durcheinanderzuessen: Ihr Unterschied scheint mir zu groß.

Von Jugend an pflege ich gelegentlich eine Mahlzeit auszulassen, entweder um meinen Appetit auf die nächste zu
schärfen (denn anders als Epikur, der fastete oder nur karge
Mahlzeiten zu sich nahm, um seiner Freßlust den Genuß am
Schlemmen abzugewöhnen, tue ich es, um der meinen einen
noch größeren und fröhlicheren daran anzugewöhnen) oder
um meine Kraft zu irgendeiner sei es körperlichen, sei es geistigen Tätigkeit zu erhalten (denn für beide macht mich ein
voller Magen schrecklich faul, und vor allem hasse ich die
stupide Paarung einer so strahlend gesunden Göttin wie
Venus mit Bacchus, diesem kleinen rülpsenden und furzen-
den Gott, der von den Dünsten seines Gesöffs ganz aufge-
dunsen ist) oder um eine Magenverstimmung zu kurieren —

oder schließlich, weil keine mir zusagende Tischgesellschaft vorhanden ist (denn ich behaupte, diesmal in Übereinstimmung mit Epikur, daß man weniger darauf sehen sollte, was man ißt, als darauf, mit wem; und ich lobe mir den Chilon, weil er sein Erscheinen zum Gastmahl Perianders nicht zusagen wollte, ehe man ihm mitteile, wer die anderen Geladnen seien). Für mich ist keine Speisenzubereitung so wohlschmeckend, keine Soße so appetitlich wie die, welche man in guter Gesellschaft genießt.

Daß es gesünder ist, wenn man möglichst langsam und wenig auf einmal, dafür aber öfter ißt, glaube ich durchaus. Gleichwohl möchte ich auch Appetit und Hunger zu ihrem Recht kommen lassen. Mir würde alle Eßlust genommen, wenn ich mich nach ärztlicher Vorschrift mit täglich drei, vier magren Mahlzeiten abquälen müßte. Wer könnte mir dafür bürgen, daß mir zum Abendessen nicht der morgendliche, für alles offne Appetit vergangen sein wird? Laßt uns, vor allem uns Greise, feste zugreifen, sobald sich eine günstige Gelegenheit bietet! Überlassen wir die täglichen Diätempfehlungen den Ärzten und den Kalendermachern!

Die allerschönste Frucht meiner Gesundheit sehe ich in der Lust am Genuß. Halten wir uns daher an den jeweils erstbesten, der uns bekannt und zur Hand ist! Ich vermeide es, mich für immer an feste Fastenregeln zu binden. Wer will, daß ihm eine bestimmte Ernährungsweise zuträglich sei, hüte sich, sie ständig zu befolgen. Wir versteifen uns sonst hierauf, und unsre Lebenskräfte schlafen darüber ein. Nach sechs Monaten hat sich euer Magen mit der Diät so gemein gemacht, daß euer einziger Gewinn der Verlust der Freiheit sein wird, ihn ohne Schaden zu etwas andrem zu gebrauchen.

Für unsere Geschäfte und den Genuß wäre es viel zweckmäßiger, es wie die Alten zu machen und das Mittagessen auszulassen, um erst am Feierabend, ohne den Arbeitstag zu

unterbrechen, in aller Ruhe zu tafeln; *Auf geistige Weise*
so habe ich es ehedem auch gehalten. *sinnlich, auf sinn-*
Für die Gesundheit hingegen, so lehrte *liche Weise geistig*
mich die Erfahrung inzwischen, ist es
besser, zu Mittag zu essen, weil die Verdauung leichter vor
sich geht, wenn man wach ist.

Ich habe wenig unter Durst zu leiden, ob gesund oder
krank; bin ich krank, wird mir zwar öfter der Mund trocken,
aber ohne Durstgefühl. Gemeinhin trinke ich nur, wenn ich
während des Essens Lust darauf bekomme, bei schon ziemlich fortgeschrittner Mahlzeit. Für einen Mann der gewöhnlichen Art trinke ich dann recht ordentlich. Im Sommer und
wenn mir ein Gericht besonders mundet, überschreite ich
nicht nur das Maß des Augustus, der niemals mehr als genau
drei Glas trank, sondern, um keinen Verstoß gegen die Regel
des Demokrit zu begehn, der es verbot, bei der Unglückszahl
vier einzuhalten, schaffe ich gegebnenfalls auch deren fünf,
also etwa drei Viertelliter (denn ich bevorzuge kleine Gläser,
die ich gern bis zur Neige leere — was andre als unschicklich
vermeiden).

Meistens verdünne ich meinen Wein zur Hälfte mit Wasser, manchmal zu einem Drittel. Wenn ich zu Hause bin,
mischt man mir die gewünschte Menge nach einem alten
Brauch, den der Arzt meines Vaters ihm und sich selbst verordnete, bereits im Keller zwei, drei Stunden vor dem Auftragen. Man sagt, König Amphiktyon von Athen habe dieses
Verfahren der Weinverwässerung erfunden; darüber, ob sie
sinnvoll ist oder nicht, habe ich schon etliche Auseinandersetzungen miterlebt. Was die Heranwachsenden betrifft, halte
ich es für sittsamer und gesünder, wenn sie vor dem sechzehnten bis achtzehnten Lebensjahr keinen Wein zu sich nehmen.

Die jeweils landesübliche Lebensweise ist die beste; alle
Eigenbröteleien, finde ich, sollte man vermeiden; und wenn

ein Deutscher Wasser in seinen Wein gösse, fände ich das ebenso verfehlt, wie wenn ein Franzose ihn pur tränke. Maßgeblich ist hier der allgemeine Brauch.

Es ist ungehörig und beeinträchtigt die Gesundheit, ja den Genuß, so gierig zu essen, wie ich es tue: Vor lauter Hast beiße ich mir oft in die Zunge, zuweilen gar in die Finger. Als Diogenes einen Jungen sah, der auf gleiche Weise aß, verpaßte er dessen Erzieher dafür eine Ohrfeige. In Rom gab es Leute, die nicht nur die Grazie des Ganges, sondern auch des Kauens lehrten. Über meiner Gier verliere ich die Muße, mich zu unterhalten, was doch eine so köstliche Würze des Tafelns ist (vorausgesetzt, die Gespräche sind angemessen, vergnüglich und kurz).

Unsre Vergnügungen sind neidisch und eifersüchtig aufeinander, sie stoßen und behindern sich gegenseitig. Alkibiades, der sich im genießerischen Essen und Trinken gut auskannte, verbannte selbst die Musik von den Tafeln, damit sie nicht die Annehmlichkeit der Gespräche störe — mit der Begründung, die Platon dafür gibt: Es sei der Brauch gemeiner Leute, Spielmänner und Sänger zu ihren Gelagen zu bestellen, weil sie zu den guten Gesprächen und anregenden Unterhaltungen unfähig seien, mit denen Leute von Geist einander in festliche Stimmung zu versetzen wissen.

Varro verlangt von einem Gastmahl, daß es schön aussehende und durch ihre Umgangsformen einnehmende Menschen vereine, die weder wortkarg noch geschwätzig seien, daß Ort und Speisen sich durch Reinlichkeit wie Erlesenheit auszeichneten und daß heitres Wetter herrsche.

Ein gutes Gastmahl ist ein festliches Vergnügen, das kein geringes Können erfordert, aber auch keinen geringen Lustgewinn erbringt. Weder die großen Kriegsherren noch die großen Philosophen haben es verschmäht, sich zu Kennern und Genießern dieser Kunst zu machen. Meine Erinn-

rungskraft hat das Bild von drei solchen Tischgesellschaften bewahrt, die zu verschiedenen Zeiten meiner blühendsten Jahre stattfanden und die Fortuna für mich mit besondrem Zauber versah. Da jeder Gast zum Wohlgelingen eines solchen Festes nach Maßgabe der Verfassung von Körper und Seele seinen größtmöglichen Charme beiträgt, schließt mich mein gegenwärtiger Zustand hiervon aus.

Mir, der ich stets der Erde verhaftet bleibe, ist jene menschenfeindliche Weisheit zuwider, die uns die Körperkultur verächtlich und verhaßt machen will. Ich finde es gleichermaßen abwegig, die natürlichen Lüste dem Herzen zu verleiden, wie es allzusehr an sie zu hängen. Xerxes machte sich lächerlich, als er, obwohl schon mit allen menschlichen Genüssen überhäuft, demjenigen einen Preis aussetzte, der weitere für ihn erfände. Doch kaum weniger lächerlich macht sich, wer sich selbst jene verkneift, welche die Natur ihm eigens bereitstellt.

Man sollte den Lüsten weder nachlaufen noch vor ihnen wegrennen — man sollte sie willkommen heißen. Ich nehme sie sogar mit etwas bereiteren und breiteren Armen auf als üblich, denn ich folge leichter meinem natürlichen Hang.

Ihre Nichtigkeit groß herauszustellen können wir uns ersparen, wir bekommen sie ohnehin deutlich genug zu spürn — wofür wir uns bei unserm krankhaften Geist zu bedanken haben, diesem Spielverderber, der uns alle Freude an den Lüsten wie an ihm selbst verekelt. Sich und alles, was er aufnimmt, wendet er seinem schweifenden, rastlosen und unersättlichen Wesen gemäß bald in diese, bald in jene Richtung. Mit seinem herumirrenden Blick entstellt er uns so das wahre Gesicht der Dinge.

Der Inhalt des Gefäßes, das nicht rein,
wird bald schon sauer und verdorben sein.

Doch auch ich, der ich mich rühme, die Annehmlichkeiten des Lebens mit so ungemeiner Gier zu ergreifen, finde, wenn ich sie mir genauer betrachte, fast nur Wind darin. Wie auch anders? Wir sind ja selber eitel Wind! Der Wind freilich, weiser als wir, hat seine helle Freude am Sausen und Brausen und findet seine Erfüllung in dem, was seines Amtes ist, ohne auf Bestand und Dauer aus zu sein, die ihm wesensfremd sind.

Die rein vorgestellten Vergnügen, sagen manche, seien ebenso wie die rein vorgestellten Mißvergnügen die allergrößten (was Kritolaos mit seiner Waage vor Augen geführt habe). Kein Wunder: Die Phantasie schneidert und formt sie sich ja nach eignem Gutdünken aus dem vollen Tuch zurecht, und ich sehe Tag für Tag beachtliche und vielleicht auch wünschenswerte Beispiele dafür. Ich selbst aber, vermischter Wesensart und aus grobem Holz geschnitzt, finde an solcher Kost allein keineswegs so viel zu beißen, daß ich mich in meiner Erdverbundenheit nicht auch immer wieder den nach der allgemeinen menschlichen Bestimmung uns hier und jetzt greifbaren Vergnügen überließe: auf geistige Weise sinnlich, auf sinnliche Weise geistig.

Die kyrenäischen Philosophen sind überzeugt, daß wie die Schmerz- so auch die Lustgefühle des Körpers mächtiger als die rein geistigen seien, da Körper und Geist zugleich umfassend und uns folglich gemäßer.

Und doch gibt es Leute, die, wie Aristoteles sagt, aus schrecklicher Stumpfheit keine Freude daran haben. Ich kenne andere, die sie verabscheun, um sich dessen rühmen zu können. Warum ver-

Wessen Herz verständig ist, dessen Gaumen ist es auch

zichten sie nicht gleich aufs Atmen? Warum leben sie nicht von ihrer eignen Luft? Warum verschmähen sie nicht das Licht, weil es gratis leuchtet und ihnen weder geistige noch körperliche Anstrengung abverlangt? Mögen sie zusehn, ob sie mit Mars, Minerva oder Merkur besser fahren als mit Venus, Ceres und Bacchus! Womöglich tüfteln sie, während sie auf ihren Frauen liegen, die Quadratur des Kreises aus!

Mich stößt es ab, daß man uns vorschreibt, wir müßten mit dem Geist in den Wolken schweben, während unser Körper bei Tische sitzt. Ich will keineswegs, daß der Geist sich ans Tafeln kette und mit dem Körper im Schlemmen suhle, wohl aber, daß er diesen nicht im Stich läßt. Aristippos machte sich zum Anwalt nur des Körpers, als ob wir keine Seele hätten. Zenon wiederum befaßte sich nur mit der Seele, als ob wir keinen Körper hätten. Beide waren auf dem Holzweg.

Man sagt, Pythagoras habe eine rein kontemplative Philosophie betrieben, Sokrates eine rein aktive, der es allein um den Lebenswandel gegangen sei, während Platon die Mitte dazwischen gefunden habe. Doch damit will man uns einen Bären aufbinden, denn die wahre Mitte findet sich bereits in Sokrates; Platon ist folglich wesentlich mehr Sokratiker als Pythagoreer — und das steht ihm auch besser.

Wenn ich tanze, tanze ich, und wenn ich schlafe, schlafe ich; selbst wenn ich einsam durch einen schönen Park spaziere und meine Gedanken sich eine Zeitlang mit anderweitigen Dingen beschäftigen, lenke ich sie dann eine Zeitlang auf den

Spaziergang zurück, auf den Park, auf den Zauber dieser Einsamkeit, auf mich. Die Natur war in mütterlicher Fürsorge darauf bedacht, daß alles, was sie uns an lebensnotwendigen Verrichtungen auferlegt hat, uns Lust bereite; und so drängt sie uns nicht allein durch die Vernunft hierzu, sondern auch durch das Verlangen. Es ist daher abwegig, den Charakter ihrer Gebote zu verstümmeln.

Sehe ich, wie Caesar und Alexander sich im dichtesten Wirbel ihrer großen Unternehmungen so voll und ganz dem Genuß der natürlichen (und folglich notwendigen und berechtigten) Sinnenfreuden hingeben, sage ich nicht, daß sie damit ihre Seelen geschwächt, ich sage vielmehr, daß sie diese gefestigt haben, indem sie sich ein Herz faßten und der Befriedigung der menschlichen Lebensbedürfnisse all ihr gewaltiges Tun und mühevolles Pläneschmieden unterordneten. Weise freilich wären sie gewesen, hätten sie in jenem ihre wahrhaft angemessene Aufgabe gesehn, in diesem ihre bloß angemaßte.

Was sind wir doch für Narren! »Er hat sein Leben im Müßiggang verbracht«, sagen wir, oder: »Ich habe heute nichts getan.« Wie — hast du nicht gelebt? Das aber ist nicht nur die wesentlichste, sondern auch die lobenswerteste deiner Tätigkeiten. Oder: »Wäre ich mit großen Aufgaben betraut worden, hätte ich zeigen können, was ich zu vollbringen weiß.« Wußtest du dein Leben recht zu bedenken und in die Hand zu nehmen? Dann hast du die größte aller Aufgaben vollbracht!

Um ihre Kräfte zu zeigen und zu entfalten, bedarf die Natur keines bedeutenden Menschenschicksals; sie kann es in allen gesellschaftlichen Schichten tun, mit oder ohne Vorhang. Einen sittlichen Wandel, nicht Bücher zuwege zu bringen ist uns aufgegeben; und nicht Schlachten und Provinzen zu gewinnen, sondern Ruhe und Ordnung in unserm täglichen Verhalten: Recht zu leben — das sollte unser großes und leuchtendes Meisterwerk sein! Alle andern Dinge wie Herrschen, Horten und Häuserbauen sind höchstenfalls Anhängsel und Beiwerk.

Es macht mir Freude, wenn ich sehe, wie ein Armeegeneral am Fuß einer Bresche, die er alsbald erstürmen will, sich völlig frei und gelöst dem Essen und Geplauder mit seinen Freunden widmet; oder wie Brutus, als sich Himmel und Erde gegen ihn und die römische Freiheit verschworen hatten, seinen nächtlichen Kontrollgängen im Feldlager hier und da eine Stunde abzugewinnen wußte, um in aller Ruhe den Polybios zu lesen und zu exzerpiern. Nur kleine Seelen, erdrückt vom Gewicht der Geschäfte, sind unfähig, sich diesen zu entwinden, sie immer wieder einmal völlig abzuschütteln und danach um so erfrischter wiederaufzunehmen:

> *Ertränkt, Gefährten, heut im Wein die Sorgen!*
> *Ihr habt mit mir schon Schlimmres heil durchstanden.*
> *Zu neuer Fahrt lockt uns der neue Morgen!*

Der *theologische Wein der Sorbonne* und die dortigen Gelage sind mittlerweile sprichwörtlich, ob zu Recht oder nicht. Wie auch immer — ich finde, daß die Studenten und Professoren gut daran tun, um so lockrer und lustiger zu tafeln, je ernsthafter und erfolgreicher sie am Morgen die Übungen ihrer Fakultät betrieben. Das Bewußtsein, die vorausgegangnen Stunden sinnvoll verbracht zu haben, ist ein zu allen Speisen passendes schmackhaftes Gewürz.

So haben die Weisen gelebt; und so vermochte das unnachahmliche Tugendstreben, das uns bei dem einen wie dem andern Cato in Erstaunen versetzt, ihr bis zum Ertragen von schier Unerträglichem abgehärteter Charakter sich andrerseits willig den Gesetzen der menschlichen Beschaffenheit willig und freudvoll zu fügen: denen der Venus wie denen des Bacchus. Auf diese Weise folgten sie den Geboten ihrer philosophischen Schule, die vom vollendet Weisen verlangen, daß er sich auf den Genuß der natürlichen Lüste ebenso wie auf jede andre Lebensaufgabe verstehe. *Wessen Herz verständig ist, dessen Gaumen ist es auch.*

Gelöstheit und geselliges Wesen kleiden und ehren, scheint mir, eine starke und edelmütige Seele in höchstem Maße. [ESS. 555/l–560/r]

Alle Absonderlichkeiten und Eigenbröteleien in unserem Verhalten muß man meiden, da sie widernatürlich und dem menschlichen Zusammenleben feind sind. Wen befremdete nicht zutiefst die seltsame Veranlagung Demophons, des Haushofmeisters von Alexander, der im Schatten schwitzte und in der Sonne fror? Ich habe Leute erlebt, die vor dem Geruch von Äpfeln entsetzter flohen als vor Arkebusenschüssen; andere, die vor einer Maus erschraken; andere, die sich erbrachen, wenn sie Rahm sahen, und wieder andre, wenn vor ihnen ein Federbett aufgeschüttelt wurde; und Germanicus schließlich konnte weder den Anblick noch das Krähen eines Hahns ertragen. Es mögen bei solchen Dingen unbekannte Überempfindlichkeiten eine gewisse Rolle spielen, die man aber, meine ich, loswerden könnte, wenn man sie rechtzeitig bekämpfte. Bei mir hat es die Erziehung geschafft (wenn auch nicht ganz ohne Mühe), daß ich unterschiedslos an allem Geschmack finde, was eß- und trinkbar ist — außer an Bier. [ES. 91/l]

Die Schweizer essen weniger hastig — was der Gesundheit dient

[Aus dem Reisetagebuch:]
Was das Essen in der Schweiz betrifft, so werden bei jedem Gang nur zwei bis drei Platten aufgetragen. Die Gerichte sind gut zubereitet, man vermischt die Speisen aber und serviert sie in einer völlig anderen Reihenfolge als bei

uns, manchmal sogar in hohen Eisengestellen übereinander. Die teils runden, teils viereckigen Tische sind nämlich ungeheuer groß, so daß es schwierig ist, die Gerichte aufzutragen. Dank jener Gestelle aber kann der Diener die Platten bequem auf einmal wegnehmen und dafür zwei bis drei neue auftragen, und dies sechs- bis siebenmal hintereinander; denn nie wird ein Gericht serviert, bevor das andre weg ist.

Mit den Tellern hält man es wie folgt: Sobald die Speisen abgeräumt sind und das Obst aufgetragen werden soll, stellt man mitten auf den Tisch einen Weidenkorb (oder manchmal ein großes bemaltes Holzbrett), in den zuerst der Vornehmste der Runde seinen Teller hineinwirft, dann die andern; diese Rangordnung wird streng eingehalten. So kann der Bediente die Teller mühelos im Korb wegtragen, um wie vorher die Gerichte nun das Obst bunt gemischt auf zwei bis drei Platten zu serviern.

Dem Braten pflegt man häufig Meerrettich und gekochte Birnen beizumischen.

Den Flußkrebsen sprechen die Schweizer reichlich zu; sie werden auf einer Platte serviert, die als Ausdruck ihrer besondren Wertschätzung stets zugedeckt ist. Sie bieten sich die Krebse gegenseitig an, was sie bei kaum einem anderen Gericht tun. Das ganze Land ist voll davon, und obwohl man sie täglich ißt, bleiben sie allen ein Hochgenuß.

Weder zu Beginn noch am Ende des Essens wird Handwasser gereicht; jeder holt es sich vielmehr aus einer kleinen Kanne, die wie bei unsren Mönchen in einer Ecke des Eßsaals steht.

Die meisten Leute benutzen Holzteller, selbst hölzerne Töpfe und Pißpötte; und all das ist denkbar sauber und blank. Andre stellen in die hölzernen Teller solche aus Zinn, außer beim Obst: Für diesen das Mahl beschließenden Gang verwendet man *ausnahmslos* Holz.

Die Benutzung des Holzes geschieht jedoch rein aus Gewohnheit, denn selbst wo man die Speisen darauf serviert, benutzt man zum Trinken Silberbecher, von denen es eine schier unendliche Menge gibt. [RSS. 41–42]

Weil die einzelnen Gänge so lang sind, dauern die einfachsten Mahlzeiten drei bis vier Stunden — und auch weil man hier weit weniger hastig ißt als wir, was zudem der Gesundheit dient.

An Lebensmitteln herrscht großer Überfluß, namentlich an Fisch und Fleisch. Die Eßtische können die Fülle kaum fassen, zumindest war das bei unserm so. Freitags wurde niemandem Fleisch serviert — sie sagen, es würde ihnen an diesem Tag nicht schmecken. [RS. 43]

In Konstanz wurden zum Essen viele Gänge aufgetragen, und anschließend reichte man den Herren hier wie später noch oft vielerlei Nachspeisen zum Wein: zunächst ein kranzförmiges Gebäck, das die Gascogner *canaulo* nennen, danach Pfefferkuchen, und als drittes ein zartes Weißbrot, das, obwohl in Stücke geschnitten, nicht auseinanderfällt. In die Einschnitte ist reichlich Gewürz und Salz gestreut, wie auch oben über die Kruste.

Die Bauern geben ihrem Gesinde zum Frühstück ganz flache, mit Fenchel gewürzte Brotfladen, darauf eine Schicht feingehackter Speck und Knoblauchzehen. [RS. 60]

Bewunderung
für die deutsche
Küche

Was die Bewirtung angeht, tischen die Deutschen einem Topfgerichte, Soßen und Salate in uns völlig ungewohnter Fülle und Reichhaltigkeit auf. So hat man uns Gerichte aus Quitten vorgesetzt, ferner mit eingemachten Apfelringen bedeckte Suppen, dazu Salate aus Weißkraut. Auch bietet man

Brühen verschiedener Art ohne Brot an, zum Beispiel aus Reis, in denen alle gemeinsam herumfischen — Einzelgedek-ke hierfür gibt es nicht.

All das ist in den guten Gasthäusern von einem solchen Wohlgeschmack, daß die Küche des französischen Adels, sagte der Herr de Montaigne, kaum damit zu vergleichen sei. Auch fände man dort selten derart schön ausgestattete Speisesäle.

Gute Fische gibt es in Hülle und Fülle, die zusammen mit Fleisch aufgetragen werden.

Ebenso reichlich ist Wild vorhanden, etwa Schnepfen und junge Hasen, das man völlig anders als bei uns zubereitet, aber mindestens ebensogut. Wir haben nie zuvor so delikate Gerichte gegessen, wie sie dort gang und gäbe sind.

Bald wird zuerst der Braten aufgetragen und die Suppe zuletzt, bald umgekehrt. Als Beilage zum Fleisch reicht man Pflaumenkompott sowie Apfel- und Birnentörtchen. An Frischobst gibt es nur Birnen und köstliche Äpfel, dazu Nüsse und Käse. Zum Fleisch wird ein Gerät aus Silber oder Zinn mit vier Kästchen aufgestellt, die vielerlei zerstoßne Gewürze enthalten, zum Beispiel Kümmel oder etwas Ähnliches, pikant und brennend-scharf; all dies pflegt man aufs Brot zu streuen, das zudem mit Fenchel gebacken ist. Nach der Mahlzeit werden nochmals volle Gläser und zwei, drei reichhaltige Gerichte serviert, die dazu dienen, den Durst zu steigern.

Der Herr de Montaigne bedauerte auf seiner Reise dreierlei: Erstens, daß er keinen Koch mitgenommen hatte, der sich mit den örtlichen Zubereitungsarten hätte vertraut machen und später bei ihm erproben können. Zweitens, daß er nicht einen deutschen Diener angeheuert oder die Gesellschaft eines einheimischen Adligen gesucht hatte, denn er fand es äußerst lästig, den Launen irgendeines Schafskopfs von Fremdenführer ausgeliefert zu sein. Drittens, daß er vor Antritt der Reise keines der Bücher konsultiert hatte, die ihn auf die besondren Sehenswürdigkeiten jedes Orts hätten aufmerksam machen können, oder daß er nicht wenigstens einen Münster oder irgendeinen andern Kosmographen in seinem Gepäck mitführte.

Natürlich floß in sein positives Urteil über dieses Land auch ein wenig die leidenschaftliche Verachtung seines eignen ein, das ihm aus anderen Gründen zuwider und verhaßt war. Doch unabhängig davon zog er die hiesigen Annehmlichkeiten der französischen Lebensweise entschieden vor, und er paßte sich ihnen gar soweit an, daß er den Wein ohne Wasser trank. Wenn es freilich darum ging, um die Wette zu trinken, wurde er lediglich aus Höflichkeit dazu eingeladen, denn man hatte bemerkt, daß er niemals mitmachte.

In Oberdeutschland lebt man freilich teurer als in Frankreich, denn umgerechnet kosten Mann und Pferd täglich mindestens einen Sonnentaler. Die Wirte berechnen zunächst jede Mahlzeit mit vier, fünf oder sechs Batzen für die *Table d'hôte*. Dann führen sie in einem zweiten Posten alles auf, was man vor und nach den beiden Mahlzeiten oder dem kleinsten Imbiß trinkt — weswegen die Deutschen, wenn sie das Gasthaus morgens verlassen, gewöhnlich aufs Trinken verzichten. Die als Nachtisch gereichten Speisen und der dabei konsumierte Wein, der sie das meiste kostet, werden zusammen mit den Imbissen in Rechnung gestellt. Und schließlich berechnen die Wirte den Hafer für die Pferde und den Stall einschließlich Heu.

In Anbetracht der Überfülle des Gebotenen jedoch, namentlich des Weins vor allem da, wo er äußerst teuer ist und von weitem herangeschafft werden muß, finde ich die hohen Preise durchaus vertretbar.

Man lädt hier sogar die Bedienten für zwei bis drei Stunden an die Tafel zum Mittrinken ein.

Der Wein wird in Gemäßen aufgetragen, die unsren großen Krügen gleichen, und es gilt als Verbrechen, einen leeren Becher nicht sofort daraus nachzufüllen — doch nie mit Wasser, selbst wenn man es verlangt (es sei denn, man genießt ein besonderes Ansehn).

Es gilt als Verbrechen, einen leeren Becher nicht sofort nachzufüllen

Die Deutschen haben die gute Eigenschaft, vom ersten Wort an zu sagen, welchen Preis sie verlangen: Handeln hat da wenig Zweck. Sie sind zwar Prahlhänse, Choleriker und Trunkenbolde, aber weder Betrüger, sagte der Herr de Montaigne, noch Spitzbuben. [RSS. 62–64]

Eier wurden uns (wenigstens bis nach Schongau) nie anders als hartgekocht und in Viertel zerschnitten auf Salat serviert, der dort sehr gut zu sein pflegt, und die Kräuter sind stets taufrisch. Den jungen Wein schenkt man gewöhnlich schon unmittelbar nach beendeter Gärung aus. [RS. 72]

Zu Augsburg trug man große und kleine Pasteten in irdenen Gefäßen auf, deren Farbe und Form ihnen völlig glichen. Es gibt kaum eine Mahlzeit, zu der nicht Konfekt und Schachteln mit kandierten Früchten gereicht würden. Das Brot ist das denkbar vorzüglichste, und die in diesem Land meist weißen Weine schmecken gut. [RS. 84]

Zu Königsdorf bekamen wir in Deutschland zum ersten Mal an Fastentagen, wenn nicht überhaupt ganze Eier vorgesetzt — bisher nur geviertelt zum Salat. Ferner gehörten neben vielen Bechern aus Silber auch hölzerne zum Gedeck: wie kleine Fässer, mit Dauben und Reifen. [RS. 87]

Zu Rovereto ißt man wie überall längs der Berge Schnekken, die zwar viel größer und fetter sind als in Frankreich, aber weniger gut schmecken. Auch Trüffel pflegt man zu essen, die geschält und dann scheibchenweise in Essig und Öl eingelegt werden; sie sind gar nicht schlecht. In Trient bekamen wir welche vorgesetzt, die schon seit einem Jahr so konserviert waren.

An Neuem gab es Unmengen von Apfelsinen, Zitronen und Oliven, die sich der Herr de Montaigne munden ließ. [RS. 105]

In Viterbo aß ich eine Art Eicheln, die sogenannten *gensole*, die man in Italien vielerorts findet. Sie sind sehr schmackhaft. Hier gibt es noch so viele Stare, daß man schon für zwei Heller einen bekommt. [RS. 296]

Zu Rom wurden die Damen beim Essen von ihren Ehemännern bedient, die, neben ihnen stehend, ihnen einschenkten und sie mit allem versorgten, was sie wünschten; man trug Unmengen von gebratnem Geflügel auf, das wie lebendig aussah, da man es wieder in sein natürliches Federkleid gestopft hatte; ferner in Glasbehältern gekochte ganze

Kapaune sowie zahlreiche Hasen und Kaninchen, dazu Pasteten, in denen wirklich lebendige Vögel steckten. Was die Tischtücher betraf, waren sie auf bewundernswerte Weise gefaltet. Die Damentafel wiederum bestand aus vier übereinander befindlichen Platten, die man einzeln abheben konnte, und darunter einer weitren, auf der, komplett gedeckt, ausschließlich Konfekt lag. [RS. 162]

Am letzten Tag des Dezember speisten die beiden Herren d'Estissac und de Montaigne zu Mittag beim Herrn Kardinal de Sens, der sich mehr an das römische Zeremoniell hält als irgendein andrer Franzose. Die äußerst langen Segens- und Dankgebete wurden wie im Gottesdienst wechselweise von zwei Kaplanen gesprochen, und während des Essens kam die für den Tag festgelegte Auslegung des Evangeliums zur Lesung — und das auf Italienisch. Vor und nach dem Mahl wuschen sich die Herren mit dem Gastgeber die Hände.

Zum Abtrocknen pflegt jedem eine Serviette gereicht zu werden; vor jene aber, die man besonders ehren will (und sie erkennt man daran, daß sie neben oder gegenüber dem Gastgeber sitzen), stellt man große quadratische Silberschalen mit dem Salzfäßchen: wie für die Großen in Frankreich. Darüber ist eine vierfach gefaltete Serviette gebreitet, auf der sich das Brot sowie Messer, Gabel und Löffel befinden, und über alledem die zweite Serviette, deren man sich bedient, ohne das Übrige zu benutzen; denn sobald das Mahl beginnt, wird neben die Silberschale ein silberner oder irdner Teller gestellt, auf den der Truchseß die Portionen von allem, was aufgetragen wird, den Ehrengästen austeilt, die daher niemals eigenhändig zulangen, oder kaum.

Wie gewöhnlich beim Herrn Botschafter zu Hause, wenn der Herr de Montaigne dort speiste, so wurden ihm auch hier die Getränke folgendermaßen aufgetragen: Man reichte ihm ein Silberbecken, auf dem ein Glas Wein und eine kleine mit

Wasser gefüllte Flasche von der Größe eines Tintenfäßchens standen. Mit der rechten Hand ergriff er nun das Glas, in das er aus dieser Flasche, sie mit der linken fassend, soviel Wasser goß, wie er wünschte; danach setzte er die Flasche wieder ins Becken, das ihm jedesmal, wenn er trank, der Bediente unters Kinn hielt. Schließlich setzte er auch das Glas ins Bekken zurück.

Mit diesem Zeremoniell wird nur derjenige bedacht, der dem Gastgeber im Range unmittelbar folgt, allenfalls noch der darunter. [RSS. 150-151] Zum Essen bekam ich zu Fornovo köstliche Beigaben unter dem Namen *mostarda* [in gekochten Most und Essig mit Senf eingelegte Früchte] serviert, von denen es die verschiedensten Arten gibt; eine zum Beispiel bestand aus Quitten.

Bei Tisch gab es hier eine *mostarda* aus Äpfeln und Apfelsinen, die wie sonst die Stücke in halbroher Quittenkonfitüre geschnitten waren. [RS. 308]

Gastgeschenke von allererster Güte   Am Freitag ruhte ich mich aus. Der franziskanische Bruder *ministro*, ein verdienstvoller Mann, so gelehrt wie höflich, der mit vielen Brüdern aus verschiednen Orden im Bad weilte, schickte mir ein schönes Präsent: Wein von allererster Güte, Marzipan und weitere Köstlichkeiten.

Samstag ließ ich das Kuren sein und ging statt dessen zum Mittagessen nach *Menabbio*, einem schönen großen Dorf auf dem Gipfel einer der umliegenden Berge, wohin mich ein reicher Soldat namens *Signor Sandro* in sein Haus eingeladen hatte; als Gastgeschenk brachte ich Fische mit.

Von Signor Ludovico Pinitesi wurde mir ein schönes Präsent überbracht: ein mit wunderschönen Früchten beladnes

Pferd, darunter erste Feigen, von denen man im Bad noch keine gesehn hatte, und zwölf Flaschen des lieblichsten Weins. Zur gleichen Zeit ließ mir der bereits erwähnte Ordensbruder eine derartige Fülle andrer Früchte zukommen, daß ich einen Teil davon an die Einheimischen verschenken konnte.

Am Abend erhielt ich von Signor Ludovico di Ferrari, einem aus Cremona stammenden guten Bekannten, als Präsent einige Dosen vorzügliches Quittengelee, das sehr gut gewürzt war, dazu eine besondre Art Zitronen und Orangen von ungewöhnlicher Größe. [RSS. 260-262]

Was nun die Trunksucht betrifft, scheint sie mir ein vergleichsweise stumpfsinniges und niedriges Laster. *Die Antike hat die Trunksucht nicht sonderlich verurteilt*

An den andren hat der Geist einen größeren Anteil, und es gibt sogar etliche, denen etwas, wie soll ich sagen, Nobles eignet: Bei manchen spielt der Wissens- und Erkenntnisdrang mit, der Wagemut oder die Umsicht, die Geschicklichkeit oder der Scharfsinn; dieses hier aber ist völlig leib- und erdgebunden. Daher hält es auch unter allen heutigen Völkern allein das grobschlächtigste in Ehren: das deutsche.

Die übrigen Laster setzen dem Verstand bloß zu, dieses wirft ihn um, und den Körper macht es zuschanden:

Denn immer schwerer werden uns die Glieder, wenn vom Wein
durchdrungen, und die Zunge stammelt, und die Augen schwimmen;
und strauchelnd, da gelähmt die Beine, und mit heis'ren Stimmen,
das Hirn längst aufgeweicht, beginnen wir herumzuschrein.

Der schlimmste Zustand des Menschen ist, wenn er Bewußtsein und Beherrschung seiner selbst verliert.

So sagt man unter anderm, wie der gärende Most in einem Faß allen Bodensatz nach oben treibe, bringe auch der Wein bei denen, die ihm übermäßig zugesprochen haben, die innersten Geheimnisse zum Vorschein.

O Weinkrug, nicht einmal der Weisen Sorgen,
ihr innres Trachten bleiben dir verborgen.

Josephus erzählt, er habe einem von den Feinden zu ihm entsandten Botschafter durch reichliches Einschenken die Würmer aus der Nase gezogen. Augustus andrerseits sah sich in seinem Vertrauen zu Lucius Piso, dem Eroberer Thrakiens, den er in seine persönlichsten Angelegenheiten eingeweiht hatte, niemals enttäuscht.

Den Auftrag, Caesar zu ermorden, erteilte man mit gleichem Vertrauen wie dem Wassertrinker Cassius auch dem Cimber, obwohl er sich oft berauschte. Daher antwortete er recht witzig: »Wie könnte ich einen Tyrannen unangetastet lassen, wo ich doch auch kein Glas Wein ungetastet lasse!« Und wir sehen ja, wie unsre deutschen Soldaten sich sternhagelvoll noch ihrer Truppe, ihres Quartiers und der Parole erinnern:

Die Trunknen zu besiegen ist noch nie gelungen:
Sie torkeln, lallen — aber bleiben unbezwungen.

Ich hätte niemals geglaubt, daß es einen bis zur Bewußtlosigkeit führenden Vollrausch geben könne, wenn ich in den Geschichtsbüchern nicht auf folgenden Bericht gestoßen wäre: Attalos wollte dem Pausanias einen schlimmen Schimpf antun und lud ihn deshalb zu einem Gelage ein — denselben Pausanias, der später unter ähnlichen Umständen König Philipp von Makedonien ermordete (dessen edle Eigenschaften von seiner durch den häuslichen Umgang mit Epaminondas erworbnen Bildung zeugten). Attalos versetzte seinen

Gast dabei in einen derartigen Rausch, daß dieser völlig besinnungslos seinen schönen Körper, als gehörte er einer Gassenhure, den Mauleseltreibern und einer Anzahl niedrigster Hausknechte preisgab.

Ebensowenig hätte ich dem Glauben geschenkt, was mir eine Dame berichtete, wenn ich sie nicht als besonders vertrauenswürdig schätzte und verehrte: Nahe Bordeaux, gegen Castres hin (wo ihr Haus steht), gab es eine verwitwete Bauersfrau im Ruf der Keuschheit, die eines Tages, als sie die ersten Anzeichen einer Schwangerschaft bei sich entdeckte, zu ihren Nachbarinnen sagte, wenn sie noch einen Mann hätte, würde sie meinen, in andren Umständen zu sein. Da nun aber der Anlaß für ihren Verdacht von Tag zu Tag größer wurde und schließlich bis zur Gewißheit heranwuchs, entschloß sie sich kurzerhand, von der Kanzel ihrer Kirche herunter bekanntgeben zu lassen, sie verspreche dem, der die Urheberschaft gestehe, zu verzeihn und ihn, wenn er es wünsche, zu heiraten. Durch diese Ankündigung ermutigt, meldete sich nun einer ihrer jungen Ackerknechte und erklärte, an einem Festtag habe er sie, nachdem sie überreichlich dem Wein zugesprochen, vor ihrem Herd derart tief in Schlaf versunken und in einer derart unzüchtigen Stellung gefunden, daß er sich ihrer sogleich und ohne sie aufzuwecken bedienen konnte.

Noch heute leben sie ehelich zusammen.

Fest steht, daß die Antike dieses Laster nicht sonderlich verurteilt hat. Selbst die Schriften mancher Philosophen behandeln es sehr nachsichtig, und bis zu den Stoikern hin raten etliche, sich zur Entspannung der Seele hin und wieder eine tüchtige Menge zu genehmigen und einen Rausch anzutrinken:

Sogar in diesem edlen Wettstreit, wird gesagt,
hab' stets der große Sokrates hervorgeragt.

Nicht einmal Cato dem Älteren, der so streng über andre richtete, blieb der Vorwurf erspart, daß er dem Trunk zu munter zuspreche:

Auch des alten Catos Sittenstrenge
wurde milder mit des Weines Menge.

Der so berühmte König Kyros zählte, um sich gegenüber seinem Bruder Artaxerxes hervorzutun, zu seinen lobenswerten Eigenschaften, daß er viel mehr zu trinken verstehe als dieser; und selbst bei den in mustergültigen Verhältnissen lebenden Völkern war das Um-die-Wette-Trinken weithin fester Brauch. Ich habe Silvius, den hervorragenden Pariser Arzt, sagen hörn, daß es nützlich sei, unsre Verdauungskräfte, damit sie nicht erschlaffen und in Trägheit erstarren, einmal im Monat aufzurütteln und anzustacheln, indem man einen über den Durst trinkt. Auch ist zu lesen, daß die Perser

Die Deutschen trinken fast jeden Wein mit gleichem Genuß

ihre wichtigsten Geschäfte nach einem Umtrunk auszuhandeln pflegten.

Bei mir stehen Geschmack und Veranlagung der Trunksucht mehr entgegen als Vernunftgründe; denn ganz absehn davon, daß ich mich in meinen Ansichten gern den maßgeblichen Auffassungen der Alten füge, finde ich dieses Laster zwar, wie gesagt, stumpfsinnig und niedrig, gleichwohl aber weniger bösartig und schädlich als die andren, die fast alle das gesellschaftliche Leben viel unmittelbarer beeinträchtigen; und wenn wir uns kein Vergnügen leisten können, ohne einen Preis dafür entrichten zu müssen (wie man allgemein annimmt), so scheint mir, daß dieses Laster unser Gewissen noch am wenigsten kostet. (Ferner braucht es keine umständlichen Vorbereitungen, sondern ist schnell zur Hand — eine nicht zu verachtende Erwägung.)

Ein in Würde ergrauter Mann zählte das Trinken zu den drei Annehmlichkeiten, die ihm, wie er mir sagte, im Leben geblieben seien. Aber er wußte damit nicht umzugehn — sein heikler Geschmack stand ihm im Wege, denn sorgfältiges Auswählen der Weine ist hier fehl am Platz. Wenn ihr euer Vergnügen nur in wohlschmeckenden Weinen zu finden wißt, setzt ihr euch dem Mißvergnügen aus, öfters euch nicht wohlschmeckende trinken zu müssen. Als tüchtiger Zecher braucht man einen anspruchsloseren, weniger festgelegten Geschmack, man darf keinen allzu feinen Gaumen haben. Die Deutschen

trinken fast jeden Wein mit gleichem Genuß. Sie trachten eher danach, ihn durch die Kehle zu jagen, als ihn auf der Zunge zergehn zu lassen, und hiermit fahren sie wesentlich besser: Ihre Lust wird so auf viel üppigere und schnellre Weise befriedigt.

Demgegenüber bedeutet die französische Sitte, aus Sorge um die Gesundheit nur zu zwei Mahlzeiten und selbst da mäßig zu trinken, daß man von den Gaben des Bacchus einen allzu kärglichen Gebrauch macht. Man muß mehr Zeit und Ausdauer darauf verwenden. Die Alten verbrachten ganze Nächte mit ihren Trinkübungen, und oft hängten sie noch die Tage an; so sollten auch wir unsre Ration reichlicher und kräftiger bemessen. Ich habe zu meiner Zeit einen hohen Herrn gesehn — eine Persönlichkeit, die große und ruhmreiche Taten vollbrachte —, der zu seinen üblichen Mahlzeiten mühelos kaum weniger als zwanzig Liter Wein schaffte und hernach auf unsre Kosten einen nur zu klaren Überblick behielt.

Ein Vergnügen, das wir auf lohnende Weise genießen wollen, muß im Lauf unsres Lebens einen größeren Raum einnehmen. Wie die Ladenjungen und die Schwerarbeiter sollten wir uns keine Gelegenheit zum Trinken entgehn lassen und uns den Wunsch danach nie aus dem Kopf schlagen.

Die Mißlichkeiten des Alters bringen es mit sich, daß man einer gewissen Stütze und Stärkung bedarf; sie könnten deshalb in mir den berechtigten Wunsch aufkeimen lassen, zum Trunk Zuflucht zu nehmen, ist er doch fast das letzte Vergnügen, dessen das Dahinschwinden der Jahre uns beraubt. Die Lebenswärme macht, wie die Zechkumpane sagen, zuerst die Füße munter; das gilt für die Kindheit. Von da steigt sie in die mittlere Höhe, wo sie sich lange hält und uns meiner Meinung nach die einzigen wahren Genüsse des leiblichen Daseins verschafft, im Vergleich zu denen die anderen Lüste

Schlafmützen sind. Zum Ende hin langt sie dann gleich einem hochziehenden und langsam verfliegenden Dunst in der Kehle an, wo sie ihren letzten Aufenthalt nimmt.

Gleichwohl verstehe ich nicht, wie man es fertigbringt, das Trinkvergnügen über den Durst hinaus zu verlängern und sich ein künstliches und widernatürliches Bedürfnis nach immer mehr vorzugaukeln. Mein Magen jedenfalls könnte nicht so lange mithalten: Er hat Schwierigkeiten genug, das zu verkraften, was er zu seinem Bedarf aufnimmt. Meine Veranlagung ist nun einmal so, daß mir am Trinken nur dann etwas liegt, wenn es das Essen begleitet; daher nehme ich meinen längsten Zug auch fast immer zu dessen Abschluß. Da im Alter der Gaumen durch Erkältungen zu verschleimen oder sich wegen andrer körperlicher Mißlichkeiten nachteilig zu verändern pflegt, dünkt uns der Wein dann am besten, wenn wir mit ihm die Poren im Mund freigespült haben. Jedenfalls geschieht es mir kaum, daß ich schon beim ersten Schluck auf den Geschmack komme.

Anacharsis wunderte sich darüber, daß die Griechen gegen Ende der Mahlzeit aus größeren Gläsern tranken als zu Beginn. Das hatte, meine ich, denselben Grund, aus dem die Deutschen dies tun, die ja erst nach dem Essen anfangen, um die Wette zu zechen. Platon verbietet es den Jugendlichen, vor dem achtzehnten Lebensjahr Wein zu trinken — und den Erwachsnen, sich vor dem vierzigsten zu berauschen; hernach aber, befiehlt er, solle man sich damit vergnügen und dem Dionysos bei den Gastmählern einen möglichst großen Einfluß gewähren, diesem guten Gott, der den Menschen die Fröhlichkeit wiedergebe, und den Greisen die Jugend; und wie Feuer das Eisen erweiche, so mäßige und mildre er die Leidenschaften der Seele.

In seinen Gesetzen findet Platon Trinkgesellschaften geradezu nützlich (vorausgesetzt, daß einer dabei ist, der die

Korona anführt, alle im Zaum hält und für Ordnung sorgt), weil der Rausch auf gelöste und verläßliche Weise die Wesensart eines jeden erkennen lasse und zudem ältren Menschen Mut mache, sich bei Tanz und Musik zu vergnügen — was ihnen guttue, sie sich im nüchternen Zustand aber nicht getrauten. Weiter sagt er, daß der Wein der Seele zur Ausgeglichenheit und dem Körper zur Gesundheit verhelfen könne. Freilich legt er hierbei auf folgende Einschränkungen Wert, die er teilweise von den Karthagern übernommen hat: daß man sich auf Kriegszügen mit dem Trinken zurückhalte; daß jeder Beamte und jeder Richter, während er seines Amtes waltet und über öffentliche Angelegenheiten beratschlagt, völlig darauf verzichte; daß man es nicht am Tag tue, der andren Beschäftigungen dienen solle, und ebensowenig in einer Nacht, die man für die Zeugung eines Kindes bestimmt habe. [ESS. 168/1–171/1]

7 TANZEN

Wenn ich tanze, tanze ich,
und wenn ich schlafe, schlafe ich

[Aus dem Reisetagebuch:]
Nach dem Mittagessen gab ich in den *Bädern von Lucca*
einen Ball mit öffentlichen Preisen, wie es hier üblich ist:
Damit wollte ich die Saison des Jahres eröffnen. Vier, fünf
Tage vorher ließ ich das Fest im Ort und in der ganzen
Umgegend bekanntgeben, dann sorgte ich dafür, daß am Tag
zuvor besondre Einladungen zum Ball wie zum anschließen-
den Abendessen an alle Edelleute und Damen ergingen, die
sich in diesem oder jenem Bad aufhielten.

Die Preise ließ ich aus Lucca herbeibringen. Der Brauch
will, daß man mehrere davon vergibt, um Eifersüchteleien
zuvorzukommen und nicht den Argwohn zu erwecken, man
ziehe eine einzige Frau allen andren vor. So gibt es immer
acht bis zehn Preise für die Frauen (und zwei bis drei für die
Männer). Von vielen Teilnehmerinnen wurde ich gebeten, sie
ja nicht zu vergessen: sie selber, ihre Nichte oder die Tochter.

Für die aus Lucca an den vorhergehenden Tagen herbeigebrachten Preise hatte mein guter Freund Messer Giovanni da Vincenzo Saminiati entsprechend meinen ihm schriftlich mitgeteilten Wünschen gesorgt. Es waren: ein Ledergürtel und eine Mütze aus schwarzem Tuch für die Männer, und für die Frauen zwei Schürzen aus Taft, die eine grün, die andre pfauenblau (denn es ist gut zu wissen, daß man stets einen höherwertigen Preis zur Verfügung hat, um die eine oder andre zu begünstigen, auf die man es abgesehn hat), zwei weitere Schürzen aus Etamin, vier Schachteln Nadeln, vier Paar Tanzschuhe (von denen ich eins freilich einem jungen schönen Mädchen außerhalb des Balles schenkte), ein Paar Pantoffel (das ich mit einem Paar Tanzschuhe zusammenband und so aus diesen zwei Preisen einen machte), drei Haarnetze aus Flor und drei Flechten (die zusammen drei Preise ergaben), zudem vier Halskettchen — für die Frauen alles in allem neunzehn Preise. Dem hiesigen Brauch folgend wurden sie an einen rundum reichgeschmückten großen Ring geheftet, damit jeder sie besichtigen konnte. Das Ganze kostete mich etwas über sechs Taler.

Hinzu kamen noch fünf Pfeifer, die ich den Tag über zu verpflegen hatte und denen ich einen Taler gab, den sie sich teilten — sehr günstig für mich, denn gewöhnlich sind sie teurer.

Der Ball wurde auf dem Platz von mir selbst mit den Frauen der näheren Umgebung eröffnet, und anfangs fürchtete ich, daß wir allein blieben. Bald gesellten sich jedoch von allen Seiten viele Gäste hinzu, vor allem adlige Herren und Damen aus dieser Signoria, die ich empfing und nach besten Kräften zu unterhalten suchte — und ich darf sagen, daß sie hiervon recht angetan schienen. Da es ziemlich warm war, wechselten wir bald in den Saal des Palastes der *Buonvisi* über, in dem man sich wesentlich wohler fühlte.

Als der Tag sich gegen zweiundzwanzig Uhr zu neigen begann, wandte ich mich an die vornehmsten der adligen Damen und erklärte ihnen folgendes: Da ich weder über die Urteilskraft noch genügend Kühnheit verfügte, um all die Schönheit, den Liebreiz und das wohlgefällige Auftreten angemessen zu werten, die ich an diesen jungen Frauen erblickte, bäte ich sie, diese Aufgabe doch zu übernehmen und die Preise je nach Verdienst zuzuteilen. Hierüber kam es zu einem Austausch von Artigkeiten, denn da sie in meiner Bitte nur einen Akt übertriebner Höflichkeit sahen, lehnten sie zunächst ab. Deshalb machte ich schließlich das Zugeständnis, daß ich, falls es ihnen gefiele, mich in ihre Jury aufzunehmen, auch *meine* Meinung beitragen wolle.

Und so kam es dazu, daß die Wahl meiner Augen nun bald auf diese, bald auf jene fiel, wobei ich besonders auf Schönheit und Charme achtete — was ich damit begründete, daß die Grazie des Tanzes nicht nur von der Bewegung der Füße abhänge, sondern auch von Haltung und Liebreiz der ganzen Person:

Am wichtigsten: Schönheit und Charme

davon, wie wohlgefällig, wie gewinnend sie sei. So wurden die Geschenke nun verteilt. Gemäß ihren Vorzügen bekam die eine mehr, die andre weniger, wobei die hierfür bestimmte Dame die Preise in meinem Namen überreichte, während ich die ganze Verantwortung auf sie abschob; und so verlief alles in schönster Regel und Ordnung — von dem einen Fall abgesehn, wo eine der jungen Frauen den Preis zurückwies und mich bitten ließ, ihn ihr zuliebe einer andren zu geben; das wollte ich ihr aber nicht antun, denn sie selbst gehörte keineswegs zu den anziehendsten.

Die Siegerinnen wurden eine nach der andern von ihrem Platz gerufen und schritten auf jene Dame und mich zu, die wir nebeneinander saßen. Ich gab das mir angemessen scheinende Geschenk der Dame und küßte es, sie nahm es und überreichte es ihrerseits der Gewinnerin mit den wohlgesetzten Worten: »Der hohe Herr — Kavalier, der er ist — hat euch dieses schöne Geschenk gemacht, bedankt euch bei ihm!« Hierauf ich (je nachdem, wie sie waren): »Im Gegenteil habt ihr euch bei dieser hohen Dame zu bedanken, da sie es war, die euch vor so vielen andren der Auszeichnung für würdig erachtete, und ich bedaure nur, daß der Preis euren Vorzügen so wenig gerecht wird!«

Danach machten wir es genauso mit den Männern. Die adligen Herren und Damen freilich nahmen am Wettbewerb nicht teil, obwohl sie doch mit getanzt hatten.

Es ist für uns Franzosen in der Tat ein seltenes Vergnügen, Bäuerinnen, elegant wie Damen gekleidet, derart gut tanzen zu sehn, daß sie es selbst mit unsren in dieser Kunst geübtesten Edelfrauen aufnehmen können, auch wenn ihr Tanz sich von dem ihren unterscheidet.

Ich lud sie alle zum Abendessen ein (denn die italienischen Bankette entsprechen lediglich einem sehr leichten französischen Mahl: etliche Stücke Kalbfleisch und ein paar Hühn-

chen, das ist alles). Es blieben aber neben dem obenerwähn-
ten Obristen des Bezirks, Herrn Francesco Gambarini, nur
ein Edelmann aus Bologna, der mir wie ein Bruder war, und
ein französischer Edelmann, sonst niemand — abgesehn
davon, daß ich *Divizia* an den Tisch bitten ließ: eine arme
Bäuerin, die zwei Meilen vom Bad entfernt wohnt.

Ebenso wie ihr Mann lebt sie allein von ihrer Hände
Arbeit. Siebenundreißig Jahre alt; häßlich, mit Kropf. Sie
kann weder lesen noch schreiben. Als sie noch klein war,
lebte im Haus ihres Vaters jedoch ein Onkel, der ihr ständig
aus den Werken Ariosts und andrer Dichter vorlas. Ihr offen-
bar von Geburt an für die Dichtkunst besonders empfängli-
cher Geist wurde hierdurch derart geprägt, daß sie heute
Verse nicht nur in unglaublicher Geschwindigkeit hervorbringt, sondern ihnen auch antike Fabeln sowie Namen von
Göttern und Ländern, von Wissenschaften und berühmten
Männern beimischt, als hätte sie studiert. Sie machte viele

Verse auf mich. Natürlich sind das alles nichts als abgezählte Rhythmen und Reime, doch sie weiß sie gewandt, wie am Schnürchen vorzutragen.

Die Ballgesellschaft bestand aus hundert fremden Personen, und mehr. Dabei war der Augenblick ungünstig, denn es fand grade die größte und wichtigste Ernte des Jahres statt: die der Maulbeerblätter für die Seidenraupenzucht. Mit dem Pflücken mühten sich in diesen Tagen alle von früh bis spät ab, besonders die jungen Frauen — für Feste hatte da eigentlich niemand Zeit. [RSS. 248-251]

Nach dem Mittagessen fand wieder ein Ball statt, zu dem mehrere adlige Damen erschienen, die zwar gut gekleidet, doch nur von durchschnittlicher Schönheit waren — und dabei gehörten sie zu den schönsten Frauen Luccas. [RS. 261]

Zu Augsburg sahen wir uns auch die Tänze einer Hochzeitsgesellschaft an: ausschließlich *Allemanden*. Diese werden immer wieder abgebrochen, worauf alle Herren die Damen an ihre Plätze auf den zweireihig an den Wänden stehenden, mit rotem Tuch bedeckten Bänken zurückführn, ohne an ihrer Seite zu bleiben. Nach einer kleinen Pause holen sie, die eigene Hand küssend, die Damen wieder ab (die diese Geste jedoch nicht erwidern) und umfassen sie bis unter die Achsel, während die Damen ihnen die rechte Hand auf die Schulter legen. So tanzen sie Wange an Wange oder miteinander plaudernd, die Herren barhäuptig und eher lässig gekleidet. [RSS. 79-80]

8 MODE UND LUXUS
MIT AUGENMASS GENIESSEN

*Ständig die Mode zu wechseln
ist eine Art Massenwahn*

Wer hätte in Paris nicht von jener Frau gehört, die sich die Haut abziehen ließ, nur um so den frischeren Teint einer neuen zu erlangen? Es gibt welche, die darauf bestanden, daß man ihnen durch und durch gesunde Zähne herausriß, weil sie sich hiervon ein schöner geordnetes Gebiß oder eine wei-

chere und vollere Aussprache erwarteten. Welches Mittel könnte ihnen je Furcht einflößen, wenn sie sich davon auch nur die geringste Aufbeßrung ihrer Schönheit erhoffen:

Fürs neue Antlitz schaben sie die Haut sich ab und reißen die Haare eifrig bis zur Wurzel aus, die längst schon

weißen.

Ich habe einige gesehn, die Sand und Asche verschlungen und alle Anstrengungen unternommen haben, sich den Magen zu verderben, um eine blasse Gesichtsfarbe zu bekommen. Und welche Höllenqualen nehmen sie nicht auf sich, um sich nach der spanischen Mode eine Wespentaille zu geben, geschnürt und eingezwängt, mit großen, tief ins Fleisch schneidenden Keilen an den Seiten, so daß manche schon daran gestorben sind! [ES. 34/I]

Was solch gleichgültigere Dinge wie die Kleidung betrifft: Wenn sie jemand auf ihren eigentlichen Zweck zurückführen

wollte, dem Körper und seiner Bequemlichkeit zu dienen, wo ihre ursprüngliche Anmut und Angemessenheit ja herrührn, so würde ich ihm von den meiner Meinung nach denkbar monströsesten Dingen als erste unsere viereckigen Kappen zur Abschaffung vorschlagen, dann das lange Gehänge aus plissiertem Samt, das mit seinem buntscheckigen Plunder an den Köpfen unserer Frauen baumelt, und bei unsren Hosen schließlich jene so nutzlose wie prahlerische Nachmodellierung eines Glieds, das wir anständigerweise nicht einmal benennen dürfen und mit dem, derart zur Schau gestellt, wir dennoch öffentlich herumstolziern.

Solche Überlegungen werden einen vernünftigen Mann jedoch nicht daran hindern, dem allgemeinen Geschmack zu folgen; im Gegenteil, alles hiervon abweichende eigenwillige Gebaren scheint mir weniger für wahre Vernunft als für Beschränktheit oder schrankenlose Gefallsucht zu sprechen. [ES. 65/r]

Ich habe die Lässigkeit in der Klei- *Sich durch ausge-* dung, wie man sie an unsrer Jugend *fallene Aufmachung* sieht, gern übernommen: den Mantel *hervortun wollen ist* schräg umgebunden, die Kapuze auf *borniert* einer Schulter, einen Strumpf nicht straffgezogen — zeigt das doch eine stolze Geringschätzung der uns fremden Modevorschriften und eine große Gleichgültigkeit gegenüber kunstvoller Aufmachung. Eine solche Haltung empfiehlt sich erst recht, finde ich, wenn es um die Redeweise geht. Vor allem in Anbetracht der fröhlichen, freien Wesensart der Franzosen steht einem Höfling bei uns Geziertheit schlecht zu Gesicht. In einer Monarchie sollte aber für die Erziehung jedes Edelmanns gelten, was für einen Höfling gilt. Daher tun wir gut daran, eher das Natürliche und Unbekümmerte zu bevorzugen.

Ich mag kein Gewebe, bei dem man die Säume und Nähte sieht, wie sich ja auch ein schöner Körper nicht dadurch auszeichnen soll, daß man bei ihm die Adern und Knochen zählen kann. Ebenso sei *die im Dienst der Wahrheit stehende Rede unkompliziert und einfach*; denn *wer studiert vorher ein, was er sagen will, wenn nicht einer, der gespreizt zu reden vorhat*? Lenkt die Beredsamkeit unsre Aufmerksamkeit auf sich selbst, beeinträchtigt sie die Sache, um die es geht.

So wie es in der Kleidung ein Zeichen von Borniertheit ist, sich durch besonders ausgefallne Aufmachung hervortun zu wollen, entspringt auch in der Sprache die Suche nach neuen Wendungen und wenig bekannten Wörtern einem zugleich kindischen und schulmeisterhaften Ehrgeiz. Ach, vermöchte ich mich doch nur derer zu bedienen, die in den Pariser *Halles* gang und gäbe sind! Als Aristophanes der Grammatiker an Epikur die Einfachheit seiner Worte und seine ausschließlich auf eine klare Sprache zielende Redekunst tadelte, bewies er damit, daß er von der Sache überhaupt nichts verstand.

Eine bestimmte Redeweise nachzuahmen ist derart leicht, daß ein ganzes Volk es ohne weiteres vermag; mit der Urteilskraft und dem Einfallsreichtum aber geht das nicht so schnell. Die meisten Leser meinen zu Unrecht, wenn sich ein Gewand gleich dem andren darbiete, müßte auch der gleiche Körper in beiden stecken. Doch übernehmen kann man nur Kostüm und Mantel, nicht Muskeln und Kraft. [ESS. 93/r –94/l]

Die Art und Weise, wie unsere Gesetze die törichten und eitlen Ausgaben für Tafel und Kleidung zu begrenzen suchen, dürfte ihrem Ziel zuwiderlaufen. Der richtige Weg wäre, den Menschen die Geringschätzung von Gold und Seide als nichtswürdiger und unnützer Dinge einzupflanzen; statt dessen aber erhöhen wir ständig deren Rang und Wert, was doch ein höchst untaugliches Mittel ist, sie den Menschen zu verleiden.

Wenn man das Recht, Steinbutt zu essen sowie Samt und Goldtressen zu tragen, nur den Fürsten zu-, dem Volk aber abspricht — was heißt das denn anderes, als daß man das Ansehn dieser Dinge steigert und jedermanns Begierde anstachelt, ebenfalls in ihren Genuß zu kommen? Die Könige sollten dergleichen Aushängeschilder ihrer Größe getrost abhängen, sie haben deren ohnehin genug. Solche Maßlosigkeiten sind bei jedem andern entschuldbarer als bei einem Fürsten. Das Beispiel mancher Völker kann uns hinlänglich bessere Wege lehren, uns äußerlich zu unterscheiden und unsren Rang kenntlich zu machen (was meiner Meinung nach in einem geordneten Staatswesen durchaus erforderlich ist), ohne deswegen einer derart in die Augen springenden Mißlichkeit, ja Korruption Vorschub zu leisten.

Es ist verblüffend, wie leicht und schnell die Gewohnheit sich in solch gleichgültigen Dingen Autorität verschafft. Kaum hatten wir ein Jahr lang bei Hofe als Trauerkleidung für König Heinrich II. nur schlichtes Tuch getragen, als auch schon der Wert von Seidenstoffen nach der Überzeugung aller auf einen derartigen Tiefstand sank, daß man, wenn man jemanden damit gekleidet sah, ihn sofort für einen einfachen Bürger hielt. Nur die Ärzte und die Feldschere trugen sie weiter. Obwohl aber sonst nun fast alle gleich angezogen waren, gab es andere, die Standesunterschiede hervorhebende Merkmale genug.

Wie plötzlich sind jetzt in unsren Armeen die schmutzigen Leder- und Leinenwämser zu Ehren gekommen, während schmucke und farbenprächtige Kleider nur noch Hohn und Verachtung ernten!

Dem dauernden　　　　Laßt also die Könige anfangen, all
Hin und her der　　　diesem Aufwand zu entsagen; das ist
Mode zu folgen　　　in einem Monat getan, ohne Verord-
macht uns zu Affen　　nung und ohne Edikt. Wir alle wür-
den ihnen auf dem Fuße folgen. Im
Gegensatz zur jetzigen Reglung müßte das Gesetz bestim-
men, daß Purpur und Goldschmuck für die Menschen aller
Stände verboten seien — außer für Gaukler und Kurtisanen.

Etwas Ähnliches dachte sich Zaleukos aus, und damit
brachte er die Lokrer von ihren verderbten Sitten ab. Seine
Anordnungen bestanden in folgendem: Eine Dame aus dem
Stand der Freien darf nicht mehr als eine Kammerfrau zum
Gefolge haben, außer wenn sie betrunken ist; noch darf sie
nachts das Stadtgebiet verlassen, noch Goldgeschmeide an
ihrem Körper tragen, noch in reich bestickte Gewänder
gekleidet sein, es sei denn, sie biete sich als Hure öffentlich
feil. Einem Mann wiederum ist es, außer den Zuhältern,
nicht gestattet, seine Finger mit Goldringen zu schmücken
und erlesne Gewänder zu tragen: etwa solche, die aus den in
Milet gewebten Tuchen hergestellt sind. Mit diesen schimpf-
lichen Ausnahmen verleidete Zaleukos seinen Bürgern auf
geniale Weise den so überflüssigen wie verderblichen Luxus.
Eine sehr zweckmäßige Methode, die Menschen über Ehrge-
fühl und Geltungsdrang zu Pflichterfüllung und Gehorsam
anzuhalten!

Solch äußere Reformen zu verwirklichen steht voll und
ganz in der Macht unsrer Könige: Ihre persönlichen Neigungen dienen hier als Gesetz. *Alles, was die Fürsten tun, schei-*
nen sie allen vorzuschreiben. Ganz Frankreich macht sich zur
Regel, was am Hof die Regel ist.

Laßt die Könige ihr Gefallen am Hosenlatz verlieren, an
diesem ordinären Kleidungsstück, das unsere Schamteile so
schamlos zur Schau stellt; an der plumpen Aufbauschung uns-

rer Wämser, die uns ganz anders erscheinen läßt, als wir sind, und das Waffentragen so stark behindert; an den langen weibischen Zöpfen, an der Gepflogenheit, Geschenke an unseresgleichen ebenso zu küssen die eignen Hände, wenn wir uns von Mann zu Mann begrüßen (ein Zeremoniell, das früher allein den Fürsten zustand); an der Unsitte, daß ein Edelmann sich zum förmlichen Empfang ohne umgeschnallten Degen, in ungeordneter Kleidung und aufgeknöpft einfinden darf, als ob er gerade vom Abort käme; ebenso aber an jener Mode, die dem Brauch unserer Väter und der besonderen Freiheit des Adels in diesem Königreich widerspricht, nämlich unsre Monarchen selbst in größerer Entfernung und ganz gleich, wo sie sich befinden, barhäuptig zu umstehn — und nicht nur sie, sondern auch hundert andre, denn soviel Drittel- und Viertelkönige haben wir ja; und an dergleichen verderblichen Neueinführungen mehr. Sie alle wären dann auf der Stelle verschrien und verschwänden. Gewiß handelt es sich hierbei nur um oberflächliche Verirrungen, aber sie verheißen nichts Gutes: Wenn wir in Putz und Anstrich Risse bemerken, sind wir vorgewarnt, daß das Mauerwerk zu zerfallen droht.

Platon sagt in seinen *Gesetzen*, daß es auf der Welt keine gefährlichere Pest für seinen Staat gebe, als wenn man der Jugend die Freiheit lasse, in der Kleidung und den Gebärden, den Tänzen und den Leibesübungen sowie den Liedern immer wieder von einer Form zur andren zu wechseln, bald dieses, bald jenes Urteil zu übernehmen, der jeweils letzten Mode hinterherzulaufen und deren Erfinder zu verehrn; das führe zur Sittenverderbnis, und alle althergebrachten Institutionen würden der Geringschätzung und Verachtung preisgegeben. [ESS. 137/I–138/I]

Ich will es unserem Volk gerne nachsehen, daß es zum Modell und Maßstab für Vollkommenheit nichts anderes nimmt als seine eignen Sitten und Gebräuche, denn es ist eine landesübliche Untugend nicht nur des großen Haufens, sondern fast aller Menschen, sich an der Lebensweise festzuklammern, in die sie hineingeborn wurden, und nicht darüber hinauszublicken. Ich lasse es durchaus hingehn, wenn das Volk, zeigt man ihm ein Bild von Fabricius oder Laelius, deren Aussehen und Aufmachung *barbarisch* findet, weil keiner nach unserer Mode gekleidet und zurechtgemacht ist.

Sehr wohl aber ärgere ich mich über seine Leichtfertigkeit, sich vom Machtanspruch dessen, was im Schwange ist, derart an der Nase herumführn und mit Blindheit schlagen zu lassen, daß es, wenn die Mode es so will, seine Meinung jeden Monat ändert, um sie der jeweils vorherrschenden anzupassen; denn auf diese Weise wird es seinem eignen Urteil immer wieder untreu.

Solange man die Verstärkungsstäbe des Wamses oben im Brustteil trug, vertraten alle aufs lebhafteste die Auffassung, sie befänden sich am rechten Ort. Ein paar Jahre später sind sie nun bis zu den Schenkeln hinabgewandert, und schon macht man sich über den früheren Brauch lustig und findet ihn albern, ja unerträglich: Die neueste Art, sich zu kleiden, ist sogleich Grund genug, die alte entschieden und einstimmig zu verurteiln. Offensichtlich handelt es sich also um eine Art Massenwahn, der den Leuten den Verstand raubt.

Da dieses Wechselspiel bei uns so rasch und unvorhersehbar abläuft, daß die Erfindungsgabe aller Schneider der Welt nie genügend Neuschöpfungen liefern könnte, kommen zwangsläufig die verachteten alten Formen sehr oft wieder zu Ansehn, während die jüngsten ihrerseits der Verachtung anheimfallen; ein und derselbe Kopf übernimmt also, unglaublich wankelmütig und wetterwendisch, im Laufe von fünfzehn, zwanzig Jahren zwei oder drei nicht nur verschiedene, sondern geradezu entgegengesetzte Standpunkte. Es gibt unter uns keinen, der so scharfsichtig wäre, daß er sich von diesem dauernden Hin und Her nicht den inneren wie den äußren Blick blenden, sich davon nicht zum Affen halten ließe, ohne es zu merken. [ESS. 151/l–152/r]

Was schließlich die körperliche Schön- *Wir wissen gar*
heit betrifft, müßte ich, bevor ich fort- *nicht recht, was*
fahre, klären, ob wir uns über diesen *Schönheit ist*
Begriff einig sind. Vermutlich wissen wir nämlich gar nicht recht, was Schönheit an sich und gemeinhin ist, denn wir verleihen unsrer menschlichen verschiedenste Gestalten. Gäbe es dafür einen natürlichen Begriff, würden wir ihn alle als verbindlich anerkennen, wie etwa den der Feuerhitze. Doch wir modeln uns die Formen der Schönheit nach eignem Gutdünken zurecht:

Was schön am belgischen Gesicht,
gefiel’ an einem röm’schen nicht.

Für die Indianer ist der Inbegriff von Schönheit ein schwarzes oder kupferfarbenes Gesicht, mit dicken, aufgeworfnen Lippen und breiter, platter Nase; die Scheidewand zwischen den Nasenlöchern belasten sie mit schweren Goldringen, damit sie ihnen bis zum Munde hängt, und die Unterlippe mit dicken edelsteinbesetzten Scheiben, wodurch sie aufs Kinn herabgezogen wird, denn sie finden es geschmackvoll, die Zähne bis unter die Wurzeln sehn zu lassen.

In Peru gelten die größten Ohren als die schönsten, und mit künstlichen Mitteln dehnt man sie soweit wie möglich. Ein Mann unsrer Tage behauptet, in einem orientalischen Land habe er diesen Eifer, sie zu vergrößern und mit schweren Edelsteinen zu überladen, derart im Schwange gesehn, daß es ihm jederzeit gelungen sei, den bekleideten Arm durch eins der gebohrten Ohrlöcher zu stecken.

Anderswo gibt es Völker, die sich mit größter Sorgfalt die Zähne schwärzen und verächtlich auf alle herabblicken, die sie weiß tragen; und wiederum anderswo färbt man sie rot. Nicht nur im Baskenland finden sich die Frauen mit rasiertem Kopf am schönsten, sondern auch vielerorten sonst — ja sogar, wie Plinius berichtet, in eiskalten Gegenden.

Zu den Schönheitsmerkmalen rechnen die mexikanischen Frauen eine niedrige Stirn, an der sie, während sie den ganzen übrigen Körper scheren, das Haar wachsen lassen und künstlich immer weiter verdichten; und große Brüste stehen bei ihnen in derartigem Ansehn, daß sie den Ehrgeiz haben, ihre Säuglinge über die Schulter hinweg damit zu stillen. Bei uns wäre das der Inbegriff von Häßlichkeit.

Bei den Italienern gilt als schön, was dick und massig, bei den Spaniern, was rank und schlank ist; bei uns sind die einen für weiß, die andern für braun, die einen für zart und zerbrechlich, die andern für kräftig und robust; dieser besteht auf Feinheit und Anmut, jener auf Stolz und Hoheit — ebenso wie den Vorrang an Schönheit, den Platon der sphärischen Form beimißt, die Epikureer eher der pyramidalen oder quadratischen zuerkennen: Einen Gott in Kugelform zu schlucken fällt ihnen schwer. [ES. 240/1–r]

[Aus dem Reisetagebuch:]

Unterschiede zwischen französischer und italienischer Mode

In den Tagen des römischen Karnevals konnte man sich all die schönen Edelfrauen Roms so gemächlich man wollte betrachten; denn in Italien pflegen sie anders als in Frankreich keine Maske zu tragen, sondern das Gesicht völlig unverhüllt zu zeigen. Was die außergewöhnliche, die vollkommne Schönheit angehe, sei sie, sagte der Herr de Montaigne, nicht häufiger als bei uns, und er habe, drei, vier Frauen ausgenommen, denn auch nichts Überragendes entdecken können. Gemeinhin fand er sie jedoch hübscher, und man sähe hier keineswegs so viele häßliche wie in Frankreich.

Ihr Kopfputz sei unvergleichlich schmeichelhafter, ebenso die Fasson der Kleidung unterhalb der Gürtellinie. In Frankreich wiederum hätten die Frauen einen schlankeren Körper, denn hier ließen sie ihn um die Taille herum auseinandergehn, so daß sie wie bei uns die Schwangeren einherschritten. Dafür habe ihr Auftreten mehr Hoheit, Sanftmut und Milde. Was den Reichtum ihrer Gewänder betreffe, sei er mit dem der unsern überhaupt nicht vergleichbar: Alles voller Perlen und Edelsteine!

Überall, wo die Frauen sich öffentlich zeigten — in der Kutsche, auf Festen oder im Theater —, geschehe dies getrennt von den Männern; doch fänden durchaus gemischte Tänze statt, die den Paaren Gelegenheit gäben, sich an den Händen zu fassen und miteinander zu plaudern.

Die Männer gingen zu welchem Anlaß auch immer sehr schlicht gekleidet: in Florentiner Serge, schwarz. Und da sie zudem einen etwas dunkleren Teint hätten als wir, sähen sie selbst als Herzöge, Grafen und Markgrafen ein bißchen, wie soll ich sagen, gewöhnlich aus; dabei beherrschten sie die höfische Etikette auf das denkbar artigste. [RSS. 160–161]

9 Mit Geld vernünftig umgehen

Ohne Geldgier zu sein ist Reichtum,
ohne Kauflust, Einkommen

Daß es unsere Vorstellung ist, die den Dingen ihren Wert gibt, ersieht man schon daraus, wie wir bei der Einschätzung einer großen Anzahl von ihnen weniger sie selbst im Auge haben denn uns. Wir erwägen weder ihre Eigenschaften noch ihre Nützlichkeit, sondern allein, was es uns kostet, sie zu erwerben — als ob dies ein Teil ihres Wesens wäre! Nicht was sie uns geben, sondern was wir für sie ausgeben, nennen wir ihren Wert; wobei ich bemerke, daß wir unsere jeweilige Investition genau berechnen. Ihr Gewicht dient uns zur Gewichtsbestimmung der Sache. So läßt unsre Vorstellung es nie zu einer Fehlinvestition kommen: Der Kaufpreis gibt dem Diamanten Wert, der schwierige Zugang der Tugend, das Leiden der Frömmigkeit und die Bitterkeit der Arznei.

Der eine wirft, um zur Armut zu gelangen, seine Taler in dasselbe Meer, das andre ringsum durchwühlen, um Schätze daraus zu fischen. Epikur sagt, Reichtum verringere unsre

Nicht der Mangel Mühsal nicht, sondern verlagre sie. Und
führt zu Hab- in der Tat führt nicht der Mangel zu
sucht, sondern der Habsucht, sondern der Überfluß. Ich
Überfluß will berichten, welche Erfahrungen ich
diesbezüglich gemacht habe.

Seit ich der Kindheit entwachsen bin, habe ich mich in
dreierlei Lebenslagen befunden. In der ersten, die nahezu
zwanzig Jahre dauerte, standen mir nur zufällige Mittel zur
Verfügung, und ich war, da ohne geregeltes Einkommen und
festes Budget, von der Hilfsbereitschaft und den Zuwendun-
gen andrer abhängig. Aber grade weil es völlig der Laune des
Schicksals überlassen blieb, ob ich Geld in den Händen hatte,
gab ich es um so fröhlicher und unbekümmerter aus. Nie ist
es mir besser gegangen als damals. Kein einziges Mal habe
ich erlebt, daß die Geldbörse meiner Freunde für mich verschlossen gewesen wäre — hatte ich mir doch mehr als jede
andere Notwendigkeit die eine eingeschärft, stets die für die
Rückzahlung zugesagte Frist einzuhalten. Deshalb wurde sie
mir von ihnen tausendmal verlängert, denn sie sahen ja, welche Mühe ich mir gab, nicht wortbrüchig zu werden. Meine
Redlichkeit war also berechnet und insoweit ein bißchen
durchtrieben.

Außerdem aber gibt mir das Bezahlen von Natur aus ein
gewisses Lustgefühl: als ob ich damit eine lästige Bürde von
meinen Schultern nähme, ein Schuldnermal (wie ich überhaupt eine wohltuende Befriedigung empfinde, wenn ich jemand andern durch eine ihm geschuldete Handlung befriedige). Freilich nehme ich hiervon solche Zahlungen aus, bei
denen ich feilschen und schachern muß; und finde ich nieman-
den, dem ich diese Aufgabe übertragen kann, schiebe ich sie
ungerechterweise und zu meiner Schande solange wie nur irgend möglich hinaus, weil ich dergleichen Streitereien einfach
fürchte, die mit meiner Wesensart und meinen sprachlichen

Umgangsformen völlig unvereinbar sind. Nichts hasse ich so sehr wie dieses Schachern. Es ist der schamlose, nackte Versuch, sich gegenseitig übers Ohr zu hauen. Nach einer Stunde des erregten Hin und Her vergißt der eine wie der andre sein Wort und seine Schwüre um fünf Heller Auf- oder Abschlag.

Wenn ich von Fremden borgen wollte, war ich zudem wenig erfolgreich, denn da ich nicht das Herz hatte, jemanden mündlich um Geld anzugehn, vertraute ich meine Bitte auf gut Glück einem Brief an, was ja nicht eben großen Eindruck zu machen pflegt und einer Ablehnung geradezu Vorschub leistet.

So verließ ich mich für meinen Lebensunterhalt damals frohgemuter und sorgenfreier auf die Sterne als seitdem auf meine Voraussicht und meinen Verstand.

Die meisten guten Haushalter finden es entsetzlich, derart im Ungewissen zu leben. Erstens bedenken sie dabei aber nicht, daß der größte Teil der Menschheit so lebt. Wieviel rechtschaffne Männer haben nicht all ihr Hab und Gut über Bord geworfen, um die windige Gunst der Könige und des Glücks zu suchen — und tun es heute noch, Tag für Tag! Caesar verschuldete sich über sein Vermögen hinaus mit einer Million Goldes, um Caesar zu werden. Und wieviel Kaufleute beginnen ihr Gewerbe, indem sie ihren Besitz verkaufen, um mit dem Erlös nach Indien zu fahren,

ausgesetzt der blinden Wut
schäumend hochgetürmter Flut!

Und mitten in der heutigen Glaubensdürre haben wir tausend und abertausend Ordensgemeinschaften, die sie mühelos durchstehen, weil sie sich für ihre tägliche Nahrung der Freigebigkeit des Himmels anvertraun.

Zweitens bedenken jene Haushalter nicht, daß diese Sicherheit, auf die sie bauen, kaum weniger unsicher und zufällig ist als der Zufall selbst. Ich sehe mit über zweitausend

Talern Einkommen das Elend mir ebenso nahe, als ob es mir schon dicht auf den Fersen wäre. Denn abgesehn davon, daß das Schicksal imstande ist, der Armut hundert Breschen durch unsere Reichtümer zu schlagen und hierbei die mittlere Stufe der Glücksgüter oft ebensowenig verschont wie die oberste und die unterste,

Glück ist Glas: jetzt voller Glanz,

bald jedoch zersplittert ganz,

ja, daß es all unsre Wälle und Wehranlagen mit einem Schlag dem Erdboden gleichzumachen vermag, finde ich, daß Bedürftigkeit sich aus mancherlei Gründen ebenso häufig bei den Begüterten wie bei den Unbegüterten niederläßt und daß sie vielleicht sogar etwas weniger drückend ist, wenn sie allein statt in Gesellschaft des Reichtums auftritt, der sich ohnehin mehr einer streng geordneten Haushaltsführung als hohen Einnahmen verdankt: *Jeder ist seines Glückes Schmied.*

Jedenfalls scheint mir ein Reicher, der sich in seiner Haut nicht wohl fühlt, weil er von Geschäften und Geldsorgen bedrängt wird, übler dran zu sein als einer, der schlichtweg arm ist. Mitten im Reichtum Mangel leiden ist die ärgste Armut. Die mächtigsten und reichsten Fürsten geraten durch leere Kassen gewöhnlich in die allergrößte Not — denn welche könnte größer sein als eine, die dazu zwingt, Tyrann und Usurpator zu werden, um den Untertanen ihr Hab und Gut zu rauben?

In meiner zweiten Lebenslage besaß ich Geld. Nachdem ich Geschmack hieran gefunden hatte, legte ich davon recht bald für meinen Stand beträchtliche Ersparnisse zurück; ich glaubte nämlich, Haben bestehe nur in dem, was man über seine laufenden Aufwendungen hinaus besitze, und man könne sich auch nicht auf Einnahmen verlassen, die erst — und sei es mit noch so großer Wahrscheinlichkeit — zu erwarten seien. Denn ich sagte mir: Wie nun, wenn mir plötzlich dies oder das passiert? Und infolge *Je mehr ich mich* solch nichtsnutziger und abwegiger *mit Geld belade,* Überlegungen ging ich daran (und kam *um so mehr auch* mir hierbei sehr klug vor), mit meinen *mit Furcht* überschüssigen Ersparnissen Vorkehrungen gegen jedes erdenkliche Mißgeschick zu treffen; und selbst auf den Einwand, daß die Zahl der möglichen Mißgeschicke doch unendlich sei, wußte ich eine Antwort: Wenn ich mich auch nicht gegen alle schützen könne, so doch gegen einige, ja sogar recht viele.

Das lief freilich nicht ohne ständiges Hangen und Bangen ab. Ich gab mich der Geheimniskrämerei hin, und über mein Geld tischte ich, der ich über mich selber so vieles offen zu sagen wage, nur Lügen auf — wie es die andern auch tun, die sich als arm hinstellen, wenn sie reich, und als reich, wenn sie arm sind, und sich ein für allemal von der Gewissenspflicht entbunden haben, ehrlich darzulegen, was sie besitzen. Welch lächerliches und schandbares Lavieren!

Ging ich auf Reisen, glaubte ich mich nie genügend versorgt; und je mehr ich mich mit Geld beladen hatte, um so mehr auch mit Furcht: bald um die Sicherheit der Wege, bald um die Zuverlässigkeit jener, die mein Gepäck führten, über das ich mich (gleich andren, die ich kenne) nur so lange beruhigt fühlte, wie ich es im Auge hatte. Ließ ich meine Schatulle zu Hause, wieviel argwöhnische und bohrende Gedanken stiegen dann auf, die ich zudem, was das Schlimmste war, für mich behalten mußte! Mein Geist kam nicht mehr davon los.

Alles in allem kostet es mehr Mühe, Geld zu bewahren, als es zu erwerben. Wenn ich mich auch keineswegs so übertrieben damit herumquälte, wie ich es hier darstelle, fiel es mir doch schwer, es zu unterlassen. An Annehmlichkeiten gewann ich hieraus wenig oder nichts. Daß ich mehr Mittel zum Ausgeben hatte, machte mir dieses keineswegs leichter,

denn der Bärtige zetert, wie Bion sagte, nicht minder als der
Bartlose, wenn man ihm ein Haar ausreißt; und sobald man
der Gewöhnung verfallen ist und alles Denken nur noch auf
einen bestimmten Geldhaufen richtet, steht er einem nicht
mehr zur Verfügung: Man schreckt davor zurück, ihn anzu-
tasten. So gleicht er einem Gebäude, das, meint man, völlig
zusammenstürzen würde, wenn man nur dran rührt. Die Not
müßte einen schon an der Gurgel packen, ehe man ans Ge-
hortete geht.

Vorher hätte ich mich mit weit weniger Bedauern und
Widerwillen entschlossen, meine Habseligkeiten zu verpfän-
den oder ein Pferd zu verkaufen, als ich jetzt bereit war, meinen geliebten Geldbeutel anzuzapfen,
den ich beiseite verwahrt hielt. Das
Gefährliche hierbei lag darin, daß es
schwerfällt, einer solchen Sucht feste
Grenzen zu setzen (wie es bei Dingen, die man gut findet,
stets der Fall ist), für das Sparen also einen Schlußpunkt zu
bestimmen: Man kann es nicht mehr lassen, den Haufen um

*Jeder Begüterte ist
ein Geizkragen*

eine Summe nach der andern ständig zu vergrößern, bis man sich schließlich auf erbärmliche Weise um den Genuß der eignen Güter bringt — ihn nur noch darin findend, sie zu hüten, statt sie zu gebrauchen. Jeder Begüterte ist meiner Meinung nach ein Geizkragen.

Hieße dies *seinen Reichtum genießen*, hätten jene das meiste Geld, denen die Bewachung der Tore und Mauern einer Stadt von Besitzbürgern obliegt.

Platon gibt den Gütern des Menschen folgende Rangordnung: Gesundheit, Schönheit, Kraft und Reichtum. Letzterer, sagt er, mache keineswegs blind, sondern äußerst klarsichtig, wenn er von der Weisheit erleuchtet werde. Hierzu hatte Dionysios der Jüngere einen glücklichen Einfall: Nachdem ihm hinterbracht worden war, daß ein Bürger seiner Stadt Syrakus einen Schatz in der Erde vergraben habe, ließ er ihm befehln, diesen ihm auszuliefern — was der Mann auch tat, freilich nicht ohne einen Teil davon heimlich für sich zu behalten, mit dem er in eine andre Stadt zog. Dort begann er, da ihm die Lust am Schätzesammeln vergangen war, auf großem Fuß zu leben. Als Dionysios das nun erfuhr, veranlaßte er, daß ihm der abgelieferte Teil des Schatzes zurückerstattet werde, wobei er dem Mann ausrichten ließ: Weil er nun gelernt habe, den rechten Gebrauch davon zu machen, gebe er ihn ihm gerne wieder.

In dieser zweiten Lebenslage befand ich mich einige Jahre. Ich weiß nicht, welch guter *Daimon* mich wie jenen Syrakuser glücklicherweise aus ihr herausriß und von meiner fixen Idee befreite, indem er mich durch das Vergnügen an einer gewissen sehr kostspieligen Reise meine Ersparnisse in alle Winde verstreuen hieß. Jedenfalls bin ich so in eine dritte Lebenslage gelangt, die (ich sage, wie ich es empfinde) mit Sicherheit wesentlich angenehmer und ausgeglichner ist, denn in ihr stimme ich die laufenden Ausgaben und Einnahmen aufeinander ab. Manchmal sind die einen voraus, manchmal die andern, doch der Abstand zwischen ihnen bleibt stets gering.

Ich lebe nun in den Tag hinein; es genügt mir, etwas zu haben, womit ich meine gewöhnlichen Bedürfnisse befriedigen kann, wie sie sich jeweils ergeben; für die außergewöhnlichen reichten alle Vorräte der Welt nicht aus! Es ist Torheit, zu erwarten, daß Fortuna uns eines Tages wider sich selbst hinlänglich wappnen werde. Mit unseren eignen Waffen müssen wir gegen sie antreten — die uns zugefallenen werden unsrer Hand im entscheidenden Augenblick entfalln.

Wenn ich etwas zurücklege, dann nur im Hinblick auf eine bevorstehende Ausgabe: nicht um Grund und Boden (für den ich keine Verwendung habe) zu kaufen, sondern Vergnügen. *Ohne Geldgier zu sein, ist Reichtum, ohne Kaufsucht, Einkommen.* Ich ängstige mich kaum, daß es mir an Geld fehlen könnte; noch begehre ich, daß es sich mehre. *Die Frucht des Reichtums ist Fülle, Fülle aber zeigt sich im Genughaben.* Besonders glücklich bin ich darüber, daß diese Umkehr bei mir in einem Alter erfolgte, das von Natur aus zum Geiz neigt, und ich mich nun von diesem bei Greisen so weitverbreiteten Gebrechen befreit sehe, das zugleich die lächerlichste aller menschlichen Torheiten ist.

Pheraulas, der Armut wie Reichtum kennengelernt und dabei festgestellt hatte, daß ein Zuwachs an Besitz keineswegs einen solchen an Eß- und Trinkfreude, an Schlaf- und Liebeslust mit sich bringe, während er andrerseits die Mühen der Güterverwaltung schwer auf seinen Schultern lasten fühlte (wie es auch bei mir der Fall ist), beschloß, einen jungen Menschen, seinen treuen Freund, der arm war und deshalb nach Reichtümern lechzte, dadurch zufriedenzustellen, daß er ihm die seinen, die riesig waren, zum Geschenk machte — und die durch die Großzügigkeit von Kyros, seinem guten Herrn, sowie durch den Krieg täglich weiter anwachsenden obendrein; die einzige Bedingung war, daß er sich verpflichte, ihn dafür als Freund und Gast aufzunehmen und sich um seinen standesgemäßen Lebensunterhalt zu kümmern. Sie lebten danach sehr glücklich zusammen und waren mit dem Austausch ihrer Lebensumstände gleichermaßen zufrieden. So etwas würde ich herzlich gerne nachmachen!

Auch jenen alten Prälaten preise ich glücklich, der, wie ich weiß, seine Geldangelegenheiten — Einnahmen wie Ausgaben — derart rückhaltlos bald diesem, bald jenem von ihm ausgewählten Diener anvertraute, daß er viele Jahre lang über diese Dinge seiner Haushaltsführung nicht besser Bescheid wußte als irgendein Fremder. Das Vertrauen in die Redlichkeit anderer ist kein geringes Zeugnis der eignen; daher pflegt Gott es mit seiner Gunst zu lohnen. Und was den Prälaten betrifft, wüßte ich keinen Haushalt, der geordneter, zuverlässiger und würdiger geführt würde als der seine.

Jedem geht es allein nach Maßgabe seines Befindens gut oder schlecht

Glücklich, wer seine Bedürfnisse auf so angemeßne Weise geregelt hat, daß seine Reichtümer zu deren Befriedigung genügen, ohne daß er sich eigens darum kümmern müßte und die lästige Beschäftigung mit deren Erwerb und Verwendung andre, ruhigere Tätigkeiten beeinträchtigte, denen er nachgeht und die passender für ihn sind, weil sie ihm mehr am Herzen liegen!

Wohlstand und Bedürftigkeit hängen also von der Einstellung jedes einzelnen ab; und dem Reichtum eignet nicht anders als dem Ruhm und der Gesundheit nur so viel Schönheit und Annehmlichkeit, wie derjenige ihnen beimißt, der sie besitzt. Jedem geht es allein nach Maßgabe seines Befindens gut oder schlecht. Zufrieden ist nicht der, von dem man es glaubt, sondern wer es von sich selber glaubt. In diesen Dingen erschafft sich allein der Glaube Wahrheit und Wirklichkeit.

Unser Wohl und Wehe ist nicht das Werk des Schicksals; es liefert nur den Stoff dazu, die Saat, die unsere Seele, mächtiger als dieses, so verwendet und aufgehn läßt, wie es ihr gefällt. Sie ist die alleinige Schöpferin und Herrin ihres Glücks oder Unglücks.

Was von außen hinzukommt, bezieht Geschmack und Farbe von unsrer inneren Beschaffenheit, so wie die Kleider uns nicht mit ihrer eigenen Wärme, sondern der unsern wärmen, die sie lediglich zu dämmen und zu speichern vermögen. Wer einen kalten Körper in sie hüllte, dem würden sie den gleichen Dienst für die Kälte leisten; auf diese Weise konserviert man ja Schnee und Eis.

Fest steht: Wie dem Tagedieb das Studium, dem Trunkenbold die Enthaltung vom Wein zur Qual wird, und wie dem Schlemmer kärgliche Mahlzeiten, dem verweichlichten Müßiggänger Leibesübungen wahre Torturen sind, so verhält es sich auch mit allem übrigen. Die Dinge an sich sind gar nicht schmerzhaft und beschwerlich — erst unsere Schwäche, unsre Feigheit macht sie dazu. Um über große und erhabne Gegenstände zu urteilen, bedarf es einer gleichartigen Seele, sonst unterschieben wir ihnen unsre eigenen Mängel und Makel. Ein gerades Ruder erscheint im Wasser krumm. Nicht allein darauf kommt es an, daß man etwas sieht, sondern mehr noch darauf, wie man es sieht. [ESS. 35/r–38/l]

10 Praxisbezogen philosophieren

Das deutlichste Kennzeichen der
Weisheit ist ein stetes Vergnügtsein

Es ist ungeheuerlich, wie die Dinge in unserem Jahrhundert so weit verkommen sind, daß der Name *Philosophie* sogar von verständigen Menschen bloß noch als Schall und Rauch empfunden wird, ja daß sie nicht nur nach der vorherrschenden Meinung, sondern tatsächlich keinerlei Wert und Nutzen mehr hat. Ich glaube, die Schuld daran trägt das ständige *Ergo*-Gekrähe ihrer Adepten, das vor jeder Annäherung zurückschrecken läßt.

Man begeht jedoch ein großes Unrecht, wenn man sie den jungen Menschen als unzugänglich hinstellt und ihr ein verkniffnes, finsteres und furchterregendes Gesicht anmalt. Wer hat sie mir nur mit dieser fahlen, abscheulichen Fratze verlarvt und verschandelt? In Wahrheit ist nichts fröhlicher und frohgemuter als sie, nichts spielfreudiger und, fast hätte ich gesagt, überschäumender. Nur Lust und Wonne predigt sie.

Wer eine saure Trauermiene aufsetzt, verrät damit, daß sie bei ihm keine Wohnstatt hat.

Der Seele Freuden oder ihre Sorgen
— der Körper zeigt, was sonst in ihr verborgen.
Was sie erfüllt, woran es ihr gebricht,
zeigt sich am klarsten aber im Gesicht.

Eine Seele, in der die Philosophie wahrhaft heimisch ist, wird daher durch ihre Gesundheit auch den Körper gesund machen. Ihre Ruhe und ihr Wohlbehagen werden aus ihm hervorleuchten; so wird sie nach ihrem Bilde auch die äußere Erscheinung formen und sie folglich mit gelaßner Würde ausrüsten, mit einem lebendigen und fröhlichen Auftreten, mit einer zufriednen und leutseligen Haltung. Das deutlichste Kennzeichen der Weisheit ist ein stetes Vergnügnügtsein; ihr Zustand gleicht den Dingen unterm Monde: heiter im-

merdar. Es ist das geheimnistuerische Abrakadabra, das ihre Nachbeter so rauch- und rußgeschwärzt dastehen läßt, nicht sie selbst: Sie kennen sie ja nur vom Hörensagen.

In Wirklichkeit macht sich die Weisheit ans Werk, die Stürme der Seele zu besänftigen und den Hunger wie das Fieber lachen zu lehren, nicht durch haltlose Spekulationen über planetarische Haupt- und Nebenkreise, sondern durch naheliegende, handgreifliche Vernunftgründe. Ihr Ziel ist die Tugend, die keineswegs, wie die Schulmeister behaupten, auf der Spitze eines steilen, zerklüfteten und unzugänglichen Berges thront; jene, die in ihre Nähe gelangten, sagen im Gegenteil, sie wohne auf einer blühenden und fruchtbaren Hochebene, von der aus sie alle Dinge unter sich sehe, die aber jeder, der die Richtung kenne, auf schattigen, von süßem Duft umwehten Rasenpfaden über einen sanft ansteigenden, der Neigung des Himmelsgewölbes gleichenden glatten Hang leicht erreichen könne.

Weil die Schulmeister jedoch keinen näheren Umgang mit dieser zugleich schönen, ihrer Überlegenheit gewissen, liebe- und lustvollen und dabei beherzten höchsten Tugend zu pflegen vermochten — dieser erklärten und unversöhnlichen Feindin von Sauertöpfischkeit und Mißmut, von Furcht und Zwang, die sich zur Führerin die Natur, zu Gespielinnen Glück und Sinnenfreude auserkor —, sind sie aus Wut über ihr Unvermögen darangegangen, sie zur hohlköpfigen Spottgeburt mit Leichenbittermiene und zänkischen Drohgebärden zu machen und inmitten von Dorngestrüpp auf ebenjenen schroffen Felsen zu versetzen, damit sie den Leuten Angst und Schrecken einjage.

Der Erzieher, wie ich ihn mir denke, weiß, daß er das Herz seines Zöglings nicht nur mit Achtung vor der Tugend erfüllen muß, sondern ebenso, ja mehr noch mit Liebe zu ihr. Er wird ihm daher klarzumachen verstehn, daß viele Dichter in ihren Darstellungen nur dem Hang des großen Haufens folgen, und ihn dann mit Händen greifen lassen, daß die Götter in Wahrheit eher den Zugang in die Gemächer der Venus mit einem Schweißzoll belegt haben als den in die Rüstkammer der Pallas.

Sobald der Zögling sich seiner Regungen bewußt zu werden beginnt, wird der Lehrer ihn mit Ariosts *Bradamante und Angelica* bekanntmachen und ihn fragen, welche er als Geliebte vorziehen würde: die eine von natürlicher, lebendiger und edler Schönheit, kein Mannweib, aber mannhaft; die Schönheit der anderen hingegen weich, dünnhäutig, gesucht und künstlich; die eine als Jüngling gekleidet, mit schimmerndem Helm auf dem Haupt, die andre als Mädchen, mit perlenbesetztem Kopfschmuck; und der Erzieher wird seinen Zögling nun auch in der Liebe als zum Mann gereift betrachten, wenn er sich anders als Paris entscheidet, jener weibische Schäfer aus Phrygien.

Dann wird er ihm diese neue Lektion beibringen: Wert und Würde der wahren Tugend bestehen in der Nützlichkeit, Leichtigkeit und Annehmlichkeit ihrer Ausübung, die derart frei von Beschwer ist, daß Knaben hierzu ebenso fähig sind wie Erwachsne, Unbedarfte ebenso wie Gescheite. Nicht Kraftanstrengung verlangt sie, sondern Ausgeglichenheit. Sokrates, ihr erster Lieblingsschüler, verzichtete absichtlich auf eigene Bemühung, um sich völlig ihrem natürlichen und gelösten Gang zu überlassen.

Die Tugend ist die Nährmutter der menschlichen Freuden. Indem sie ihnen ihr rechtes Maß gibt, sichert sie ihren ungetrübten Genuß. Indem sie ihr Ungestüm dämpft, erhält sie ihnen Atem und Appetit. Indem sie jene Vergnügen, die sie ablehnt, uns nimmt, steigert sie unser Verlangen nach denen, die

Die Tugend ist die Nährmutter der menschlichen Freuden

sie uns beläßt; und die von der Natur gewollten beläßt sie uns in Hülle und Fülle — wenn nicht bis zum Überdruß, so doch wie eine gütige Mutter bis zur Sättigung (falls wir nicht etwa behaupten wollen, daß die Mäßigung, die dem Trinker kurz vorm Vollrausch Einhalt gebietet, dem Esser kurz vorm Sodbrennen und dem geilen Bock kurz vorm Haarausfall, eine Feindin unsrer Freuden sei).

Bleibt der Tugend das gewöhnliche Glück versagt, kümmert sie das nicht: Sie kommt ohne es aus. Dafür schmiedet sie sich ein anderes, das voll und ganz ihr Eigen ist und überdies nicht wie jenes wankt und schwankt. Sie versteht es, auf rechte Weise reich und mächtig und gelehrt zu sein, und selbst hingestreckt auf parfümierte Polster bleibt sie sich treu. Sie liebt das Leben, sie liebt die Schönheit, den Ruhm und die Gesundheit.

Ihr eigentlicher und vornehmster Dienst aber besteht darin, daß sie all diese Güter maßvoll zu gebrauchen lehrt, sowie standhaft zu bleiben, wenn man sie verliert. Diese Lehre zu beherzigen bringt mehr edlen Gewinn, als es Anstrengung erfordert; sie zu mißachten hingegen führt zur Entartung, Verwirrung und Verkrüpplung des ganzen Lebens, dem man dann mit Recht jene schroffen Felsen, Dorngestrüppe und Spottgeburten zuordnen kann.

Da es also die Philosophie ist, die uns zu leben lehrt und folglich wie jedem anderen Alter auch der Jugend etwas zu sagen hat — warum macht man sie dann nicht mit ihr bekannt?

Den Lehm nun auf die Scheibe, die sich hurtig dreht,
weil weich und feucht am besten er zu formen geht!

Man lehrt uns zu leben, wenn das Leben vorüber ist. Hundert Studenten haben sich die Syphilis geholt, ehe sie in ihrem Aristoteles bis zum Kapitel über die Mäßigung gekommen sind. Cicero sagte, er würde, selbst wenn er das

Leben zweier Menschen leben könnte, sich nicht die Zeit nehmen, die lyrischen Dichter zu studieren; jene ständigen *Ergo*-Kräher finde ich jedoch auf noch viel kläglichere Weise unnütz. Unser Knabe aber muß sich sputen: Er darf sich seiner Heranbildung ja nur die ersten fünfzehn, sechzehn Jahre widmen — der Rest gehört dem Handeln.

Verwenden wir deshalb diese so kurze Zeit auf die wirklich wichtigen Unterweisungen! Fort mit all dem Abwegigen, fort mit all den vertrackten Spitzfindigkeiten der Dialektik, die unser Leben doch nicht zu bessern vermögen! Nehmt statt dessen die einfachen Sätze der Philosophie und lernt, sie sinnvoll auszuwählen und den rechten Gebrauch davon zu machen: Sie sind leichter zu verstehn als eine Erzählung des Boccaccio! Der kleinste Knabe schon schafft das, sobald er entwöhnt ist, weitaus besser, als lesen und schreiben zu lernen. Die Philosophie hält für jeden Menschen ihre Lehren bereit, vom Kindesalter bis zum Wiederkindischwerden.
[ESS. 88/l–89/r]

Ich habe mein völlig eigenes Vokabular: Ich *vertreibe* die Zeit, wenn sie schlecht und unerfreulich ist; wenn aber gut, will ich sie nicht vertreiben, sondern *festhalten* und *auskosten*. Die schlechte sollte man *durcheilen*, in der guten *verweilen*. Die üblichen Ausdrücke *Zeitvertreib* und *sich die Zeit vertreiben* sind charakteristisch für das Verhalten all der Neunmalklugen, die meinen, das meiste hätten sie vom Leben, wenn sie es dahingleiten und vorüberstreichen ließen, es nicht beachteten, ihm auswichen oder, soweit es in ihrer Macht steht, die Flucht davor ergriffen: als sei es eine verdrießliche und verächtliche Sache.

Der Genuß des Lebens bedarf des wohlüberlegten Umgangs

Doch ich kenne das Leben anders und finde es jetzt noch, da es mir unter den Fingern zerrinnt, annehmbar und schätzenswert. Die Natur hat es uns dermaßen wohlausgestattet in die Hand gegeben, daß wir uns nur bei uns selbst zu beklagen haben, wenn es uns zur Last fällt und ungenutzt entflieht. *Das Leben des Toren ist freudlos und von Angst durchzittert, weil er ständig auf die Zukunft starrt.*

Ich jedenfalls rüste mich, es ohne Murren dranzugeben — aber nur, weil es seine Bestimmung ist, drangegeben zu werden, nicht weil es mir beschwerlich und lästig wäre. Im Grunde kommt es allein denen zu, nicht unzufrieden zu sterben, die zufrieden leben. Der Genuß des Lebens bedarf des wohlüberlegten Umgangs mit ihm. Ich genieße es doppelt so sehr wie die andern, denn das Maß des Genusses hängt vom Mehr oder Minder unsres Zutuns ab.

Besonders zu dieser Stunde, da ich merke, wie sehr mein Leben an Zeit abnimmt, will ich, daß es an Gewicht zunehme; ich will der Schnelligkeit seiner Flucht durch die Schnelligkeit meines Zugriffs Einhalt gebieten; ich will durch seine nachdrückliche Nutzung die Eile hemmen, mit der es mir entgleitet. Je kürzer ich das Leben noch besitze, desto tiefer und umfassender muß ich von ihm Besitz ergreifen.

Ich empfinde die Süße von Wohlergehen und Glück wie die andern, aber nicht, indem ich beiläufig darüber hinweggleite. Man muß sie vielmehr auf der Zunge zergehn lassen, ihr nachspüren und sie wiederkäun, um so dem gebührend zu danken, der sie uns schenkt. Jene andern genießen alle Annehmlichkeiten wie die des Schlafs: ohne sie sich bewußt zu machen. Ich hingegen habe, damit nicht einmal er meiner Wahrnehmung entgleite, es seinerzeit begrüßt, wenn man ihn mir störte — ich wollte wenigstens einen Schimmer von ihm erhaschen.

Wann immer ich mich glücklich fühle, sinne ich hierüber nach; ich schöpfe nicht nur den Schaum dieser Empfindung ab, sondern lote sie aus und dränge meinen trübsinnig und sauertöpfisch gewordenen Geist, sich ihr zu öffnen.

In voller Helle aber zeigt sich mir meine Lage, wenn ich sie mit der andrer vergleiche. So stelle ich mir in tausend Gestalten jene Menschen vor, die Schicksal oder eigne Schuld von sich wegzieht und herumwirbelt; und auch jene, mehr in meiner Nähe, die ihr glückliches Los kein bißchen glücklicher macht. Das sind Leute, die ihre Zeit wirklich *vertreiben*: Sie lassen die Gegenwart und was sie besitzen hinter sich, um sich zu Sklaven der Hoffnung und all der Schatten- und Wahngebilde zu machen, die ihre Phantasie ihnen vorgaukelt.

Was mich jedoch betrifft, liebe ich das Leben und hege und pflege es so, wie Gott es uns zu geben gefallen hat. Fern liegt mir der Wunsch, es möchte des Bedürfnisses nach Essen und Trinken enthoben sein — ja, mir schiene es sogar eine durchaus entschuldbare Verfehlung, eher zu wünschen, daß dieses Bedürfnis sich verdopple (*Der Weise ist der leidenschaftlichste Liebhaber der natürlichen Glücksgüter*); noch fände ich es erstrebenswert, daß wir zur Ernährung uns lediglich das bißchen Trockenkraut in den Mund steckten, mit dem Epimenides sich den Hunger vertrieb und sein Leben fristete; noch daß man Kinder ohne Wollust mit den Fingern oder den Fersen zeuge, sondern eher, mit Verlaub, daß man mit Fingern und Fersen die Wollust der Zeugung steigre; noch daß der Körper überhaupt ohne Sinnenkitzel und Begierde sei.

Diese zu verwerfen ist abwegig und undankbar. Ich nehme aus ganzem Herzen dankbar entgegen, was die Natur für mich getan hat, ich freue mich darüber und lobe es mir. Man tut dieser großen und allmächtigen Geberin unrecht, wenn man ihre Gabe zurückweist, verunstaltet oder zunichte macht. Selbst ganz Güte, ist auch ihr Werk ganz Güte. *Alles, was der Natur entspricht, verdient unsere Wertschätzung.*

Von den philosophischen Lehrmeinungen mache ich mir am liebsten die zu eigen, die am handfestesten sind, also uns Menschen am gemäßesten. Meine Gedankengänge bleiben wie mein Lebenswandel stets der Erde verbunden. Die Philosophie betreibt meines Erachtens Kinderei, wenn sie uns mit ihrem ständig herausgekrähten »Ergo, ergo!« glauben machen will, das Göttliche mit dem Irdischen, das Rationale mit dem Irrationalen, das Unnachsichtige mit dem Nachsichtigen und das Konventionelle mit dem Unkonventionellen zu vermählen heiße eine wilde Ehe stiften; und die Sinnenlust sei etwas Tierisches, nicht wert, daß der Weise hiervon koste; und aus der Umarmung seiner schönen jungen Gattin erwachse diesem als einziger Genuß der seines Gewissens, damit etwas Zweckmäßiges zu tun: wie das Stiefelanziehn zu einem gebotnen Ausritt. Daß den Adepten solcher Philosophie doch bei der Entjungferung ihrer Frauen der Steife ausbliebe und ihre Lenden nicht mehr Saft und Kraft aufbrächten als ihre Lehre!

Sokrates, oberster Lehrer der wahren Philosophie und somit der unsre, sagt nichts dergleichen. Er zollt der körperlichen Lust die gebührende Achtung, wenn er auch die des Geistes höher bewertet, da ihr mehr Kraft und Beständigkeit, Gelöstheit und Vielfalt sowie Würde eigne. Sie tritt aber seiner Meinung nach niemals allein auf (ein solcher Schwärmer ist er eben nicht), sondern hat bloß den Vortritt. Für ihn gibt die Selbstbeherrschung den Lüsten das rechte Maß, feindet sie jedoch nicht an.

Die Natur führt uns auf sanfte Art, freilich nicht sanfter als weise und gerecht. *Man muß in die Natur der Dinge eindringen, um zu ergründen, was sie von uns verlangt.* Ich suche überall ihre Fährte, aber wir haben sie durch das Dazwischentreten unsrer Künste verwischt, und das höchste Gut der Athener Akademiker und Peripatetiker, nämlich *der Natur gemäß leben*, läßt sich daher nur noch schwer ausmachen und bestimmen; das gleiche gilt für das ihm verwandte der Stoiker: *Mit der Natur im Einklang sein.*

Ist es nicht abwegig, manche Verrichtungen deswegen für weniger würdig zu halten, weil sie notwendig sind? Nie wird man mir ausreden können, daß die Ehe von Lust und Notwendigkeit (bei der die Götter, wie ein Alter sagt, stets ihre Hand im Spiele haben) eine höchst passende Verbindung bildet. Wozu durch Scheidung eine so eng und innig verwobne Gemeinschaft auseinanderreißen? Laßt uns umkehrt deren Bande durch wechselseitige Dienste noch fester knüpfen! Der Geist rüttle den Körper aus seiner Erdenschwere auf und belebe ihn, und der Körper gebe der Schwerelosigkeit des Geistes festen Halt. [ESS. 561/r–565/l]

Dem Weisen genüge es, seine Neigungen zu zügeln   Eine alte und amüsante Frage lautet, ob die Seele eines Weisen von der Macht des Weines zu besiegen sei:

Wie könnt' es je dem Wein gelingen,
der Weisheit Festung zu bezwingen?

Zu welchem Dünkel verleitet uns doch die gute Meinung, die wir von uns haben! Dabei hat die ausgeglichenste Seele der Welt mehr als genug zu tun, sich auf den Füßen zu halten und achtzugeben, daß sie nicht durch ihre eigne Schwäche zu Boden stürzt. Unter tausend gibt es keine einzige, die auch nur einen Augenblick ihres Lebens in ruhiger Selbstsicherheit dastünde, und es ließe sich bezweifeln, ob es angesichts unsrer natürlichen Beschaffenheit überhaupt eine könnte. Wenn es jedoch einer gelänge und dann noch Beständigkeit hinzukäme, wäre das die höchste Vollkommenheit — wenn also keiner der zahlreichen Wechselfälle des Lebens sie aus dem Gleichgewicht brächte. Lukrez mag noch so sehr versuchen, sich durch Philosophieren widerstandsfähig zu machen — ein Liebestrank reicht, ihm plötzlich den Verstand zu rauben.

Meint man denn, ein Schlaganfall lähme den Sokrates nicht ebenso wie einen Lastträger? Manche haben unter dem Würgegriff einer Krankheit sogar ihren Namen vergessen, während eine leichte Verletzung andre wahnsinnig werden ließ. Einer mag so weise sein wie er will, letztlich bleibt er ein Mensch — was aber gibt es Hinfälligeres, Erbärmlicheres und Nichtigeres? Keine Weisheit reißt uns aus unserem naturgegebnen Ausgesetztsein zurück:

> *Wir werden übermannt von Angst und Schreck, und heiß*
> *und kalt bricht aus den Poren uns der Schweiß,*
> *die Stimme schwindet, Ohrendröhnen, taub die Glieder:*
> *So kläglich liegen wir zuletzt darnieder.*

Einem ihn bedrohenden Schlag entgegenblicken, ohne mit der Wimper zu zucken, ist selbst dem Weisen unmöglich; und wenn er am Rand eines Abgrunds steht, kann er nicht anders, als einem Kinde gleich zu erbeben. Die Natur hat sich diese für sie nebensächlichen Machtinsignien, die sie sich gleichwohl weder von unserm Verstand noch von der stoischen Tugend entwinden läßt, vorbehalten wollen, um dem Weisen seine Sterblichkeit wie unser aller Schwachheit vor Augen zu führn. Er erblaßt vor Angst, er errötet vor Scham, er jammert in der Umklammerung einer Nierenkolik — wenn nicht mit verzweifelt aufschreiender, so doch gebrochener und heisrer Stimme.

> *So bilde er sich niemals ein,*
> *vor Menschlichem gefeit zu sein!*

Die Dichter, die doch sonst alles ausspinnen, wie sie wollen, wagen es nicht, ihre Helden als der Tränen enthoben darzustellen:

> *Und er befahl, der Schiffe Leinen*
> *zu lösen, und begann zu weinen.*

Dem Weisen genüge es, seine Neigungen zu zügeln und zu mäßigen, denn sich ihrer zu entledigen steht nicht in seiner

Macht. Sogar unser Plutarch, der so hervorragende, völlig sicher urteilende Richter über das menschliche Handeln,  hat sich angesichts der Berichte, daß Brutus und Torquatus ihre eignen Kinder töteten, die Frage gestellt, ob man hier noch von Tugend sprechen könne oder diese Männer nicht vielmehr von irgendeiner Leidenschaft getrieben worden seien. Alle Handlungen, welche die Grenzen des Gewohnten hinter sich lassen, geben Anlaß zu Argwohn, denn unser Empfinden stößt sich an dem, was über uns, ebenso wie an dem, was unter uns ist. [ES. 171/l–r]

11 DER EIGNEN ERFAHRUNG VERTRAUEN

Dem Wissen kommt ein geringerer
Wert zu als dem Verstand

Wir sind, ein jeder von uns, reicher, als wir glauben; aber
man erzieht uns zum Betteln und Borgen. Man verleitet uns
dazu, uns mehr fremden Gutes zu bedienen als des eignen.
[ESS 521/r–522/l] Keine Seele ist so dürftig und dumpf, daß sie
nicht irgendeine besondere Gabe aufwiese; und keine so in
sich vergraben, daß sie sich nicht irgendwo einmal hervortäte.
Wie es aber zugeht, daß eine ansonsten blinde und schläfrige
Seele plötzlich ein an Lebendigkeit und Klarheit überragendes Werk vollbringt — darüber muß man die großen Meister
befragen. Die wahrhaft schönen Seelen freilich sind die uni-
versalen, die allseits offnen und aufnahmebereiten: wenn
nicht gelehrt, so doch gelehrig. [ES. 324/r]

Unsere Erziehung muß uns zum Beßren wandeln, sonst ist
sie nutzlos und vertan. Einige unsrer Gerichtshöfe prüfen bei

der Einstellung von Richtern nur ihr Wissen; die anderen
jedoch stellen außerdem deren gesunden Menschenverstand
auf die Probe, indem sie ihnen eine Rechtssache zur Urteils-
findung übergeben. Das scheint mir ein viel ratsameres Verfahren; und obwohl beides erforderlich ist und vorhanden
sein muß, kommt dem Wissen ein geringerer Wert zu als
dem Verstand: Dieser kann auf jenes verzichten, jenes aber
nicht auf diesen — wie schon der griechische Vers besagt:

Was erbringt die Wissenschaft,

fehlt es an Verstandeskraft?

Wollte Gott, daß zum Wohle der Gerechtigkeit sich in
unsren Richterkollegien genauso viel Verstand und Gewissen
fänden wie Wissen!

Jedes Wissen schadet dem, der kein Wissen vom Guten hat

Nicht fürs Leben, für die Schule lernen wir, leider. Um dem abzuhelfen, darf man das Wissen nicht einfach der Seele anhängen, man muß es ihr einverleiben; man darf sie nicht nur besprühen, man muß sie durchtränken damit; wenn es sie
jedoch nicht ändert und ihren unvollkommnen Zustand ver-
vollkommnet, ist es gewiß viel besser, es fahrnzulassen: Das
Wissen ist ein gefährliches Schwert, das seinen Träger selbst,
hat er eine schwache Hand und vermag es nicht zu führen,
behindert und verletzt, *so daß es besser wäre, nichts gelernt zu
haben.* [ES. 76/l–r]

Nach dem Nutzen und der reinen Wahrheit zu urteiln,
steht das, was uns die Einfalt lehrt, kaum hinter dem zurück,
was uns auf der andern Seite die philosophische Doktrin predigt. Empfindungsweise und Seelenstärke der Menschen sind
verschieden. Man muß sie daher ihrer Wesensart gemäß auch
auf verschiednen Wegen zu ihrem Besten führn. [ES. 531/l]

Jedes Wissen schadet dem, der kein Wissen vom Guten
hat. [ES. 76/r]

Es ist nämlich keineswegs Sache der *Aufgabe der Wissen-* Wissenschaft, dem Geist ein Licht *schaft ist es, als* aufgehn zu lassen, das er nicht selber *Schrittmacher* schon hat, und ebensowenig, einen *zu dienen* Blinden sehend zu machen. Ihre Aufgabe besteht vielmehr darin, einem Sehenden die Blickrichtung zu weisen und ihm, falls er von sich aus gut zu Fuß ist und über gradgewachsne, tüchtige Beine verfügt, als Schrittmacher zu dienen. Die Wissenschaft ist eine gute Arznei; doch keine Arznei ist stark genug, ihre Heilkraft unvermindert und unverdorben zu bewahren, wenn das Gefäß nichts taugt, das sie aufnimmt. Mancher sieht klar, aber schielt; so hat er zwar das Rechte im Blick, aber folgt ihm nicht; er sieht die Wissenschaft, aber bedient sich ihrer nicht.

In Platons *Staat* ist die wichtigste Anordnung, den Bürgern die Aufgaben ihrer Natur nach zuzuweisen. Die Natur kann alles und richtet alles: Lahme Körper eignen sich schlecht für Leibesübungen — und schlecht für Geistesübungen lahme Seelen.

Wenn wir einen schlecht beschuhten Mann sehn, der Schuster ist, pflegen wir zu sagen, da brauche man sich ja nicht zu wundern. Ebenso begegnen wir, wie die Erfahrung zeigt, oft Ärzten, die offensichtlich schlechter verarztet, Gottesgelehrten, die minder gottgefällig, und Wissenschaftlern, die weniger wissend sind als jeder andre. [ES. 77/I]

Jedes Leben ist allem Schwerlich wird die Erziehung *ausgesetzt, was Menschen* zum diskursiven Denken, selbst *begegnen kann* wenn wir noch soviel davon halten, je wirkungsmächtig genug sein, uns auf den Weg des Handelns zu führen, falls wir nicht gleichzeitig unsre Seele

durch praktische Erfahrung ausbilden und in den Gang einüben, zu dem wir sie befähigen wolln; andernfalls wird sie,
wenn es zur Tat zu schreiten gilt, zweifellos ins Stolpern geraten. [ES. 183/r]

Wie die Natur uns mit Füßen zum Gehen versehn hat, so
auch mit Weisheit zu unsrer Lebensführung — mit einer
Weisheit, die zwar nicht derart ausgeklügelt, selbstherrlich
und auf Schau bedacht ist wie jene der Philosophen, dafür
aber gelöster, ruhiger und gedeihlicher, und was die andre
nur im Munde führt, verrichtet diese handgreiflich bei jedem,
dem das Glück beschieden ist, sich unbefangen und in wohl-
geordneten Bahnen mit sich selbst befassen zu können —
eben ganz der Natur gemäß. Je kindlicher wir uns ihr anvertraun, desto weiser handeln wir.

Ich möchte lieber mich selber recht verstehen als den Cicero. An meiner eignen Erfahrung fände ich genug, um weise
zu werden, wäre ich ein guter Schüler. Wer sich ins Gedächtnis ruft, wie er bei einem früheren Wutanfall außer sich
geriet und wie weit ihn dieser Fiebertaumel hinriß, wird die
Häßlichkeit solch leidenschaftlichen Aufbrausens schärfer
sehn als bei der Lektüre des Aristoteles — und so einen be-
rechtigteren Widerwillen dagegen fassen.

Wer sich der Übel erinnert, die ihn ereilt oder auch nur bedroht haben, und wie geringfügige Anlässe ihn von einer Lebenslage in eine andre versetzten, sucht sich kraft dessen für künftige Wechselfälle zu rüsten und die Bedingtheit seines Daseins zu erkennen. Das Leben Caesars enthält für uns nicht mehr Lehren als das unsre: ob eines Kaisers oder eines einfachen Mannes Leben, stets ist es allem ausgesetzt, was Menschen begegnen kann. Laßt uns nur auf uns selber hören, da erfahrn wir alles, was wir im wesentlichen brauchen!

Wer seine Leidenschaften ausspäht, kann ihren ungestümen Lauf verlangsamen

Und wer sich erinnert, daß er sich soundso oft mit seinem Urteil verrechnet hat — ist der etwa kein Tor, wenn er ihm nun nicht für immer mißtraut? Überführt mich das Argument eines andern einer falschen Meinung, lerne ich daraus weniger, was er mir Neues sagt und was ich in diesem besonderen Fall nicht wußte (denn das wäre ein magrer Gewinn), als vielmehr, mir meiner Unzulänglichkeit und der Fehlbarkeit meines Verstandes überhaupt bewußt zu werden — Voraussetzung dafür, mich im ganzen bessern zu können. So halte ich es mit all meinen Irrtümern, und ich merke, daß mir diese Regel im Leben zu großem Vorteil gereicht.

Ich betrachte also, wenn ich stolpre, nicht den Stein als Ursache (und das gilt für alles, was mir mit Menschen wie mit Dingen widerfährt), sondern lerne daraus, meinem Gang nicht über den Weg zu traun und ihn daher in Zucht zu nehmen.

Wenn jeder die Umstände von Werden und Wirken der Leidenschaften, die ihn beherrschen, so genau ausspähte, wie ich es bei jener getan habe, der ich einmal anheimgefallen bin, würde er sie kommen sehn und daher ihren ungestümen Lauf etwas verlangsamen können: Sie packen uns nicht immer gleich beim ersten Ansprung am Kragen, vielmehr gibt es drohende Vorzeichen und stufenweise Steigerungen.

So regen unterm ersten Windhauch sich die Wellen kaum,
doch langsam werden sie zu hohen Wogen, weiß von
Schaum,
und schießen aus der Tiefe plötzlich in den Himmelsraum.

Die Schwierigkeiten und Dunkelheiten jeder Wissenschaft werden nur denen bewußt, die bis zu ihnen vorgedrungen sind, denn um wahrnehmen zu können, daß man nicht weiß, bedarf es eines bestimmten Maßes an Erfahrungswissen: Man muß eine Tür aufzustoßen versucht haben, ehe man erkennen kann, daß sie uns verschlossen ist. (Daher rührt die scharfsinnige Bemerkung Platons, daß weder die Wissenden zu forschen brauchen, da sie ja wissen, noch die Unwissenden, da man, um zu forschen, wissen müsse, wonach man forscht.)

Man muß eine Tür aufzustoßen versucht haben, ehe man erkennt, daß sie verschlossen ist

Dies gilt folglich ebenso für die Wissenschaft der Selbsterkenntnis, denn gerade daß ein jeder mit derart unangefochtner Überzeugung behauptet, sich hierauf trefflich zu verstehen, zeigt deutlich, daß kein einziger sich darauf versteht, wie schon Sokrates im Xenophon den Euthydemos belehrt. Ich, der ich mich mit keiner anderen Wissenschaft befasse, finde in dieser eine so unendliche Tiefe und Vielfalt, daß mein Lernen als einzige Frucht hervorbringt, mich fühln zu lassen, wieviel mir zu lernen bleibt.

Da ich mich von Jugend an daran gewöhnt habe, mein Leben in dem andrer zu spiegeln, entwickelte sich in mir ein großer Beobachtungseifer, und sobald sich meine Gedanken mit den Menschen um mich herum befassen, lasse ich mir von den einer Urteilsbildung dienlichen Dingen kaum eines entgehn: ob Verhaltensweisen, Mienen oder Worte.

Alles studiere ich: das, was ich fliehen, wie das, dem ich folgen sollte. So schließe ich auch bei meinen Freunden aus dem, was von ihnen nach außen in Erscheinung tritt, auf ihre innren Neigungen. Hierbei geht es mir aber keineswegs darum, die unendliche Vielfalt unterschiedlicher und getrennter Handlungen in bestimmte Kategorien und Gattungen zu zwängen und diese Aufteilungen wiederum säuberlich in vorgegebne Klassen und Untergruppen zu zergliedern, denn

der Arten Zahl ist unbekannt,
und keiner hat sie je benannt.

Ich überlasse es den Leuten vom Fach, die unendliche Vielfalt der Erscheinungen in Reih und Glied zu stellen, unsrer Unbeständigkeit Einhalt zu gebieten und ihr eine feste Ordnung zu geben, wobei ich nicht weiß, ob sie das in einer so von Einzelheiten bestimmten, so unübersichtlichen und so unberechenbaren Sache jemals schaffen können. [ESS. 541/r–543/r]

12 SCHLAFEN UND TRÄUMEN

Nichts empfinden wir als süßer
denn einen tiefen Schlaf

Nichts sollte man der Jugend so eindringlich empfehlen wie Aufgewecktheit und Tatkraft. Unser ganzes Leben ist Bewegung. Was mich betrifft, rühre ich mich freilich nur schwer von der Stelle und bin in allem langsam: beim Aufstehen, beim Schlafengehn, bei meinen Mahlzeiten. Sieben Uhr ist für mich noch nachtschlafende Zeit, und wo ich selber das Regiment führe, nehme ich meine erste Mahlzeit nie vor elf Uhr zu mir, und zu Abend speise ich stets nach sechs. Früher pflegte ich die Fieberschübe und andern Krankheiten, die mich befielen, der von meinem langen Schlafen verursachten Schwere und Benommenheit zuzuschreiben, und stets bereute ich, am Morgen noch einmal einzuschlummern. Platon verurteilt übermäßiges Schlafen mehr als übermäßiges Trinken.

Ich schlafe gern hart und ziemlich warm zugedeckt — und allein, also wie die Könige: getrennt von meiner Frau. Ich benutze nie eine Wärmflasche; wohl aber gibt man mir, seit

ich alt bin, bei Bedarf Woll-
decken zum Wärmen der Füße
und des Magens.

Am großen Scipio pflegte
man sein vieles Schlafen zu ta-
deln, meiner Meinung nach
ausschließlich deswegen, weil
es die Leute ärgerte, an ihm als
einzigem sonst nichts Tadelns-
wertes zu finden. Wenn ich für
mein Teil in meiner Lebensweise auf etwas besonderen
Wert lege, dann ist es mehr
denn alles andre gerade das
Schlafen; meistens weiß ich
mich aber wie jedermann in
die jeweilige Notwendigkeit zu
schicken und mich ihr anzupassen. Der Schlaf hat einen
großen Teil meines Lebens eingenommen, und noch in meinem Alter schlafe ich acht bis
neun Stunden in einem Zuge
durch. [ESS. 553/r–554/l]

Nichts empfinden wir im
Leben süßer als einen ruhigen
und tiefen Schlaf, ohne Träume. [ES. 531/r]

Ich träume recht selten, und
wenn, dann von phantastischen
Dingen und Luftschlössern, die
meistens von angenehmen Gedanken errichtet werden und

eher zum Lachen als zum Weinen sind. Ich glaube durchaus, daß Träume unsre Neigungen zutreffend interpretieren; es ist aber eine eigene Kunst, sie richtig zuzuordnen und zu verstehn.

> *Daß vieles, was den Menschen tags bewegt,*
> *was wachend er zu tun und lassen pflegt,*
> *zu fürchten und zu hoffen, ihm im Traum*
> *erscheint und wiederkehrt, verwundert kaum.*

Platon geht noch weiter und sagt, Bestimmung der Weisheit sei es, aus den Träumen Aufschlüsse über die Zukunft zu gewinnen. Davon halte ich nichts — das einzige, was mir hierzu einfällt, sind die in der Tat verwunderlichen Erfahrungen, über die Sokrates, Xenophon und Aristoteles berichten, bedeutende Männer von unanfechtbarer Autorität. In den Geschichtsbüchern wird behauptet, die Atlanten hätten nie geträumt, außerdem nichts Getötetes verspeist. Letzteres erwähne ich, weil es vielleicht die Ursache war, warum sie nicht träumten. Pythagoras zum Beispiel verordnete denen eine bestimmte Zubereitung der Speisen, die Träume nach Wunsch haben wollten.

Die meinen sind so sanft, daß ich, während sie ablaufen, mich weder herumwälze noch rede. Ich habe aber zu meiner Zeit etliche Leute gekannt, die von den ihren in außerordentliche Unruhe versetzt wurden. Der Philosoph Theon wandelte im Träumen umher, und der Diener des Perikles stieg dabei sogar über die Dachziegel bis auf die Firste. [ES. 555/1]

Wir wachen schla-
Jene, die unser Leben mit einem Traum *fend, und schlafend*
verglichen, hatten recht, und vielleicht *wachen wir*
mehr, als sie dachten. Wenn wir träu-
men, lebt und wirkt unsre Seele mit all ihren Fähigkeiten nicht weniger, als wenn sie wacht — gewiß auf gedämpftere

und dunklere Weise, doch ist der Unterschied darum keineswegs so groß wie zwischen Nacht und lichtem Tag, sondern allenfalls wie zwischen Nacht und Schatten. Es geht nur um ein Mehr oder Minder: Dort schläft, hier schlummert sie; stets aber herrscht Finsternis, kimmerische Finsternis.

Wir wachen schlafend, und wachend schlafen wir. Ich sehe im Schlaf weniger klar, aber auch das Wachen finde ich niemals hell genug, niemals wolkenlos. Immerhin schläfert der Schlaf in seiner Tiefe manchmal die Träume ein. Unser Wachen aber ist nie so wach, daß es die Hirngespinste uns völlig austriebe und verjagte, die doch der Wachenden Träume sind, und schlimmer als Träume.

Da Verstand und Seele die während unseres Schlafs in ihnen aufsteigenden Gedanken und Meinungen sich zu eigen machen und die Handlungen unsrer Träume ebenso gutheißen wie die des Tages, warum weichen wir dann der Frage aus, ob unser tägliches Denken und Handeln nicht nur ein anderes Träumen sei, und unser Wachen eine Art des Schlafens? [ES. 297/I]

An meiner Seele mißfällt mir, daß sie das, was mir am meisten an ihr gefällt, ihre tiefsten und zugleich ausgelassensten Gedankenspiele nämlich, gewöhnlich unerwartet unternimmt, wenn ich also am wenigsten darauf eingestellt bin; so verflüchtigen sie sich plötzlich wieder, weil ich, sei es zu Pferde, bei Tisch oder im Bett, nichts zur Hand habe, um sie festzuhalten; vor allem zu Pferde, und gerade da schweifen meine Gedanken am weitesten.

Mit jenen Gedankenspielen ergeht es mir wie mit meinen Träumen: Während ich sie träume, nehme ich mir vor, sie im Gedächtnis zu behalten (denn ich träume oft, daß ich träume), doch am nächsten Tag kann ich mir zwar ihre Tönung noch vergegenwärtigen: heiter, traurig oder wundersam, aber wie sie im übrigen waren, entschwindet mir in ein um so tie-

feres Grab des Vergessens, je atemloser ich es ihm zu entrei-
ßen suche.

So bleibt mir, wie gesagt, auch von den unerwartet mich
überfallenden Gedankenspielen nichts als ein flüchtiges Schat-
tenbild in Erinnrung — gerade noch deutlich genug, um
mich zur quälenden und aufreibenden Suche nach dem Ent-
schwundnen anzutreiben. Vergebens. [ES. 438/r]

Die Fähigkeit zu träumen besitzen ganz *Selbst die Tiere*
offensichtlich auch die Tiere, denn ein *sind fähig zu*
an Trompetengeschmetter, an Arkebu- *träumen*
senschüsse und an Schlachtenlärm gewöhntes Pferd, das wir
ausgestreckt auf seinem Lager im Schlaf zusammenzucken
und erzittern sehn, als befände es sich mitten im Kampf, hört
innerlich gewiß Trommelschläge ohne Ton, und es erblickt
ein Kriegsheer ohne Krieger, ohne Waffen:
Tapfre Pferde, die im Schlafe liegen,
wirst du schwitzen sehn und heftig atmen
und die Sehnen straffen, um zu siegen.
Jener Hase, der einem Windhund im Traum erscheint und
nach dem dieser schlafend zu lechzen scheint, indem er den
Schwanz streckt, die Läufe schüttelt und alle Bewegungen
einer Verfolgungsjagd vollendet nachzuahmen beginnt, ist ein
Hase ohne Knochen und Fell:
Hunde, die aufs Jagen abgerichtet sind, beginnen
oft im Schlafe Wittrung aufzunehmen, wie von Sinnen
ihre Beine durchzuschütteln, plötzlich hochzuschnellen
und, als hetzten sie den flücht'gen Hirsch, wild
                                        loszubellen;
selbst wenn sie erwachen, scheinen sie, obwohl benommen,
immer noch zu jagen, bis sie wieder zu sich kommen.

Häufig beobachten wir auch Wachhunde, die im Traum zu knurrn beginnen, dann, als sähen sie einen Fremden kommen, loskläffen und erst beim Hochfahrn zurückfinden: Der Fremde, den ihre Seele erblickte, war ein Mensch im Geiste, ungreifbar, ohne Körper, ohne Farbe, ohne Sein.

Sogar die Schmeichelhündchen, die verwöhnt im Hause
leben,
verjagen ihren Schlummer oft, um jäh sich zu erheben,
dieweil Gesichter und Gestalten sie zu sehen meinen,
die ihnen nie begegnet sind und daher fremd erscheinen.

[ESS. 239/r–240/l]

13 Kultur und Kunstsinn der »Wilden« bewundern

Jeder nennt das »Barbarei«,
was bei ihm ungebräuchlich ist

Ich habe lange Zeit einen Mann bei mir gehabt, der zehn, zwölf Jahre in jener anderen Welt verbracht hatte, die zu unsrer Zeit entdeckt worden ist, und zwar dort, wo Villegaignon, der ihr den Namen *Antarktisches Frankreich* gab, an Land ging. Die Entdeckung eines derart grenzenlosen Gebietes scheint mir höchst beachtenswert; freilich würde ich keineswegs die Hand dafür ins Feuer legen, daß es die letzte gewesen ist, haben doch so viele namhaftere Männer als wir schon mit dieser nicht gerechnet.

Jener Mann, den ich bei mir hatte, war ein einfacher, ungeschliffner Mensch — was ja eine günstige Voraussetzung für wahrheitsgetreue Aussagen ist; denn die Leute mit Feinschliff beobachten zwar aufmerksamer und sehen folglich mehr, aber sie liefern gleich ihren Kommentar dazu; und um

Bꝛeſilien / ſo vber den equinoctial im Mittag gelegen / hat der König vom Poꝛtugal inne: Noua Francia
in Septentrion gelegen / iſt vnder der Franhoſen Herꝛſchafft: Das vbꝛige iſt dem König in Spanien ans
gehöꝛig.

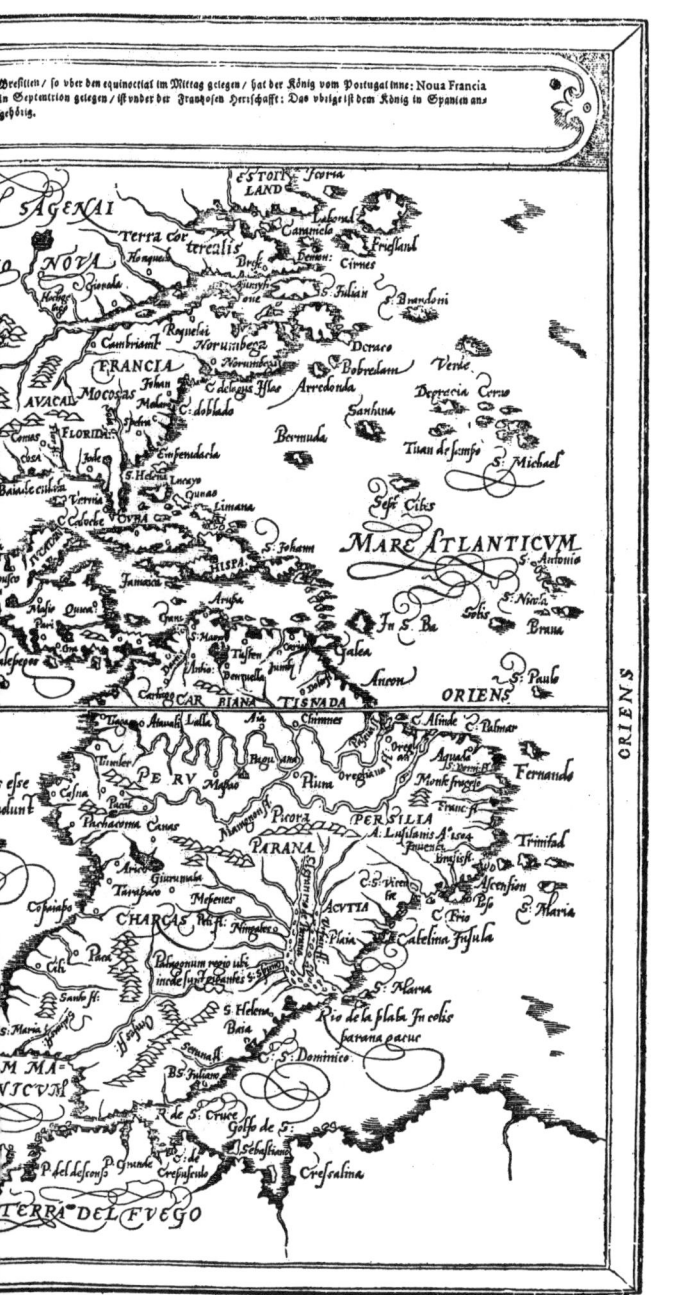

ihrer Interpretation Geltung zu verschaffen und sie andern aufzureden, können sie der Versuchung nicht widerstehn, das tatsächliche Geschehen etwas umzumodeln. So stellen sie euch die Dinge nie unverfälscht dar, sondern biegen sie sich zurecht und kleiden sie nach dem Bild ein, das sie sich von ihnen gemacht haben; und um ihrem Urteil Glaubwürdigkeit zu verleihen und euch hierfür zu gewinnen, bauschen sie die Sache nur allzu gern nach dieser Seite hin auf und ergehn sich darüber des langen und breiten.

Gebraucht aber wird ein Mann, der entweder äußerst wahrheitsliebend oder so schlichten Gemütes ist, daß er sich Fiktionen gar nicht auszudenken und als glaubwürdig hinzustellen vermag; auch sollte er sich keinerlei vorgefaßter Meinung verschrieben haben. Mein Mann nun war von dieser Art; zudem stellte er mir bei verschiednen Gelegenheiten Seefahrer und Kaufleute vor, die er auf seiner Reise kennengelernt hatte. Deshalb begnüge ich mich mit seinem Bericht, ohne weiter nachzuprüfen, was die Geographen hierzu sagen.

Nun finde ich, daß nach dem, was mir berichtet wurde, die Eingebornen in jener anderen Welt nichts Barbarisches oder Wildes an sich haben, oder doch nur insofern, als jeder das *Barbarei* nennt, was bei ihm ungebräuchlich ist — wie wir ja in der Tat offensichtlich keine andere Meßlatte für Wahrheit und Vernunft kennen als das Beispiel und Vorbild der Meinungen und Gepflogenheiten des Landes, in dem wir leben:

Stets findet sich hier die perfekte Religion, die perfekte Staatsordnung, der *perfekteste* Gebrauch aller Dinge.

Jene Menschen sind Wilde im gleichen Sinne, wie wir die Früchte *wild* nennen, welche die Natur aus sich heraus und nach ihrem gewohnten Gang hervorbrachte, während wir in Wahrheit doch eher die *wild* nennen sollten, die wir durch unsere künstlichen Eingriffe entwertet und der allgemeinen Ordnung entzogen haben. In jenen sind die ursprünglichsten und heilsamsten, die wahren Eigenschaften und Kräfte der Natur lebendig und wirkungsmächtig, die wir in diesen, nur um sie den Gelüsten unsres verdorbnen Geschmacks anzupassen, völlig verfälschten. Und dennoch empfindet selbst unser Gaumen bestimmte dortzulande ohne Anbau wachsende Früchte im Vergleich zu unsren als außerordentlich aromatisch und delikat.

Unserer großen und mächtigen Mutter Natur geschähe Unrecht, wenn wir sie mit unsren Künsten von ihrem Ehrenplatz verdrängten. Zwar haben wir es geschafft, die Schönheit und den Reichtum ihrer Werke mit der Bürde unsrer Erfindungen schier zu erdrücken; gleichwohl zeigt sich, daß sie, wo immer sie noch in ihrer Reinheit zu erstrahlen vermag, unsre leichtfertigen und nichtsnutzigen Unternehmungen zutiefst beschämt,

> *da wild des Efeus Ranken voller sich entfalten,*
> *der Erdbeerbaum am schönsten wächst in Felsenspalten,*
> *des Vogels Lied, weil er es ungekünstelt singt,*
> *um so beseligender unsern Ohren klingt.*

Selbst wenn wir uns noch so sehr bemühten, brächten wir es niemals fertig, auch nur das Nest des kleinsten Vögelchens in seiner Bauweise, Schönheit und Zweckmäßigkeit nachzumachen — ja, nicht einmal das Netz einer armseligen Spinne.

Jene Völker scheinen mir somit allenfalls in dem Sinne barbarisch, daß sie vom menschlichen Geist kaum zurechtge-

Was wir bei den Wilden stutzt wurden, sondern ihrer
sehen, scheint nicht nur ursprünglichen Einfalt noch
das Goldene Zeitalter der sehr nahe sind. Nach wie vor
Dichter zu übertreffen, gehorchen sie den Gesetzen der
sondern sogar den von der Natur, denen die Verderbnis
Philosophie ersehnten durch die unseren weitgehend
Idealzustand erspart blieb. Da sie dies in völliger Reinheit tun, verdrießt es
mich zuweilen, daß wir nicht früher Kenntnis davon erlang-
ten: zu einer Zeit, als es Menschen gab, die besser hierüber zu
urteilen gewußt hätten als wir. Es verdrießt mich, daß Lykurg
und Platon diese Kenntnis fehlte, denn mir scheint das, was
wir bei jenen Völkern mit eigenen Augen sehn, nicht nur alle
das Goldene Zeitalter ausmalenden Bilder der Dichter zu
übertreffen, all ihre uns ein glückliches Leben der damaligen
Menschheit vorzaubernden Erfindungen, sondern sogar den
von der Philosophie ersehnten Idealzustand. Die Alten
haben sich eine so einfache, so reine Unschuld, wie wir sie
nun in der handgreiflichen Wirklichkeit erblicken, nicht vor-
stelln können; sie haben nicht glauben können, daß eine
Gesellschaft mit so wenig künstlicher Reglementierung und
Verschweißung der menschlichen Beziehungen lebensfähig
sei.

Hier haben wir ein Volk, würde ich zu Platon sagen, in
dem es keinerlei Handel gibt, keine Kenntnis von Buchstaben, keine Rechenlehre, keine Bezeichnung für *Behörde* oder
Obrigkeit, keine Dienstbarkeiten, keinen Reichtum und kei-
ne Armut; keine Verträge, keine Erbfolge und keine Güter-
teilung; keine beschwerlichen Tätigkeiten und keine Berück-
sichtigung einer anderen als der zwischen allen Menschen
bestehenden Verwandtschaft; keine Bekleidung, keinen Ak-
kerbau und kein Metall; keine Verwendung von Getreide
oder Wein. Selbst Wörter wie *Lüge*, wie *Verstellung* und *Ver-*

rat, wie *Habsucht* und *Neid*, wie *Verleumdung* und *Verzeihen*: unbekannt. Weit entfernt von solcher Vollkommenheit würde Platon sogar seinen idealen Staat finden, sähe er diese Menschen, frisch aus der Götter Hand.

> *Dies sind Geschlechter, die fürwahr*
> *Natur im Urbeginn gebar.*

Zudem bewohnen diese Eingebornen einen Landstrich mit sehr angenehmem und mildem Klima, so daß man dort, wie mir meine Zeugen sagten, kaum einen kranken Menschen sieht; und sie versicherten mir, daß sie noch nie auf jemand getroffen seien, der zittrig oder triefäugig, zahnlos oder alterskrumm gewesen wäre. Sie haben sich der Meeresküste entlang niedergelassen und sind zum Landesinnern hin von großen hohen Bergen abgeschirmt; dazwischen liegt ein ungefähr fünfzig Meilen breiter Streifen. Fisch und Fleisch gibt es in Hülle und Fülle, die unseren Arten jedoch überhaupt nicht gleichen und für deren Verzehr sie keine andre Zubereitung kennen, als sie zu kochen.

Ein Mann, der auf mehreren Reisen bereits Kontakte zu ihnen geknüpft hatte, eines Tages aber erstmals hoch zu Pferde erschien, jagte ihnen in diesem Aufzug einen solchen Schrecken ein, daß sie ihn, ehe sie ihn wiederzuerkennen vermochten, mit Pfeilschüssen töteten.

Ihre äußerst langgestreckten Bauten können zwei- bis dreihundert Menschen fassen; sie sind mit von großen Bäumen geschälten Rindenstreifen bedeckt, die an einem Ende die Erde berührn, während sie am First sich aneinanderlehnen und gegenseitig stützen — nach Art mancher unserer Scheunen, deren Bedachung bis zur Erde hinabreicht und so zugleich die Seitenwände bildet. Sie haben ein derart hartes Holz, daß sie damit schneiden sowie Schwerter und Grillroste zum Braten ihres Fleisches hieraus fertigen können. Ihre Betten sind aus Baumwollgewebe und wie die Hängematten auf unsren Schiffen an den Wänden befestigt; jeder hat sein eigenes, denn die Frauen schlafen von ihren Männern getrennt.

Sie stehen mit der Sonne auf und nehmen sogleich eine Mahlzeit zu sich, die für den ganzen Tag vorhalten muß, denn es gibt keine zweite. Dazu pflegen sie nichts zu trinken, dann aber über den Tag verteilt um so mehr. Ihr Getränk wird aus einer bestimmten Wurzel bereitet und hat die Farbe unsrer hellen Rotweine. Sie trinken es nur lauwarm, und es hält sich nicht länger als zwei, drei Tage; sein Geschmack ist leicht prickelnd, macht keinen schweren Kopf, bekommt dem Magen und wirkt auf Menschen, die es nicht gewöhnt sind, abführend; wer sich aber damit angefreundet hat, empfindet es als äußerst angenehm. Statt Brot essen sie eine bestimmte weiße Masse, die eingemachtem Koriander gleicht. Ich habe sie probiert: Der Geschmack ist zuckrig und ein wenig fad.

Den ganzen Tag über wird getanzt. Die *Sie glauben an die* Jüngeren gehn mit Pfeil und Bogen auf *Unsterblichkeit* die Jagd. Ein Teil der Frauen beschäftigt *der Seele* sich währenddessen mit dem Zubereiten und Warmhalten des Getränks, was ihre Hauptaufgabe ist. Unter den Greisen gibt es einen, der des Morgens vor dem Essen auf alle in der Scheune Versammelten einpredigt, indem er von einem Ende bis zum andern wandelt und immer wieder ein und denselben Satz hersagt, bis er seinen Rundgang beendet hat — und die Bauten haben eine Länge von gut und gerne hundert Schritt! Er schärft ihnen ausschließlich zwei Dinge ein: Tapferkeit wider die Feinde und Liebe zu ihren Frauen; und die Männer verfehlen nie, ihre Dankespflicht diesen gegenüber mit einem Kehrreim zu bekräftigen, in dem es heißt, daß sie es ja seien, die ihnen ihren Trank stets gut gewärmt und gewürzt bereithielten.

Muster ihrer Betten, ihrer Schnüre, ihrer Holzschwerter und der im Kampf ihre Handgelenke schützenden gleichfalls

hölzernen Armbänder sind an mehreren Orten zu besichtigen, unter anderm bei mir; ebenso die großen, an einem Ende offnen Rohrstäbe, deren Klang ihnen beim Tanzen den Takt gibt. Am ganzen Körper sind sie geschoren, und den Bart schneiden sie sich viel glatter als wir, obwohl ihre Schermesser nur aus Holz oder Stein sind.

Sie glauben an die Unsterblichkeit der Seele und daß jene, die sich die Gunst der Götter erworben haben, im Himmel die Gegend bewohnen, wo die Sonne aufgeht, die Verdammten hingegen die, wo sie sinkt.

Es gibt bei ihnen ich weiß nicht was für Priester und Propheten, die sich dem Volk nur sehr selten zeigen und sich im Gebirge aufhalten. Wenn sie erscheinen, findet ein großes Fest und eine feierliche Versammlung mehrerer Dörfer statt. (Jede der von mir beschriebnen Scheunen, die etwa eine französische Meile voneinander entfernt liegen, bildet ein solches Dorf.) Der jeweilige Prophet redet dann auf die Versammelten ein und ermahnt sie zu Tugend und Pflichterfüllung; ihre ganze Sittenlehre enthält aber nur die beiden schon erwähnten Gesetze: Entschlossenheit im Krieg und Liebe zu den Frauen. Außerdem weissagt er ihnen die künftigen Dinge und die von ihren Unternehmungen zu erwartenden Resultate; er rät zum Krieg oder davon ab. Hierbei halten sie es freilich so, daß, wenn er sich irrt und es ihnen anders ergeht als von ihm vorausgesagt, sie ihn als falschen Propheten verurteiln und, erwischen sie ihn, in tausend Stücke zerhacken — weswegen einer, der sich nur einmal verrechnet, nie mehr gesehen wird.

Die Eingebornen pflegen gegen die weiter landeinwärts, jenseits der Berge lebenden Völkerschaften ihre Kriege zu führen, in die sie völlig nackt ziehn, ohne andere Waffen als ihre hölzernen Bögen und Schwerter; letztere laufen wie die Eisen unsrer Jagdspieße spitz zu. Die Härte ihrer Kämpfe, die niemals ohne mörderisches Blutvergießen enden, ist ungeheuer, denn von Furcht und Flucht wissen sie nichts. Jeder bringt als Trophäe den Kopf des von ihm getöteten Feindes mit und hängt ihn an den Eingang seiner Unterkunft.

Nachdem sie die von ihnen gemachten Gefangenen längere Zeit gut behandelt und ihnen alle erdenklichen Erleichterungen gewährt haben, ruft jeder, der einen in seiner Gewalt hat, seine Bekannten zu einer großen Versammlung, bindet an den einen Arm des Gefangnen einen Strick, dessen Ende er einige Schritte von ihm entfernt (aus Furcht, daß sein Opfer ihn verletzen könnte) festhält, und läßt den liebsten seiner Freunde den anderen Arm auf die gleiche Weise festhalten; dann machen ihn beide vor den Augen der ganzen Versammlung mit Schwertstreichen nieder. Ist das geschehn, braten sie ihn, essen gemeinsam von ihm und schicken einige Stücke auch ihren abwesenden Freunden.

Was mich ärgert, ist keineswegs, *Wir übertreffen die* daß wir mit Fingern auf die barbari- *»Barbaren« in jeder* sche Grausamkeit solcher Handlun- *Art von Barbarei* gen zeigen, sehr wohl aber, daß wir bei einem derartigen Scharfblick für die Fehler der Menschenfresser unseren eignen gegenüber so blind sind. Ich meine, es ist barbarischer, sich an den Todesqualen eines lebendigen Menschen zu weiden, als ihn tot zu fressen: barbarischer, einen noch alles fühlenden Körper auf der Folterbank auseinanderzureißen, ihn stückchenweise zu rösten, ihn von Hunden und Schweinen zerbeißen und zerfleischen zu lassen (wie wir es nicht nur gelesen haben, sondern in frischer Erinnerung noch vor uns sehn: keineswegs zwischen alten Feinden, sondern zwischen Nachbarn und Mitbürgern und, was noch schlimmer ist, unter dem Vorwand von Frömmigkeit und Glaubenstreue), als ihn zu braten und sich einzuverleiben, nachdem er sein Leben ausgehaucht hat.

Chrysippos und Zenon, die Gründerväter der stoischen Schule, waren durchaus der Meinung, es sei nichts Schlimmes dabei, sich notfalls menschlicher Leichen auf welche Weise auch immer für unsere Bedürfnisse zu bedienen, selbst zur Ernährung — wie unsre Vorfahrn, als sie in der Stadt Alesia von Caesar belagert wurden und den Entschluß faßten, ihrer Hungersnot durch Tötung und Verzehr der Greise, der Frauen und andrer zum Kampf untauglicher Einwohner zu begegnen.

Die Basken auch verlängerten sich solchermaßen
das Leben, heißt's, indem sie andre Menschen aßen.
Selbst die Ärzte schrecken ja nicht davor zurück, menschliche Leichen auf allerlei Weise für unsre Gesundheit zu verwenden, sei es zu innerlichem oder äußerlichem Gebrauch.

Wir können die Kannibalen also nach Maßgabe der Vernunftregeln durchaus *Barbaren* nennen, nicht aber nach

Maßgabe unsres eigenen Verhaltens, da wir sie in jeder Art von Barbarei übertreffen. Unter ihnen ist jedenfalls nie einer auf den abartigen Gedanken verfallen, Verrat und Treulosigkeit, Tyrannei und sinnlose Grausamkeit zu rechtfertigen — Laster, die bei uns doch gang und gäbe sind. Ihre Kämpfe zeichnen sich vielmehr durch Edelmut und Selbstlosigkeit aus, und wenn am Krieg, dieser Krankheit des Menschengeschlechts, überhaupt etwas schön und entschuldbar sein kann, so findet es sich bei ihnen: Sie haben keinen anderen Beweggrund hierfür als das Verlangen, ihre Tapferkeit zu beweisen. Ihre Streitigkeiten gelten nicht der Eroberung neuer Ländereien, denn das Füllhorn der Natur beschenkt sie so reichlich, daß sie ohne Arbeit und Mühe mit allem Notwendigen versorgt sind und gar kein Interesse daran haben, ihre Grenzen zu erweitern. Sie sind noch in der glücklichen Verfassung, nur so viel zu begehren, wie ihre natürlichen Bedürfnisse erfordern — alles, was hierüber hinausgeht, scheint ihnen überflüssig.

Durchweg nennen sie sich untereinander, wenn gleichen Alters, *Brüder*; die Jüngeren aber heißen *Kinder*, während die Greise für alle übrigen *Väter* sind. Diese hinterlassen den Erben gemeinschaftlich ihren vollen und ungeteilten Güterbesitz, ohne anderen Rechtstitel als schlicht und einfach den, welchen die Natur jedem ihrer Geschöpfe dadurch verleiht, daß sie es in die Welt setzt.

Wenn ihre Nachbarn über die Berge kommen, um sie zu überfallen, und dabei Sieger bleiben, besteht deren Gewinn allein im Ruhm und in der Auszeichnung, sich an Kraft und Kampfesmut überlegen gezeigt zu haben; denn mit den Gütern der Besiegten wüßten sie doch nichts anzufangen. Deshalb kehren sie in ihr Land zurück, wo es ihnen an nichts Notwendigem fehlt — vor allem nicht an dieser großen Gabe, mit ihrer Lage wunschlos glücklich zu sein.

Oft genug gewinnen wir über unsere Feinde dank gewisser Vorteile die Oberhand, die alles andere als unser eignes Verdienst sind. Es ist das Kennzeichen eines Lastträgers, nicht der Tapferkeit, kräftigere Arme und Beine zu haben. Es ist eine tote, da rein körperliche Tugend, wendig zu sein. Es ist ein für uns glücklicher Zufall, der unsren Feind stolpern läßt und ihm im Sonnenlicht die Augen blendet. Es ist eine Sache der Auffassungsgabe und Kunstfertigkeit, gut fechten zu können — Fähigkeiten, die sich auch bei einem feigen, nichtswürdigen Menschen finden.

Wert und Würde eines Mannes werden von seinem Mut und seiner Willenskraft bestimmt; hierauf allein beruht seine wahre Ehre. Mannhaftigkeit bedeutet eben nicht Stärke von Armen und Beinen, sondern von Herz und Seele; nicht in der Vortrefflichkeit unseres Pferdes oder unserer Waffen besteht sie, sondern in unsrer eignen. Wer mit ungebrochnem Mut fällt — wenn er gestürzt ist, kämpft er kniend weiter —, wer angesichts nahender Todesgefahr keinen Augenblick die Fassung verliert, wer noch, wenn er die Seele aushaucht, seinen Feinden mit festem und trotzigem Blick ins Auge sieht, der ist nicht von Menschenhand niedergerungen, sondern vom Schicksal; er ist getötet, nicht besiegt.

Ich besitze ein Lied jener Kannibalen, in dem sich die Einladung an seine Bewacher findet, sie möchten allesamt flugs herbeieilen und sich gemeinsam an ihm gütlich tun, denn damit würden sie zugleich ihre Väter und Vorfahrn verzehren, die seinem Körper zur Speise und Nahrung gedient hätten. »Diese Muskeln«, heißt es darin, »dieses Fleisch und diese Adern sind die euren, arme Narren, die ihr seid: Merkt ihr denn nicht, daß noch Saft und Kraft der Glieder eurer Ahnen darin steckt? Laßt sie euch munden, denn so kommt

Ein origineller Kriegsgesang, ein anakreontisches Liebeslied

ihr auf den Geschmack eures eignen Fleisches!« Die Originalität dieses Einfalls scheint mir alles andre als *barbarisch*.

Nach den uns vorliegenden Beschreibungen speien diese Gefangenen in dem Augenblick, da sie niedergemacht werden und sterben, ihren Mördern ins Gesicht und schneiden ihnen höhnische Grimassen; so hören sie in der Tat bis zum letzten Atemzug nicht auf, ihnen Trotz zu bieten und sie in Wort und Haltung herauszufordern. Ehrlich, im Vergleich zu uns richtige Wilde! Da zwischen ihrer Wesensart und der unsren eine so ungeheure Entfernung liegt, müssen wohl, wenn wir es nicht sind, sie es sein.

Die Männer dort haben mehrere Frauen, und zwar um so mehr, je höher sie im Ruf der Tapferkeit stehn. Besonders schön an ihren Ehen ist, daß derselbe Eifer, mit dem unsere Gattinnen uns vor der Gunst und Liebe andrer Frauen zu bewahren suchen, von den ihren darauf verwendet wird, sie ihnen zu verschaffen. Da ihnen das Ansehn ihrer Männer über alles geht, setzen sie ihren ganzen Ehrgeiz darein, soviel Gefährtinnen wie nur irgend möglich zu bekommen, weil man hieran ja die Mannhaftigkeit ihres Gatten ermißt.

Die unsrigen werden aufschreien und das einen faulen Zauber nennen — zu Unrecht. Es handelt sich vielmehr um eine wahrhaft eheliche Tugend, freilich auf höchster Stufe. In der Bibel führten Sara sowie Jakobs Frauen Lea und Rachel den eigenen Männern ihre schönen Dienerinnen zu; Livia wiederum leistete zum eignen Nachteil dem Fremdgehn des Augustus Vorschub; und Stratonike, die Frau des Königs Deiotaros, überließ diesem nicht nur eine in ihren Diensten stehende außergewöhnlich schöne Kammerjungfer zum Gebrauch, sondern zog sogar deren Kinder fürsorglich auf und war ihnen behilflich, sein Erbe anzutreten.

Damit man aber nicht glaube, all dies geschehe bei jenen Eingebornen etwa nur aus unbedarfter und sklavischer Be-

folgung ihrer Sitten und unter dem Machtdruck des Althergebrachten, also ohne Verstand und eigene Urteilskraft, weil
sie innerlich zu abgestumpft seien, um einen anderen Weg
überhaupt wählen zu können, muß ich hier einige weitere Beispiele ihrer schöpferischen Fähigkeiten anführn.

Ich besitze nämlich außer dem Kriegsgesang, aus dem ich
oben einiges zitiert habe, ein zweites Lied, das diesmal von
der Liebe handelt. Es beginnt ungefähr so: »Schlange, halt
ein! Halt ein, Schlange, damit meine Schwester nach dem
Muster deiner Farbenpracht Form und Flechtart eines gleich
prächtigen Bandes gestalte, das ich meiner Liebsten schenken will; so sollst du mit der Schönheit deiner Ornamente für
alle Zeiten alle andern Schlangen übertreffen!« Diese erste
Strophe bildet zugleich den Kehrreim des Lieds.

Nun habe ich genug Umgang mit der Dichtkunst, um das
Urteil abgeben zu können, daß diese Schöpfung fürwahr alles
andre als *barbarisch* ist — nämlich durch und durch anakre-
ontisch. Hinzu kommt, daß die Sprache der Eingebornen einen sanften und angenehmen Tonfall hat, der an den Wohllaut griechischer Endungen erinnert.

Zu der Zeit, da der verstorbne König Karl IX. sich in
Rouen aufhielt, befanden sich dort auch drei von ihnen, nicht
ahnend, wie teuer für ihre Seelenruhe
und ihr Glück sie die Bekanntschaft *Doch was hilft's —*
mit unserer Sittenverderbnis eines Ta- *sie tragen nicht*
ges zu stehn käme, ja, daß dieser Ver- *einmal Kniehosen!*
kehr mit uns zu ihrem Ruin führen
würde (der, wie ich vermute, schon weit fortgeschritten ist).
Ach, diese Unglückseligen, die sich von ihrer Neugierde
dazu verlocken ließen, ihren so lieblichen Himmelsstrichen
den Rücken zu kehrn, um die unsren kennenzulernen! Der
König sprach lange mit ihnen. Man zeigte ihnen unsere
Lebensweise, unsre Prachtentfaltung und das Erscheinungs-

bild dieser schönen Stadt. Hernach fragte sie jemand nach ihrem Urteil und wollte wissen, was ihnen am meisten aufgefallen sei.

In ihrer Antwort wiesen sie auf drei Dinge hin, von denen ich zu meinem großen Ärger das dritte vergessen habe; doch die beiden andern sind mir noch in Erinnrung: Erstens, sagten sie, hätten sie es höchst seltsam gefunden, daß so viele den König umgebende große Männer, bärtig, stark und bewaffnet — wahrscheinlich sprachen sie von den Schweizern seiner Leibwache —, sich dazu herabließen, diesem Kind zu gehorchen, statt einen der ihren zum Befehlshaber zu wählen; zweitens (und hier muß man wissen, daß sie in ihrer Redeweise die Menschen als Hälften voneinander bezeichnen) hätten sie bemerkt, daß es Menschen unter uns gebe, die alles besäßen und mit guten Dingen jeder Art geradezu vollgestopft seien, während ihre andern Hälften bettelnd an deren Türen stünden, von Armut und Hunger ausgemergelt; und sie fänden es verwunderlich, daß diese, notleidend, wie sie seien, eine derartige Ungerechtigkeit geduldig hinnähmen, statt die Reichen an der Gurgel zu packen und ihre Häuser in Brand zu stecken.

Mit einem von ihnen habe ich sehr lange gesprochen (aber der Dolmetscher, der mir zur Verfügung stand, konnte mir derart schlecht folgen und wurde von seiner Dummheit derart gehindert, meine Gedanken zu begreifen, daß ich kaum Vergnügen daran fand). Als ich ihn fragte, welchen Gewinn er aus dem Vorrang ziehe, den er unter den Seinen einnehme (denn er war Häuptling, und unsre Seeleute nannten ihn *König*), antwortete er: den Gewinn, im Krieg allen voranzugehn. Wieviel Männer ihm denn folgten? Da umschrieb er mit den Armen einen vor uns liegenden Bereich, um mir zu bedeuten, es seien so viele, wie darin Platz fänden — und das mochten etwa vier-, fünftausend Mann sein. Ob nach dem

Krieg seine ganze Autorität erlösche? Hiervon bliebe ihm, versetzte er, dies: Wenn er die ihm unterstehenden Dörfer besuche, bahne man ihm durch das Dickicht ihrer Wälder Pfade, damit er bequem vorankäme.

All das klingt gar nicht so schlecht. Doch was hilft's — sie tragen ja nicht einmal Kniehosen! [ESS. 109/r–115/r]

Die Eingeborenen
Unsere Welt hat kürzlich noch *standen uns an Geist* eine andre entdeckt (und wer steht *und Kunstfertigkeit in* uns dafür ein, daß es die letzte *nichts nach* unter ihren Schwestern sein wird, wo doch weder Orakel und Sibyllen noch wir selbst bisher von dieser gewußt haben?), die nicht weniger groß, weniger bevölkert und weniger vielgestaltig ist als unsre, jedoch derart neu und unberührt, daß man die Eingebornen erst jetzt das Abc zu lehren beginnt. Es sind noch keine fünfzig Jahre her, da kannten sie weder Buchstaben noch Gewichte, weder Maße noch Kleider, weder Getreide noch Wein. Ganz nackt lagen sie im Schoß ihrer Nährmutter Natur und lebten allein aus deren Brust.

Ich fürchte, daß wir diese neue Welt mit unserm Gift bereits angesteckt und so ihren schnellen Verfall und Untergang eingeleitet haben; die ihr von uns aufgedrängten Anschauungen und Künste werden sie jedenfalls überaus teuer zu stehn kommen. Es war eine kindliche Welt; doch wir zwangen sie nicht etwa durch einen Vorrang unserer Tapferkeit und natürlichen Stärke unter die Knute unsrer Herrschaft, und nicht Gerechtigkeitssinn, Rechtschaffenheit und Großmut waren es, mit denen wir sie für uns gewannen: Die meisten Antworten der Eingebornen bei den mit ihnen geführten Verhandlungen beweisen, daß sie uns an ursprüngli-

cher Klarheit des Geistes und folgerichtigem Denken in nichts nachstanden.

Die überwältigende Pracht ihrer Städte Cuzco und Mexiko und, neben vielerlei ähnlichen Dingen, der künstliche Garten ihres Königs, wo alle Bäume, Früchte und Kräuter in derselben Größe und Anordnung wie in einem natürlichen aus wunderbar getriebnem Gold waren (und so in seinem Kabinett auch die Nachbildungen aller Land- und Wassertiere seines Reichs), zeigen zusammen mit der Schönheit ihrer aus Edelsteinen, Federn und Baumwolle gefertigten Arbeiten und ihrer Malerei, daß sie uns an Kunstfertigkeit nicht minder gleichkamen.

Was aber Gottesfurcht und Befolgung der Gesetze betrifft, Redlichkeit und Treue, Freigebigkeit und Freimut, kam es uns sehr zustatten, daß wir davon nicht soviel besaßen wie sie. So haben sie durch ebendiese Tugenden sich selbst ins Verderben gestürzt, sich selbst verraten und verkauft. Hinsichtlich Beherztheit und Mut, Entschlossenheit und Ausdauer sowie Standhaftigkeit gegenüber Schmerz, Hunger und Tod würde ich nicht einmal zögern, die sich bei ihnen findenden

Beispiele den berühmtesten der Antike an die Seite zu stellen, von denen die Geschichtsbücher unsrer hiesigen Welt berichten.

Ach, warum ist diese berüchtigte Eroberung nicht Alexander oder den alten Griechen und Römern als vielmehr *rühmliches* Unternehmen zugefalln? Warum erfolgte diese gewaltige Umwälzung im Dasein so vieler Reiche und Völker nicht unter Männern, die fähig gewesen wären, mit behutsamer Hand zu roden und zu eggen, was noch Wildwuchs war, und den von der Natur dort ausgestreuten guten Samen zu kräftigen und zur Entfaltung zu bringen, indem sie nicht nur zur Kultivierung des Bodens und zur Verschönerung der Städte mit den Kunstfertigkeiten von diesseits des Ozeans (soweit erforderlich) beigetragen, sondern auch den Tugenden der Eingebornen die griechischen und römischen zugesellt hätten?

Welcher Fortschritt wäre es gewesen, welche Verbesserung des ganzen Weltgetriebes, hätten wir von Anfang an durch ein beispielhaftes Auftreten jene Völker zur Bewunderung und Übernahme ebendieser Tugenden angeregt und zwischen ihnen und uns eine verständnisinnige Beziehung, eine brüderliche Gemeinschaft hergestellt! Wie leicht wäre es gewesen, derart unberührte, derart lernbegierige Seelen, die schon von Natur aus meistens derart schöne Ansätze aufwiesen, fruchtbringend weiterzuentwickeln!

So aber haben wir im Gegenteil ihre Unwissenheit und Unerfahrenheit dazu mißbraucht, sie nach dem Muster und Modell unserer Lebensweise leichter an Habgier und Ausschweifung zu gewöhnen, an Wortbruch sowie jede Art Brutalität und Unmenschlichkeit. Wer hat der Geschäfte- und Profitmacherei jemals einen derartigen Wert beigemessen wie wir? So viele Städte dem Erdboden gleichgemacht, so viele Millionen Menschen hingemordet, so viele Völker ausgerottet, die reichste und schönste Gegend der Welt verwüstet — und all das für den Handel mit Perlen und Pfeffer! Siege aus eiskaltem Kalkül!

Der Gebrauch von Münzen war den Eingebornen völlig unbekannt; ihr ganzes Gold befand sich daher auf einem riesigen Haufen und wurde von ihnen lediglich zu pompöser Prachtentfaltung verarbeitet, zu Unmengen von Gefäßen und Statuen als eine Art Ausstattungsgut, das viele mächtige Könige, die ihre Minen eigens hierfür ausbeuteten, von Vater auf Sohn zur Verschönrung ihrer Paläste und Tempel weitergaben.

Die Einwohner des Königreichs Mexiko standen, was Kunst und Wissenschaft betrifft, in mancher Hinsicht auf einer höheren Kulturstufe als die andern Völker dort. So urteilten sie etwa wie wir, daß das Universum *Ein technisches* seinem Ende nahe sei, und die Verheerun- *Wunderwerk* gen, die wir bei ihnen anrichteten, nahmen *in Peru* sie als böses Omen. Sie glaubten, der Gang der Welt teile sich in fünf Zeitalter, die der Lebensdauer von fünf Sonnen entsprächen, derer vier ihren Lauf bereits beendet hätten, so daß den Menschen nun die fünfte leuchte.

Ihrer Vorstellung nach ist die erste mit sämtlichen Geschöpfen in einer allgemeinen Überschwemmung untergegangen, die zweite durch den Einsturz des Himmels, der alle Lebewesen auf Erden erstickte; diesem Zeitalter ordneten sie die Riesen zu, und sie ließen die Spanier Knochen sehn, nach deren Proportionen die Größe jener Wesen zwanzig Spannen betragen haben müßte. Die dritte Sonne ging durch ein alles verzehrendes Feuer zugrunde, die vierte durch eine sturmartige, selbst Gebirge niederreißende Luftturbulenz, welche die Menschen aber nicht tötete, sondern in Affen verwandelte. (Was läßt die menschliche Leichtgläubigkeit doch nicht alles mit sich machen!)

Nach dem Untergang dieser vierten Sonne lag die Welt fünfundzwanzig Jahre in ununterbrochner Finsternis, im fünfzehnten wurden jedoch ein Mann und eine Frau ins Leben gerufen, die das menschliche Geschlecht erneuerten. Zehn Jahre später erschien an einem bestimmten Tag die wiedererschaffne Sonne, und von da ab zählen sie ihre Jahre. Am dritten Tag danach starben ihre alten Götter, woraufhin in gewissen Abständen die neuen geborn wurden.

Wie sie sich den Untergang der letzten Sonne vorstellen, konnte der Autor, auf den ich mich beziehe, nicht in Erfahrung bringen. Ihre Datierung der vierten Umwälzung stimmt jedoch mit der großen Konjunktion der Sterne überein, die nach den Berechnungen der Astrologen vor achthundert Jahren zahlreiche wichtige Verändrungen und Neubildungen auf der Welt hervorgebracht hat.

Was nun wieder Prunk und Gepränge anbelangt, die mich überhaupt erst auf diesen Gegenstand gebracht haben, können weder Griechenland und Rom noch Ägypten irgendein Werk aufweisen, das an Nützlichkeit, Erfindungsreichtum und Großartigkeit mit der in Peru zu sehenden Chaussee vergleichbar wäre, welche die Könige des Landes über eine Entfernung von dreihundert Meilen zwischen den Städten Quito und Cuzco bauen ließen: fünfundzwanzig Schritt breit, schnurgrade, eben und gepflastert, auf beiden Seiten von stattlichen hohen Mauern umgeben, an deren Innenseiten mit schönen Bäumen (die sie *Molly* nennen) besetzte, nie versiegende Bäche fließen. Wo die Erbauer auf Felsen und Berge stießen, haben sie diese zerhaun und eingeebnet, während sie die sumpfigen Senken mit Steinen und Kalk auffüllten. Am Ende jeder Etappe von der Länge eines Tagesmarschs stehen herrliche Paläste, die sowohl für die Reisenden als auch für durchziehende Heere seinerzeit mit Lebensmitteln, Kleidung und Waffen versehn waren.

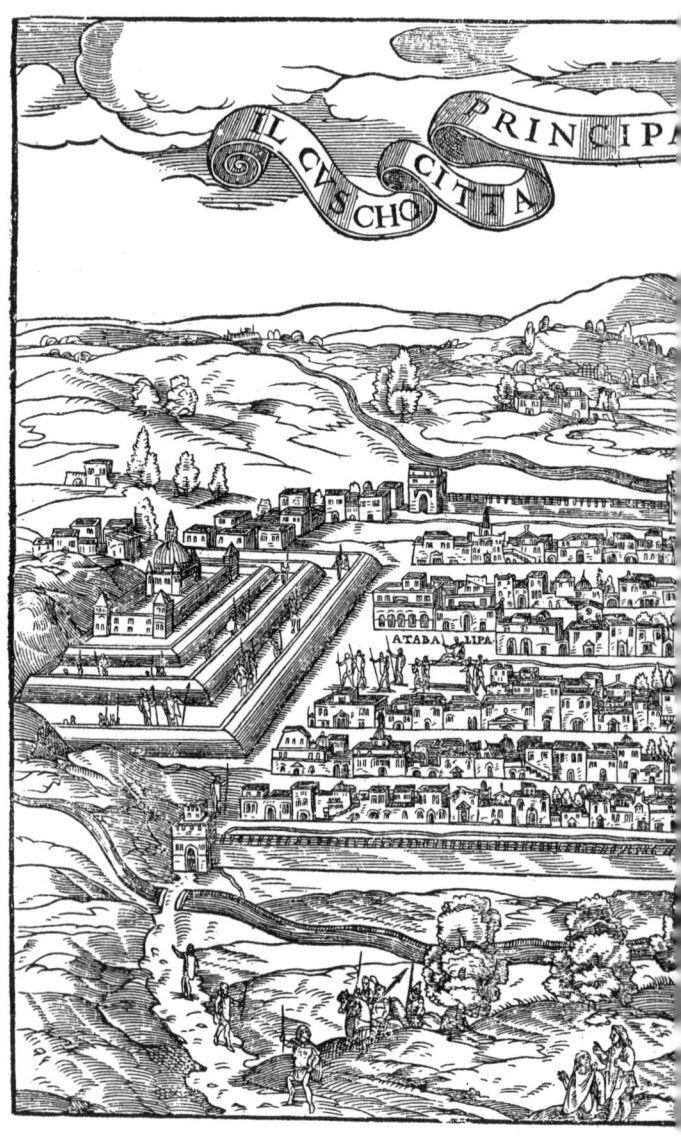

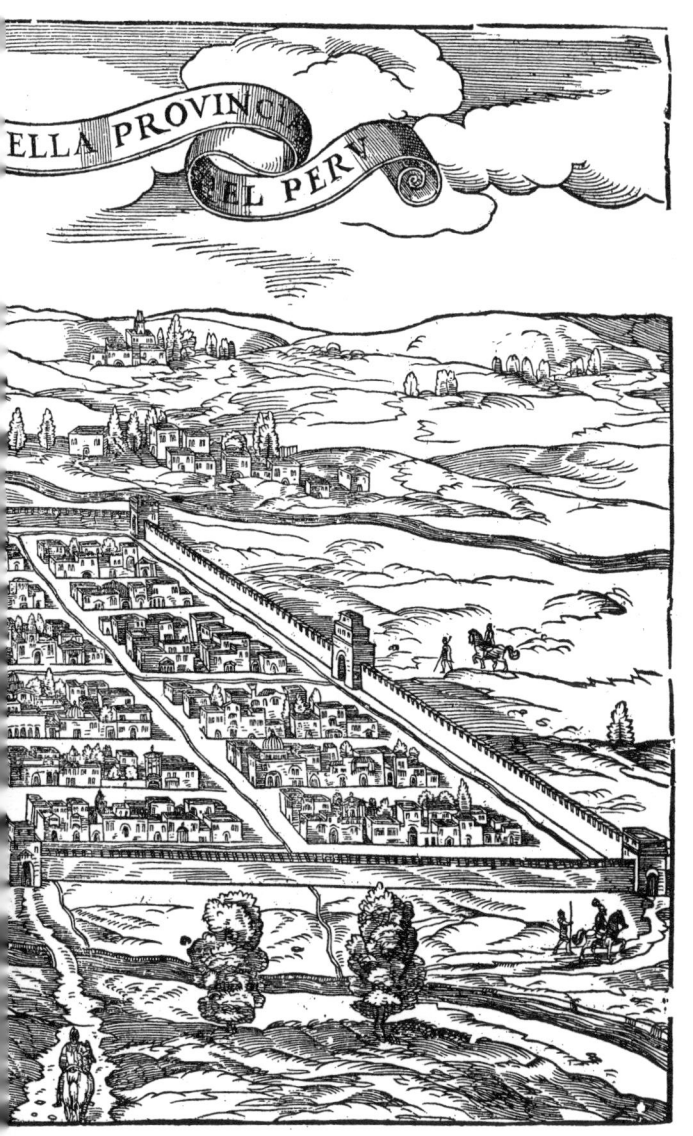

Bei meiner Beurteilung dieses Werks habe ich auch die Schwierigkeiten in Rechnung gestellt, die dort in besondrem Maße überwunden werden mußten. Für das Vorhaben verwendeten die Eingebornen ausschließlich Steine von mindestens zehn Fuß im Geviert; sie zu bewegen stand ihnen nichts anderes zur Verfügung als die Kraft ihrer Arme, mit der sie alle Lasten schoben und zogen. Nicht einmal die Kunst des Gerüstbaus kannten sie, so daß sie sich damit behelfen mußten, soviel Erde um ein entstehendes Gebäude herum aufzuschütten, wie dessen Höhe betragen sollte, und sie hinterher wieder abzutragen. [ESS. 455/r–459/l]

14 Lehrmeister Tier folgen

Den Menschen schulden wir
Gerechtigkeit, aller anderen Kreatur
jedoch Freundschaft und Wohlwollen

Nie vermochte ich für mein Teil auch nur die Verfolgung und Tötung eines unschuldigen Tiers ohne Schmerz mit anzusehen, das wehrlos ist und uns nichts zuleide getan hat. Und wenn der Hirsch, sobald er Atem und Kraft schwinden fühlt und keinen anderen Ausweg mehr sieht, als sich ausgerechnet uns, seinen Verfolgern, entgegenzuwerfen und zu ergeben, mit seinen Tränen um Erbarmen bittend (wie es häufig geschieht),

mattgehetzt, entflohn der Mut:
flehend, überströmt von Blut,

so hat dieses Schauspiel stets meinen heftigsten Unwillen erregt.

Selten fange ich ein lebendiges Tier, das ich nicht sogleich wieder freilasse. Pythagoras pflegte die Beute der Fischer und Vogelfänger zu kaufen, um dasselbe zu tun.

Es war das Blut der Tiere, die wir niederstreckten,
mit dem wir unsrer Klingen Stahl zuerst befleckten.
Menschen, die blutrünstig gegenüber Tieren sind, beweisen
damit einen angebornen Hang zur Grausamkeit.

Nachdem man sich in Rom an das Schauspiel des Hin-
metzelns von Tieren gewöhnt hatte, kamen die Menschen an
die Reihe, namentlich die Gladiatoren. Die Natur selber,
fürchte ich, hat dem Menschen einen gewissen Trieb zur Unmenschlichkeit eingepflanzt: Niemand macht es zu seinem
Zeitvertreib, den Tieren beim Spielen und Kosen zuzusehen;
ihnen aber zuzusehn, wenn sie sich gegenseitig zerfetzen und
zerfleischen — jeder.

Damit man aber über mein Mitgefühl für die Tiere nicht
spotte: Selbst die Theologie schreibt uns vor, sie freundlich
zu behandeln! Und wenn wir bedenken, daß ein und derselbe Herr uns allesamt ihm zu dienen in seinem Weltpalast
Wohnung gegeben hat und daß sie ebenso wie wir zu seinem

Hausstand gehören, so hat die Theologie recht, uns Achtung und Zuneigung für sie zur Pflicht zu machen.

Pythagoras entlehnte den Glauben an die Seelenwanderung den Ägyptern, inzwischen aber ist er von vielen Völkern übernommen worden, vor allem von unsern Druiden:

> *Die Seelen sterben nicht; sie wandern nur von einem Ort*
> *zum andern: Ihre Wohnung wechselt, doch sie leben fort.*

Der Glaube unsrer alten Gallier verband damit gewisse Vorstellungen vom Wirken der göttlichen Gerechtigkeit: Nach dem jeweiligen Betragen der Seele — etwa während ihres Aufenthalts in Alexander — weise Gott ihr, sagten sie, einen anderen Körper als Unterkunft zu, wo es ihrer Entwicklungsstufe entsprechend ihr entweder schlechter oder besser ergehe.

> *In die Körper wilder Tiere, Kerker sprachlos-stumm,*
> *zwingt die Seelen er zu läuterndem Martyrium:*
> *Räuber werden Wölfe, Schwindler Füchse, Mörder Bären.*
> *Wenn sie dann nach tausendfacher Wandlung sich*
> *bewähren,*
> *reinigt er sie in der Lethe Wasser, und alsbald*
> *schenkt er ihnen wieder ihre menschliche Gestalt.*

Oder auch: War die Seele tapfer gewesen, wurde ihr der Körper eines Löwen zugewiesen, wenn lüstern, der eines Schweins, wenn feige, der eines Rehs oder eines Hasen, wenn arglistig, der eines Fuchses — und so immer weiter, bis sie, durch diese Züchtigung geläutert, wieder den Körper eines anderen Menschen bezog. So läßt ein Dichter den Pythagoras sagen:

Ich hab' schon, ist mir in Erinnerung gekommen,
am Krieg um Troja als Euphorbos teilgenommen.

Was diese Art Verwandtschaft zwischen den Tieren und uns
betrifft, halte ich freilich ebensowenig davon wie von der
Tatsache, daß viele Völker, namentlich unter den ältesten und
edelsten, Tiere nicht nur in ihre Gesellschaft und Hausge-
meinschaft aufgenommen haben, sondern ihnen sogar einen
weitaus höheren Rang einräumten als sich selbst, sei es, weil
sie in ihnen Vertraute und Lieblinge ihrer Götter sahen und
ihnen deswegen mehr Achtung und Ehrerbietung zollten als
den Menschen, sei es gar, weil sie außer ihnen keine andere
Gottheit, kein andres göttliches Wesen anerkannten: Den
Barbaren waren die Tiere wegen ihrer Nützlichkeit heilig.

Wie hier die Anbetung des Krokodils verbreitet ist,
so die des Ibis dort, der große Mengen Schlangen frißt,
und glänzt das Bildnis eines Affen hier auf dem Altar,
vergöttern dort oft ganze Städte einen Fisch sogar.

Doch selbst Plutarchs treffliche Interpretation dieser Verir-
rung gereicht den Tieren noch zur Ehre. Er erklärt nämlich,
es sei beispielsweise nicht die Katze an sich, welche die Ägypter angebetet hätten, oder der Ochse, sondern in ihnen ein
gewisses Abbild von Eigenschaften, die sie für göttlich hielten: im Ochsen die Ausdauer und Nützlichkeit, in der Katze
die Lebhaftigkeit oder (wie bei unsren Nachbarn, den Bur-
gundern, und wie in ganz Deutschland) den Widerwillen
gegen Eingesperrtsein, worin sie den Inbegriff von Freiheit
sahen, die sie mehr als jede andere göttliche Eigenschaft liebten und verehrten.

Wenn ich nun sogar unter den gemäßigten Ansichten auf
Argumente stoße, die nachzuweisen suchen, wie eng die
Ähnlichkeit zwischen uns und den Tieren sei, in welchem
Ausmaß sie unsere größten Vorzüge teilten und wie berech-
tigt der Vergleich daher scheine, gebe ich wahrhaftig nicht

mehr viel auf unsre Einbildung und entsage bereitwillig der Königsherrschaft, die man uns fälschlicherweise über die andern Geschöpfe zuschreibt.

Aber auch wenn die Tiere keinen einzigen dieser Vorzüge besäßen, sind wir zu einer gewissen Achtung und allgemein menschlichen Haltung ihnen gegenüber verpflichtet — und nicht nur ihnen gegenüber, die Leben und Empfindung haben, sondern ebenso gegenüber den Bäumen und Pflanzen. Den Menschen schulden wir Gerechtigkeit, aller anderen Kreatur jedoch, die dafür empfänglich ist, Freundlichkeit und Wohlwollen. Es bestehen mancherlei Beziehungen zwischen ihnen und uns, und mancherlei wechselseitige Verbindlichkeiten.

Ich selbst bin aufgrund meiner kindlichen Natur so weichherzig (ich scheue mich nicht, es zuzugeben), daß ich meinem Hund das Herumtollen kaum verweigern kann, das er mir meist im unpassendsten Augenblick anbietet oder abzubetteln sucht.

Für die Tiere gibt es bei den Türken Almosen und Heime. Und die Römer ließen auf öffentliche Kosten die Gänse füttern, durch deren Wachsamkeit ihr Kapitol gerettet worden war. Und die Athener befahlen, daß alle Maulesel, die beim

Bau des Hekatompedon genannten Tempels mitgewirkt hatten, freigelassen werden müßten und überall unbehindert weiden dürften.

Bei den Bürgern von Agrigent war es allgemein üblich, die Tiere, die sie geliebt hatten, feierlich zu bestatten, zum Beispiel Pferde mit außergewöhnlichen Vorzügen sowie Hunde und Vögel, selbst wenn deren einziger Nutzen die Belustigung der Kinder war. Und die ihnen in allen Dingen eigene Prachtliebe ersah man auf besondre Weise aus der Menge und dem Pomp der diesen Tieren errichteten Grabdenkmäler, die noch viele Jahrhunderte danach die Blicke auf sich zogen.

Die Ägypter wiederum begruben Wölfe, Bären und Krokodile, Hunde und Katzen an geweihten Orten, balsamierten sie ein und trugen bei ihrem Verscheiden Trauerkleidung.

Kimon veranstaltete für jene Stuten ein Ehrenbegräbnis, mit denen er dreimal den Rennpreis bei den Olympischen Spielen gewonnen hatte. Xantippos der Ältere ließ seinen Hund an der Meeresküste auf einem Vorgebirge begraben, das seitdem danach benannt wird. Und Plutarch trug Bedenken, einen Ochsen, der ihm lange gedient hatte, eines kleinen Gewinns wegen dem Schlachthaus auszuliefern. [ESS. 215/r–216/r]

Wenn ich mit meiner Katze spiele, wer weiß, ob ich nicht mehr ihr zum Zeitvertreib diene als sie mir?

Die Anmaßung ist unsere naturgegebne Erbkrankheit. Das unglückseligste und gebrechlichste aller Geschöpfe ist der Mensch, gleichzeitig jedoch das hochmütigste. Er sieht und fühlt sich hienieden im Schmutz und Kot der Erde angesiedelt, dem übelsten, totesten und stinkigsten Winkel des Weltalls untrennbar verhaftet, hausend im untersten und vom Himmelsgewölbe entferntesten Geschoß des Bauwerks, nur den Tieren des Landes zugesellt, die von allen drei Gattungen doch am schlechtesten weggekommen sind; und da geht er hin, setzt sich in seiner Einbildung über den Mondkreis und macht den Himmel zum Schemel seiner Füße!

Aus ebendieser hohlen Einbildung stellt er sich gar mit Gott gleich, maßt sich göttliche Eigenschaften an, sondert sich als vermeintlich Auserwählter von all den anderen Geschöpfen ab, schneidert den Tieren, seinen Gefährten und Mitbrüdern, ihr Teil zurecht und weist ihnen soviel Fähigkeiten und Kräfte zu, wie er für angemessen hält. Wie aber will er durch die Bemühung seines Verstands die inneren und geheimen Regungen der Tiere erkennen können? Durch welchen Vergleich zwischen ihnen und uns schließt er denn auf den Unverstand, den er ihnen unterstellt?

Wenn ich mit meiner Katze spiele — wer weiß, ob ich nicht mehr ihr zum Zeitvertreib diene als sie mir? Die närrischen Spiele, mit denen wir uns vergnügen, sind wechselseitig: Ebensooft wie ich bestimmt sie, wann es losgehen oder aufhörn soll.

Platon zählt in seiner Darstellung des Goldenen Zeitalters unter dem Saturn zu den Hauptvorzügen des damaligen Menschen die Fähigkeit, sich mit den Tieren zu verständigen: Indem dieser sie beobachtete und erforschte, lernte er die wahren Eigenschaften und Unterscheidungsmerkmale jedes einzelnen von ihnen kennen und erwarb sich auf solche Art eine vollendete Einsicht in ihr Wesen; daher führte er ein weitaus glücklicheres Leben, als wir es je vermöchten. Brauchen wir einen triftigeren Beweis für den unverfrornen Hochmut des heutigen Menschen gegenüber den Tieren?

Diese Unfähigkeit zur Kommunikation zwischen ihnen und uns — warum sollte sie nicht ebenso unsere sein wie ihre? Es bleibt eine offene Frage, wessen Fehler es ist, daß wir uns nicht verstehen, denn wir verstehn sie keineswegs besser als sie uns! So können sie uns mit gleichem Recht für vernunftlose Tiere halten wie wir sie. (Und daß wir sie nicht verstehen, braucht uns kaum zu wundern — verstehn wir doch nicht einmal die Basken und die Troglodyten!)

Wir sollten unsere Aufmerksamkeit auf die Gleichheit zwischen Mensch und Tier richten Gleichwohl haben sich einige Männer gerühmt, die Tiere zu verstehen, so zum Beispiel Apollonios von Tyana und Melampos, Teiresias und Thales — und andre mehr. Und da es, wie die Geographen behaupten, Völker gibt, die einen Hund als ihren König anerkennen, müssen sie ja seine Stimme und seine Bewegungen genau deuten können.

Unsere Aufmerksamkeit sollten wir daher auf die Gleichheit zwischen Mensch und Tier richten. Wir können uns in die Empfindungen der Tiere ungefähr in gleichem Maße hineindenken wie sie in die unsren: Sie fordern uns etwas ab, sie schmeicheln uns, sie drohn uns — und wir ihnen.

Untereinander aber findet bei ihnen, wie wir deutlich erkennen, eine völlig uneingeschränkte Kommunikation und Verständigung statt, nicht nur innerhalb einer Gattung, sondern auch zwischen verschiednen.

Gleich den wilden Tieren stoßen stille Herden
mannigfache Schreie aus, wenn sie von Freude
oder Furcht und Schmerzen überwältigt werden.

Das Pferd erkennt bei einem Hund an einer bestimmten Art des Bellens, ob er angriffswütig ist; hat seine Stimme jedoch einen anderen Ton, erschrickt es nicht im geringsten. Sogar bei den Tieren ohne Stimme können wir aus dem sichtbaren

Austausch ihrer Dienste ohne weiteres schließen, daß es bei ihnen ein andres Kommunikationsmittel geben muß: Ihre Bewegungen sind es, durch die sie zueinander reden und sich ihre Gedanken mitteilen,

wie die Kinder, eh' sie sprechen, sich durch Lachen,
Weinen und Gebärdenspiel verständlich machen.

Und überdies: Besitzen wir Menschen irgendeine Fähigkeit, die wir nicht auch im Tun und Treiben der Tiere fänden? Gibt es ein Gemeinwesen, das in vielfachere Aufgaben und Obliegenheiten gegliedert wäre, zugleich aber mit größerer Ordnung verwaltet und unwandelbarer instand gehalten würde als das der Bienen? Ein solch zweckmäßig geregeltes Zusammenspiel aller Handlungen und Verrichtungen — können wir uns vorstellen, daß es sich ohne Vernunft und Vorausschau ins Werk setzen ließe?

Was, sagt mancher, der's bedacht hat, klar beweist:
Himmels Huld beflügelt sie, und Gottes Geist.

Die Schwalben, die wir bei der Wiederkehr des Frühlings alle Winkel unsrer Häuser durchstöbern sehn, suchen sie sich wohl ohne Urteils- und Unterscheidungsvermögen von tausend Stellen eigens jene aus, die ihnen am wohnlichsten scheint? Und würden sich die Vögel beim Bau ihrer bewundernswert schön geflochtnen Nester bald der eckigen statt der runden Form bedienen, bald des stumpfen statt des rechten Winkels, wenn ihnen die Eigenschaften und Vorteile der jeweiligen Machart unbekannt wären? Würden sie abwechselnd Wasser und Lehm herbeitragen, wenn sie nicht wüßten, daß Hartes durch Anfeuchten weich wird? Würden sie ihre kleinen Paläste mit Moos oder Flaumfedern auspolstern, wenn sie nicht vorhersähen, daß die zarten Glieder ihrer Jungen darin wolliger und molliger zu liegen kommen? Würden

Die Natur hat alle
Geschöpfe liebevoll
umfangen

 sie sich vor Regenschauern schützen und ihre Unterkünfte gen Morgen errichten, wenn sie die veschiednen Wirkungen der Winde nicht kennten und nicht bedächten, daß der eine ihnen zuträglicher ist als der andre?

Warum webte die Spinne ihr Netz hier dichter und dort lockrer, warum bediente sie sich bald dieser, bald jener Art von Knoten, wenn sie unfähig wäre, sich aufgrund folgerichtigen Denkens zu entscheiden?

So erkennen wir deutlich genug, wie die Tiere sich in den meisten ihrer Werke als uns überlegen erweisen und wie schwach unser Vermögen ist, sie nachzuahmen. Schon bei unsern eigenen, doch viel gröberen Hervorbringungen bemerken wir, welche Fertigkeiten wir dazu benötigen und welch äußerste Anstrengungen sie unserm Geist abverlangen — warum meinen wir, daß es bei ihnen anders sei? Warum schreiben wir ihre Werke, die alles übertreffen, was uns mit natürlichen oder künstlichen Mitteln möglich ist, ich weiß nicht welch angebornem blinden Trieb zu?

Auf diese Weise räumen wir ihnen freilich, ohne uns dessen bewußt zu sein, erst recht einen großen Vorzug ein: Wir erkennen damit ja die Tatsache an, daß die Natur die Tiere mit mütterlicher Zärtlichkeit begleitet und zu deren Bestem in all ihrem Tun gleichsam an der Hand führt, während sie uns den Zufällen des Schicksals ausliefert und so zwingt, uns die für unsere Erhaltung notwendigen Dinge kraft eigner Künste zu erarbeiten, gleichzeitig aber uns die Mittel verweigert, durch welche Ausbildung und Anstrengung des Geistes auch immer jemals die den Tieren angeborne Kunstfertigkeit zu erlangen. In allem, was der Befriedigung der

Lebensbedürfnisse dient, überflügelt deren *viehische* Dummheit alles, was unsre ach so *göttliche* Intelligenz vermag!

So gesehn, hätten wir wahrlich recht, die Natur eine uns höchst ungerecht behandelnde Rabenmutter zu nennen — doch nichts wäre falscher! Derart aus der Ordnung gefallen sind wir nämlich gar nicht: Die Natur hat ringsum *alle* Geschöpfe liebevoll umfangen, und es gibt kein einziges, das sie nicht voll und ganz mit den für seine Lebenserhaltung nötigen Mitteln ausgestattet hätte.

Diese ständigen Klagen, die ich die Menschen vorbringen höre (da die Maßlosigkeit ihres Meinens sie bald über die Wolken erhebt, bald zu den Antipoden hinabstürzt), wir seien das einzige nackt auf der nackten Erde ausgesetzte Tier, gefesselt und geknebelt, das sich nur mit fremden Bälgen bedecken und wappnen könne, wohingegen die Natur alle anderen Geschöpfe je nach ihren Lebensbedürfnissen mit Schalen und Gehäusen, mit Schwarten, Borsten und Haaren, mit Wolle und Stacheln, mit Schuppen und Fellen, mit Federn und Daunen bekleidet habe, und zu Angriff und Verteidigung bewehrt mit Krallen, Zähnen und Hörnern sowie ausgebildet in den ihnen eigenen Fähigkeiten wie Schwimmen und Laufen, Fliegen und Singen, während der Mensch ohne mühseliges Lernen weder zu gehen noch zu sprechen, weder zu essen noch sonst irgend etwas (vom Weinen abgesehn) zu tun verstehe,

> *dem Schiffer gleich, den stürm'sche See ans Ufer warf,*
> *entbehrend alles, des zum Leben es bedarf,*
> *so liegt das Kind, dem Mutterleibe von den Wehen*
> *ins Licht entrissen, nackt mit jämmerlichem Flehen*
> *am Boden: Leben ist ihm Notdurft nur und Leid;*
> *die Tiere aber brauchen Klapper nicht noch Kleid,*
> *auch keine Amme, die voll zärtlicher Geduld*
> *mit ihnen spielt und sie in sanften Schlummer lullt;*

zum Schutz des Ihren müssen sie nicht Waffen tragen
und dicke Mauern bau'n, die in den Himmel ragen;
es liefert ihnen alles Nöt'ge die Natur,
die große Lebensspenderin in Wald und Flur —
diese Klagen, sage ich, sind unbegründet, denn die Ordnung
der Welt ist von einer größeren Gleichheit und einem
wesentlich ausgewogneren Verhältnis zwischen Mensch und
Tier geprägt.

Wenn einige Tiere uns voraus sind, so wir vielen andren;
und die Kunst, durch erworbene Mittel unsern Körper zu
wappnen und zu schützen, hat uns ein natürlicher Instinkt
gelehrt.

Daß er es ist, der die Lebewesen leitet, zeigt sich zum Beispiel auch darin, wie der Elefant bestimmte Zähne schleift

und schärft, deren er sich auf Kriegszügen bedienen will (denn er hat eigens
hierfür taugliche, die er im übrigen
schont und niemals für andre Zwecke
verwendet). Und wenn die Stiere in den
Kampf ziehn, wirbeln sie den Staub um
sich herum auf und schleudern ihn hoch.
Die Keiler wetzen ihre Hauer. Das Ich-

neumon wiederum schützt, bevor es auf ein Krokodil los-
geht, seinen Körper dadurch, daß es ihn rundum mit dickem
Preßschlamm einschmiert, der, steinhart verkrustet, ihm als
eine Art Harnisch dient. Was hindert uns zu sagen, es sei
ebenso natürlich, daß wir uns mit Holz und Eisen bewaffnen?

Was nun das Sprechen anlangt,
steht fest, daß es, soweit nicht natur-
gegeben, nicht lebensnotwendig ist.
Ich glaube aber, daß selbst ein Kind,
das man in völliger Einsamkeit, bar

Die Tiere sprechen
mit uns, und wir mit
ihnen

jeglichen menschlichen Umgangs aufzöge (ein freilich nur
schwer durchzuführendes Experiment), über gewisse wort-
ähnliche Laute verfügen würde, um seine Gedanken und
Empfindungen auszudrücken; es ist unvorstellbar, daß die
Natur uns dieses Mittel versagt hätte, mit dem sie so viele
andre Lebewesen ausgestattet hat — denn was ist Sprechen
anderes als die bei den Tieren zu beobachtende Fähigkeit,
durch den Gebrauch ihrer Stimmen Jammer und Freude zu
bekunden, sich gegenseitig zu Hilfe zu rufen und zum Lie-
besspiel zu locken?

Warum also meinen wir, sie sprächen nicht miteinander?

Seht: In der Emsen braunen Schar
erfragt von jeder jede flink
den Weg und wie die Beute war.

Sie sprechen ja auch mit uns, und wir mit ihnen. Auf wie vielerlei Art reden wir beispielsweise mit unsren Hunden — und
sie antworten uns! In einer wiederum anderen Sprache als
mit ihnen unterhalten wir uns mit den Vögeln, den Schweinen, den Ochsen und den Pferden; wir rufen sie mit andern
Namen und wechseln je nach Gattung unsre Redeweise.

Wenn ich nicht irre, schreibt Lactantius den Tieren nicht
nur Sprech-, sondern sogar Lachfähigkeit zu; und die
Sprachabwandlungen je nach Himmelsstrich, wie man sie bei

uns beobachten kann, finden sich auch bei den Tieren ein und derselben Gattung. Aristoteles führt in diesem Zusammenhang die von Ort zu Ort wechselnden Rufe der Rebhühner an.

Manche Vögel richten ihre Lieder
nach den Jahreszeiten; andre wieder
ändern ihren heiseren Gesang
nach des Wetters wechselvollem Gang.

Welche Sprache jenes in völliger Einsamkeit aufwachsende Kind sprechen würde, müßte man freilich noch herausfinden, denn die darüber angestellten Spekulationen scheinen kaum triftig.

Wenn man gegen meine Auffassung vorbringt, die von Geburt an Tauben sprächen doch kein Wort, antwortete ich:

 Der Grund dafür ist weniger, daß sie über die Ohren keine Unterweisung im Sprechen bekommen konnten, als daß der Gehörsinn, dessen sie beraubt sind, mit der Sprechfähigkeit auf natürliche Weise engstens zusammenhängt; wir müssen deshalb das, was wir sprechen wollen, zunächst uns selber vorsprechen und vor unserm inneren Ohr zum Erklingen bringen, ehe wir es äußern.

All dies sage ich, um die Ähnlichkeit der menschlichen Dinge mit denen der anderen Lebewesen zu betonen und uns in deren große Gemeinschaft zurückzuführn. Wir stehen weder höher noch tiefer als die übrigen Geschöpfe: Alles, was unter dem Himmel ist, sagt der Weise, folgt einerlei Gesetz und Los.

Keiner kommt, wer's immer sei,
von des Schicksals Fesseln frei.

Es gibt Unterschiede, es gibt Rangordnungen und Stufen, doch stets nur als Erscheinungsformen der einen Natur:

Und solcherart geht seinen Gang ein jeglich Ding
in der Gestalt, die's vom Naturgesetz empfing.

Man muß den Menschen streng in den Schranken dieser Ordnung halten. In Wirklichkeit hat der arme Wicht ja auch gar nicht das Zeug, sich über sie hinwegzusetzen; er ist mit gleichen Banden an sie gefesselt wie die anderen Geschöpfe seiner Art — und nimmt dabei noch eine sehr mittelmäßige Stellung ein, ohne jedes Vorrecht, da ihn keinerlei wesentliche, wahre Höherwertigkeit auszeichnet. Jene, die er sich in seiner Einbildung selber zuerkennt, hat weder Hand noch Fuß; und wenn es stimmen sollte, daß allein ihm unter allen Lebewesen die Freiheit des entfesselten Meinens und Denkens eignet, durch die er was ist und was nicht ist zu erkennen wähnt, das Wahre und das Falsche, sein Wünschen und Wollen, so stellt das einen Vorzug dar, der ihn teuer zu stehen kommt und dessen sich zu rühmen er kaum Veranlassung hat, denn gerade diesem Quell entspringen hauptsächlich die ihn so hart bedrängenden Übel: Sünde und Krankheit, Wankelmut und Ratlosigkeit, ja Verzweiflung.

Ich behaupte also, daß es keinen vernünftigen Grund gibt, zu meinen, die Tiere täten aus zwanghaftem Naturtrieb, was wir aufgrund eigener Wahl und erworbner Kunstfertigkeit tun. Von gleichen Ergebnissen müssen wir vielmehr auf gleiche Kräfte schließen und folglich zugeben, daß ebender Verstand und ebender Weg, die unser Werken *Wir gewinnen an Sicherheit, wenn wir der Natur die Zügel unserer Lebensführung anvertrauen* und Wirken bestimmen, im selben Maße auch für sie bestimmend sind, wenn nicht in höherem. Warum vermuten wir bei ihnen solch zwanghaften Naturtrieb, wo wir doch bei uns nichts dergleichen wahrnehmen? Ganz abgesehn davon, daß es ehrenvoller und dem gottgewollten Zustand näher ist, sich von seiner naturgegebnen und unabänderlichen Beschaffenheit zu geregeltem Handeln leiten und verpflichten zu lassen, als sich in seinem Handeln auf gut Glück nach einer ungeregelten Freiheit zu richten: Wir gewinnen an Sicherheit, wenn wir der Natur statt uns die Zügel unsrer Lebensführung anvertraun.

Unser eitler Hochmut verführt uns jedoch dazu, daß wir unser Können lieber unseren eignen Kräften als der Freigebigkeit der Natur verdanken wollen; damit aber überlassen wir deren reiche Gaben den anderen Lebewesen, um uns mit unsren erworbenen Eigenschaften zu ehren und zu adeln — eine recht einfältige Haltung, wie mir scheint. Ich jedenfalls würde gänzlich mir eigene, da mir eingeborne Vorzüge mindestens genauso schätzen wie in mühsamer Lehre zusammengebettelte. Es steht nicht in unsrer Macht, eine schönere Auszeichnung zu erwerben als die Gunst Gottes und der Natur.

Nehmen wir als Beispiel für die Ähnlichkeit von Mensch und Tier jenen angeleinten Fuchs, dessen sich die Bewohner Thrakiens, wenn sie einen zugefrornen Fluß überqueren wollen, dergestalt bedienen, daß sie ihn vorher freilassen: Sähen wir ihn, wie er am Ufer sein Ohr dicht ans Eis legt, um zu hören, ob das Wasser darunter in weitrer oder näherer Entfernung vorbeirauscht, und wie er dann je nach der hieraus gefolgerten größeren oder geringren Dicke der Eisschicht entweder vorangeht oder zurückweicht — hätten wir da nicht allen Grund anzunehmen, daß er dieselbe Überlegung anstellt, die uns durch den Kopf ginge, und er kraft seines gesunden Naturverstandes zu dem wohldurchdachten Schluß gelangt: Was Geräusch macht, bewegt sich; was sich bewegt, ist nicht gefroren; was nicht gefroren ist, ist flüssig;

und was flüssig ist, hält keiner Last stand? Denn sein Verhalten lediglich der Schärfe seines Gehörs und nicht auch seinem logischen Denkvermögen zuzuschreiben, scheint mir völlig abwegig und keiner Erwägung wert.

Dasselbe gilt für die vielerlei listigen Einfälle, mit denen die Tiere sich den Nachstellungen entziehen, die wir gegen sie im Schilde führn.

Wenn wir uns aber eine gewisse Überlegenheit deswegen zusprechen wollen, weil es andrerseits oft in unserer Macht steht, Tiere zu fangen, uns ihrer zu bedienen und sie uns nach Belieben nutzbar zu ma-  chen, so handelt es sich hierbei bloß um dieselbe Vorherrschaft, die wir Menschen ja auch übereinander ausüben. Wir halten uns zum Beispiel Sklaven.

Überdies sind die Tiere insoweit stolzer als wir, als sich etwa ein Löwe nie aus Mangel an Mut einem Löwen unterwirft, oder ein Pferd einem Pferd. Wie wir auf die Jagd nach Tieren gehn, so die Tiger und Löwen nach Menschen; und auch *Die Tiere sind keineswegs unfähig, ganz nach unserer Art zu lernen* unter sich jagen die einen die andern: die Hunde die Hasen, die Hechte die Karpfen, die Schwalben die Mücken, die Sperber die Amseln und Lerchen.

So atzt der Storch die junge Brut mit Schlangen,
von ihm auf abgelegnem Feld gefangen,
und in des Bergwalds Schluchten stürzt sich jäh
der Adler auf den Hasen und das Reh.

Bei der Jagd teilen wir wie Anstrengung und Gewandtheit so auch die Beute mit unsern Hunden und Beizvögeln, und oberhalb der Stadt Amphipolis in Thrakien gehören die erlegten Tiere genau zur Hälfte den Jägern und den Falken; längs des Maiotis-Sees wiederum zerreißen die Wölfe, wenn sie vom Fischer nicht auf ehrliche Weise einen dem seinigen gleichen Anteil an jedem Zug bekommen, auf der Stelle die Netze.

Auch bei uns übliche Jagdformen, die wie das Schlingen-legen und das Angeln mit Leine und Haken mehr List als Stärke erfordern, finden sich auf ähnliche Weise bei den Tie-ren. Aristoteles sagt, der Tintenfisch schleudre aus seinem Hals einen Darm gleich einer Leine in voller Länge heraus und hole ihn nach Belieben wieder ein: Sobald er merke, daß ein kleiner Fisch sich nähere, lasse er ihn, selber im Sand oder Schlick verborgen, das Ende des vorgestülpten Darms an-knabbern und ziehe diesen dann ganz sachte immer weiter zurück, bis er seine Beute so nah vor sich habe, daß er sie mit einem Sprung packen könne.

Was die Lebenskraft angeht, ist keine Kreatur so verwund-bar wie der Mensch. Es bedarf gar keines Walfischs oder Ele-fanten, Krokodils oder andren derartigen Tiers, von denen ein einziges zahlreiche Menschen töten kann — schon Läuse genügten, um die Diktatur Sullas zu beenden: Fleisch und Blut eines so großen und siegreichen Kaisers dienten dem kleinen Ungeziefer zum Frühstück!

Warum sagen wir, beim Menschen beruhe es auf Erkennt-nis und Wissen, gewonnen aus kunstgerecht angewandtem Denken, wenn er die für die Behandlung seiner Krankheiten und sein Überleben heilsamen Dinge (also etwa Rhabarbar-ber oder Tüpfelfarn) von denen zu unterscheiden verstehe, die es nicht sind? Sehen wir aber, wie die kretischen Ziegen, sind sie von einem Pfeilschuß verwundet, unter einer Million Kräutern zu ihrer Gesundung den Diptam auswähln, und wie die Schildkröte, hat sie eine Viper gefressen, sogleich

Majoran als Abführmittel zu suchen beginnt, und wie der Flugdrache sich die Augen mit Fenchel klarreibt, und wie die Störche sich mit Meerwasser selber Klistiere geben, und wie die Elefanten die in Schlachten auf sie geschleuderten Speere und Pfeile nicht nur aus dem eigenen Körper ziehn, sondern auch aus dem ihrer Gefährten, ja ihrer Herren (der jenes von Alexander besiegten Königs Poros beweist es), und zwar so geschickt, wie wir es unter derart wenig Schmerzen nicht fertigbrächten — warum sagen wir dann nicht ebenfalls, dies beruhe auf Erkenntnis und Wissen?

Wollte man nun, um die Tiere herabzusetzen, vorbringen, all das verdankten sie ja allein der Unterweisung und Belehrung durch die Natur, spräche man ihnen damit Erkenntnis und Wissen keineswegs ab — im Gegenteil spräche man sie ihnen mit viel größerer Berechtigung zu als uns, weil sie sich ja auf die Ehre berufen können, eine so unfehlbare Lehrmeisterin zu haben.

Chrysippos stellte die Tiere im allgemeinen auf eine so niedrige Stufe wie kein andrer Philosoph. Als er sich jedoch Gedanken über das Verhalten eines Hundes machte, der auf der Suche nach seinem ihm aus dem Blick geratenen Herrn (oder beim Hetzen einer ihm entfliehenden Beute) an eine dreifache Gablung gelangt, von den ersten beiden Wegen einen nach dem andern durchspürt und, nachdem er sich vergewissert hat, daß auf keinem eine Witterung des von ihm Gesuchten zu entdecken ist, unverzüglich in den dritten stürmt, da sah sich unser Philosoph gezwungen zuzugeben, daß dem Hund offensichtlich folgendes durch den Kopf geht: »Bis zu dieser Kreuzung bin ich der Spur meines Herrn gefolgt; unweigerlich muß er auf einem der drei Wege vor mir weitergegangen sein, nach meiner Witterung jedoch weder auf diesem noch auf jenem, zwangsläufig also auf dem dritten« — und daß er, indem er seine Gewißheit auf diese Überlegung und Schlußfolgerung stützt, sich auf dem dritten Weg gar nicht mehr seines Geruchssinns zur Überprüfung bedient, sondern sich völlig von der Kraft seines Verstandes leiten läßt.

Wenn der Hund daher diesen rein logischen Gedankengang anhand zerlegter und verbundner Sätze mit einer hinreichenden Anzahl von Gliedern seinem eigenen Wissen verdankt — ist das nicht genausoviel wert, als wenn er es von Georgios Trapezuntios geborgt hätte?

Indessen sind die Tiere keineswegs unfähig, auch ganz nach unserer Art zu lernen. Drosseln und Raben, Elstern und Papageien bringen wir das Sprechen bei; und die hierbei zu beobachtende Leichtigkeit, mit der sie Atem und Stimme so biegsam und fügsam machen, daß wir sie zur Nachahmung einer bestimmten Anzahl von Lauten und Silben ausbilden und darin einüben können, verrät eine angeborne Auffassungsgabe, die diese erstaunliche Lernfähigkeit und -bereitschaft bewirkt.

Ich glaube, jeder hat schon mehr als genug die vielerlei Äffereien gesehn, welche die Jahrmarktsgaukler ihren Hunden beibringen: all die Tänze, bei denen diese keinen Takt der Musik auslassen, und all die mannigfachen Bewegungen und Sprünge, die auf zugerufenes Kommando auszuführn man sie dressiert hat.

Mit weitaus größerer Bewunderung aber sehe ich das Verhalten der Hunde, deren sich die Blinden üblicherweise in Stadt und Land bedienen: Ich habe beobachtet, wie sie vor bestimmten Türen haltmachen, an denen es gewöhnlich Almosen gibt, und wie sie ihren Herrn, damit er nicht überfahren wird, vor Kutschen und Karren beiseite ziehn, obwohl der Platz zum Durchkommen für sie selber ausgereicht hätte; einen sah ich, der entlang eines Stadtgrabens einen geebneten und glatten Pfad verließ und auf einen schlechteren wechselte, um seinen Herrn vom Graben fernzuhalten.

Wie hat man diesem Hund verständlich machen können, daß es seine Aufgabe sei, allein auf die Sicherheit seines Herrn bedacht zu sein und in dessen Dienst die eigene Bequemlichkeit hintanzustellen? Und wie vermochte er zu erkennen, daß jener Weg, der für ihn durchaus breit genug war, für einen Blinden es nicht sein würde? Kann man all das lernen, ohne Verstand und Denkfähigkeit zu haben?

Auch sollte nicht in Vergessenheit geraten, was Plutarch über einen Hund berichtet, den er mit Kaiser Vespasian dem Älteren im Theater des Marcellus gesehn hat. Das Tier gehörte einem Gaukler, der ein Stück mit mehreren Szenen und Personen aufführte, und der Hund spielte darin folgende Rolle: Unter andrem mußte er, als hätte er Gift gefressen, sich eine Zeitlang totstellen. Nachdem er einen Brotlaib verschlungen hatte, der es angeblich enthielt, begann er auf der Stelle zu zittern und sich herumzuwerfen, als ob ihm tatsächlich schlecht würde; schließlich streckte er sich, erstarrte und ließ sich nun wie tot von einem Ende zum andern ziehn und zerren, genau nach der Vorlage des Stücks; sobald er jedoch merkte, daß der rechte Zeitpunkt gekommen sei, begann er sich ganz langsam zu regen, als erwachte er aus einem tiefen Schlaf, und indem er den Kopf hob, blickte er ganz benommen bald hier-, bald dorthin, so daß alle Zuschauer in höchstes Erstaunen gerieten.

Die Ochsen, die zur Bewässerung der Gärten von Susa eingespannt wurden und große Räder mit Kübeln zum Wasserschöpfen (wie man sie vieler-

Nicht nur zu lernen vermögen die Tiere, sondern sogar zu lehren

orts im Languedoc sieht) drehen mußten, hatte man dazu abgerichtet, täglich bis zu hundert Umläufe zu machen. An diese Zahl waren sie nun so gewöhnt, daß es sich auch bei größter Gewaltanwendung als unmöglich erwies, sie zu einem einzigen weitren Umlauf zu bewegen: Wenn sie ihr Werk getan hatten, blieben sie einfach stehn. Wir aber befinden uns schon im Knabenalter, ehe wir bis hundert zählen können, und neulich erst haben wir Völker entdeckt, denen Zahlen völlig unbekannt sind.

Noch mehr Intelligenz aber, als selber zu lernen, erfordert es, andre zu lehren. Daß Demokrit meinte (und nachwies), es seien die Tiere, die uns die meisten Künste gelehrt hätten — so die Spinne das Weben und Nähen, die Schwalbe das Bauen, der Schwan und die Nachtigall das Musizieren sowie etliche andre Tiere durch ihr Vorbild die Heilkunst —, mögen wir hier beiseite lassen, nicht aber, daß Aristoteles überzeugt war, die Nachtigallen brächten ihren Jungen eigens das Singen bei, worauf sie viel Zeit und Sorgfalt verwendeten; daher komme es, daß jene, die wir im Käfig aufziehen und die deshalb keine Möglichkeit haben, bei ihren Eltern in die Lehre zu gehn, viel von der Schönheit ihres Gesangs einbüßten.

Hieraus können wir folgern, daß er sich nur durch Unterweisung und eifriges Lernen voll zu entwickeln vermag. Selbst unter den in Freiheit lebenden Vögeln ist er nicht einheitlich: Jeder hat davon soviel mitbekommen, wie es seinen

Fähigkeiten entspricht; und im Wetteifer des Weiterlernens liefern sie sich derart schonungslose Kämpfe um den Vorrang, daß der Besiegte manchmal tot auf der Strecke bleibt, weil der Atem ihn eher im Stich ließ als die Stimme. Die Jüngsten sitzen andächtig da und bemühen sich, gewisse Tonfolgen des Liedes nachzuahmen: Der Schüler hört sich die Lektion seines Lehrers an und gibt sie mit großer Gewissenhaftigkeit wieder; dann schweigt bald dieser, bald jener, und schließlich hört man, wie jeder seine Fehler zu verbessern sucht und der Lehrer gewisse Beanstandungen vorbringt.

»Ich habe«, sagt Arrian, »einmal Elefanten gesehn, von denen einer an jedem Oberschenkel eine Zimbel hängen hatte, und eine dritte war an seinem Rüssel befestigt; nach deren Klang tanzten die andern in der Runde, wobei sie sich dem Takt des Instruments entsprechend aufrichteten und verneigten; diese Harmonie bereitete großes Vergnügen.«

Bei den römischen Zirkusspielen sah man häufig Elefanten, die dazu abgerichtet waren, nach den Rufen ihres Dompteurs schwer zu erlernende Figuren in ständig wechselndem Rhythmus zu tanzen. Einige hat man beobachtet, wie sie ihre Lektion immer wieder allein durchgingen und mit hingebungsvollem Eifer einübten, um von ihren Zuchtmeistern nicht getadelt und geschlagen zu werden.

Völlig außergewöhnlich aber ist jene Geschichte, für die kein Geringerer als Plutarch einsteht. Sie handelt von einer Elster in einem römischen Barbierladen, die wahre Wunder in der Nachahmung all dessen vollbrachte, was ihr zu Gehör kam. Eines Tages geschah es nun, daß ein Trupp Trompeter vor dem Laden hielt und lange zu blasen begann; von *dem* Augenblick an und noch den ganzen nächsten Tag über saß die Elster nachdenklich, stumm und melancholisch da, worüber sich alle Welt verwunderte, und man meinte, das Trompetengeschmetter müsse sie wohl so verwirrt und betäubt

haben, daß ihr mit dem Gehör auch die Stimme verlorn-
gegangen sei. Schließlich stellte sich jedoch heraus, daß es
sich in Wirklichkeit um eine tiefe innre Sammlung und Kon-
zentration handelte, weil sie im Geist ihre Stimme schon darauf einübte, den Klang dieser Trompeten zu imitiern; und so
wußte sie deren Stöße, Pausen und Variationen mit den
ersten Tönen, die sie wieder hören ließ, tatsächlich aufs
vollkommenste nachzuahmen, während sie durch das Neu-
gelernte alles, was sie bis dahin zu sprechen verstand, fahren-
ließ — es war ihr nichts mehr wert.

Doch ich will ein weiteres Beispiel von einem Hund
anführn, den auf einem Schiff beobachtet zu haben wiederum
Plutarch behauptet. (Hinsichtlich der Ordnung bin ich mir
durchaus bewußt, daß ich sie durcheinanderbringe: Ich halte
sie bei der Reihenfolge meiner Beispiele nicht besser ein als in
meiner ganzen übrigen Arbeit.) Dieser Hund bemühte sich,
an das am Boden eines Kruges befindliche Öl zu gelangen, zu
dem seine Zunge wegen des engen Gefäßhalses aber nicht
vordringen konnte; daraufhin suchte er sich an Bord herum-
liegende Kiesel zusammen, von denen er so viele in den Krug
warf, bis das Öl näher an den Rand stieg und folglich für ihn
erreichbar wurde. Was ist das anderes als der Beweis für die
Wirkungskraft eines äußerst scharfsinnigen Geistes? Man
sagt, die Raben in der Berberei verhielten sich genauso, wenn
das Wasser, das sie trinken wollen, zu niedrig sei.

Eine solche Verhaltensweise gleicht in gewisser Hinsicht
der jener Elefanten, über die Iuba, ein König des Landes, in
dem sie vorkommen, berichtet hat: Wenn einer in eine der
von den Jägern arglistig ausgehobnen und zur Tarnung mit
Reisig bedeckten tiefen Gruben gefallen ist, werfen seine
Gefährten große Mengen eilends herbeigeschaffter Steine
und Holzstücke hinein, damit er sich ihrer zum Heraussteigen
bedienen kann.

Bei diesem Tier ähneln aber auch so viele andere Leistungen dem menschlichen Vermögen, daß ich, wollte ich im einzelnen verfolgen, was uns die Erfahrung darüber lehrt, mit meiner ständigen Behauptung mühelos gewonnenes Spiel hätte, zwischen manchen Menschen sei der Abstand größer als zwischen manchem Menschen und manchem Tier.

Der Elefantenwärter in einem syrischen Privathaus enthielt dem Tier bei allen Fütterungen die Hälfte dessen vor, was ihm zu geben er beauftragt war. Eines Tages wollte der Herr des Hauses das Tier selber füttern und schüttete ihm das volle Maß an Gerste in die Krippe, das er hierfür vorgeschrieben hatte. Der Elefant zerteilte nun, während er einen anklagenden Blick auf den Wärter warf, mit dem Rüssel das Futter, schob die Hälfte davon beiseite und offenbarte so das ihm angetane Unrecht. Ein andrer wiederum, dessen Wärter ihm Steine ins Futter mischte, um dessen Umfang zu vergrößern, stapfte zum Topf, in dem der Mann sein Fleisch fürs Mittagessen kochte, und füllte ihn randvoll mit Asche.

In der Antike hat man sich voll auf Treue und Stärke der Elefanten verlassen Das sind einzelne Vorkommnisse; was aber alle Welt gesehen hat und alle Welt weiß, ist, daß eine der Hauptstärken aller aus dem Morgenland kommenden Heere die Elefanten waren, mit denen man eine unvergleichlich mächtigere Wirkung erzielte (was jeder ohne weiteres bestätigen wird, der die Geschichte der Antike kennt) als wir mit unserer Artillerie, die in den offnen Feldschlachten heute ungefähr die Stelle dieser Tiere einnimmt:

> *Der Elefanten Vorfahrn sah man allerorten*
> *für Hannibal, für Pyrrhos, ja für uns mit Türmen*
> *bewehrt, aus denen schwerbewaffnete Kohorten*
> *den Feind beschossen, mutig in die Schlachten stürmen.*

Da man diesen Tieren die Spitze einer Schlachtordnung anvertraute, mußte man sich wohl voll und ganz auf ihre Treue und ihren Verstand verlassen können, wo doch in Anbetracht der Dicke und Schwere ihrer Körper schon das geringste Einhalten, schon das geringste Erschrecken, das zu einer Kehrtwendung gegen die eignen Leute geführt hätte, ausreichend gewesen wären, alles zu verderben; daß sie sich auf ihre Truppen zurückstürzten, hat man denn auch seltener erlebt, als daß bei uns selber die einen auf die andern zurückstürzten und sie in die Flucht jagten. Auch ließ man diese Elefanten im Kampf keineswegs nur einfache Bewegungen ausführn, sondern sogar eine ganze Reihe schwieriger Manöver.

Ähnlich setzten die Spanier bei der kürzlichen Eroberung Westindiens ihre Hunde ein, denen sie Sold zahlten und mit denen sie die Beute teilten; und wenn es darum ging, einen Sieg weiterzuverfolgen oder haltzumachen, je nach Lage anzugreifen oder zurückzuweichen und Freund von Feind zu unterscheiden, zeigten diese Tiere ebensoviel Geschick und Urteilsvermögen wie Kampfeseifer und Zähigkeit.

Die Art, wie die Tiere gezeugt und geboren werden, wie sie sich ernähren, bewegen und betätigen, wie sie leben und sterben, ist der unsern so verwandt, daß all das, was wir ihnen an Beweggründen ab- und uns zusprechen, um unseren Rang über den ihren zu erheben, in keiner Weise unsrer vernünftigen Überlegung entspringen kann. Als Gesundheitsregel empfehlen uns die Ärzte ja geradezu, die Lebensweise der Tiere zum Vorbild zu nehmen; so ist denn auch folgendes Sprichwort seit jeher in aller Munde:

Verkühlt euch Kopf und Füße nie,
ansonsten lebt wie's liebe Vieh.

Sich fortzupflanzen ist die wichtigste natürliche Verrichtung; wir Menschen haben denn auch eine Anordnung der entsprechenden Körperteile, die als die uns gemäßeste gilt; gleichwohl befehlen die Ärzte, uns der Haltung und Stellung der Tiere zu befleißigen, da sie zweckmäßiger sei:

Daß die Frauen leichter zu besamen sei'n,
wenn sie sich nach Art der allermeisten Tiere,
Hüften höher als die Brust, auf alle viere
niederließen, sagt und glaubt man allgemein.

Als schädlich aber verurteilen sie die ungehörigen und schamlosen Bewegungen, welche die Frauen hierbei aus eignem Triebe beizusteuern pflegen, und sie ermahnen sie, statt dessen wiederum dem Beispiel der Tiere ihres Geschlechts zu folgen, die sich dabei ruhiger und gelaßner verhalten:

Die Frau verhindert die Empfängnis, wenn sie überhitzt,
mit mahlendem Gesäß, darüber prall geschwellt die
                                                    Brust,
des Mannes Pflugschar aus der Furche drängt und ihrer
                                                    Lust
Gewalt ihn so verwirrt, daß sein Gesäm ins Leere spritzt.
Die Lebensweise der Tiere ist viel geordneter und gemäßig-
ter als unsere, und sie halten viel strenger die uns von der
Natur gesetzten Grenzen ein — freilich keineswegs so
streng, daß es nicht selbst bei ihnen gelegentlich zu Ausschweifungen käme, die den unsren ähneln. Und ebenso, wie
es bei uns schon Menschen gegeben hat, die von ihrem Lie-
besfuror dazu hingerissen wurden, es mit Tieren zu treiben,
sind auch die Tiere bisweilen von einer plötzlichen Liebe zu
uns ergriffen und entbrennen über die Gattungsschranken
hinweg in widernatürlichen Leidenschaften. Das bezeugt
jener Elefant, der sich als Rivale des Sprachgelehrten Aristophanes um die Gunst eines jungen Blumenmädchens in der
Stadt Alexandria bewarb und seine Liebesdienste, feuriger
Freier, der er war, so verrichtete, daß er dem Nebenbuhler in
nichts nachstand; wenn er nämlich über den Markt trottete,

auf dem man Obst verkaufte, nahm er sich einige Früchte in den Rüssel und brachte sie der Angebeteten; er ließ sie sowenig wie möglich aus den Augen, und manchmal fuhr er mit dem Rüssel unter ihr Halstuch und tätschelte ihr die Brüste.

Man berichtet auch von einem in ein Mädchen verliebten Drachen, von einer nach einem Kind in der Stadt Asopos brünstigen Gans und von einem der Spielfrau Glauke Liebesdienste leistenden Widder; und tagtäglich sieht man wild für Frauen entflammte Berberaffen.

Es gibt sogar Tiere, bei denen die Männchen der gleichgeschlechtlichen Liebe frönen.

Oppianos und andere führen einige Beispiele an, die beweisen sollen, daß die Tiere bei ihrer Paarung die Schranken der Blutsverwandtschaft nicht übertreten; die Erfahrung zeigt uns aber sehr oft das Gegenteil:

Besteigt der Vater geil das eigne Kind?
Als Schande gilt das keineswegs dem Rind,
dem Vogel nicht und nicht dem Pferd; es beugt
der Bock sich auf die Zick', die er gezeugt.

Wie dankbar Tiere sein können, zeigt die Geschichte von Androclus und dem Löwen Zur Dankbarkeit (und ich meine, wir hätten es nötig, diesem Wort wieder mehr Ansehn zu verschaffen): Ihre Größe bei den Tieren zu bezeugen wird ein einziges Beispiel genügen, von dem Apion sagt, er selbst habe es miterlebt. Eines Tages, erzählt er, als man in Rom zur Unterhaltung des Volkes Kämpfe mit exotischen Tieren vorführen ließ, namentlich mit Löwen von ungewöhnlicher Größe, lenkte deren einer durch sein wildes Gebaren, die Kraft und Mächtigkeit seiner Gliedmaßen sowie sein stolzes und furchterregendes Brüllen die Augen aller Zuschauer auf sich. Unter den Sklaven, die dem Volk zum Tierkampf vorgeführt wurden, befand sich ein gewisser Androclus aus Dazien (der einem römischen Herrn von konsularischem Rang gehörte). Sobald der Löwe ihn von weitem erblickte, blieb er wie vor Überraschung jäh stehen, dann näherte er sich ihm ganz langsam, bedächtig und versonnen, als krame er in seiner Erinnerung nach ihm. Wie er ihn nun als den erkannte, den er suchte, und seiner Sache völlig sicher war, begann er nach Art der ihrem Herrn schmeichelnden Hunde mit dem Schwanz zu wedeln und Hände und Schenkel des Ärmsten zu küssen und zu belecken, so daß dieser vor Schreck erstarrte.

Als er jedoch bemerkte, daß der Löwe es tatsächlich gut mit ihm meinte, gewann er seine Fassung zurück und wagte es, ihn näher zu betrachten — und erkannte ihn seinerseits wieder. Zu sehen, wie die beiden voller Ausgelassenheit sich nun zu liebkosen und umarmen begannen, war eine wahre Lust! Während das Volk in laute Freudenschreie hierüber ausbrach, ließ der Kaiser den Sklaven zu sich kommen, um von ihm die Ursache des so erstaunlichen Geschehens zu erfahrn. Da erzählte Androclus ihm eine wundersame Geschichte, wie sie noch kein Mensch gehört hat:

»Als mein Herr«, hob er an, »Prokonsul in Afrika war, behandelte er mich derart streng und grausam — täglich bekam ich Prügel —, daß ich mich gezwungen sah, das Joch abzuschütteln und zu fliehn; und um mich vor diesem Mann, der in der Provinz über eine große Macht verfügte, sicher verstecken zu können, fand ich es am kürzesten, die Einsamkeit der unbewohnbaren sandigen Gegenden jenes Landes aufzusuchen, fest entschlossen, mir für den Fall, daß die Lebensmittel mir ausgingen, eine Möglichkeit zur Selbstentleibung zu verschaffen. Als gegen Mittag die Sonne erbarmungslos zu brennen begann und die Hitze unerträglich wurde, stieß ich auf eine verborgne und kaum zugängliche Höhle und warf mich hinein.

Bald danach erschien plötzlich dieser Löwe mit einer verwundeten, blutenden Tatze und jammerte und stöhnte unter den Schmerzen, die er zu erleiden hatte. Natürlich befiel mich bei seinem Auftauchen lähmendes Entsetzen. Er aber, wie er mich in einem Winkel seiner Behausung kauern sah, näherte sich mir ganz sanftmütig und streckte mir die verletzte Tatze so hin, als ob er mich um Hilfe bitten wollte. Da drückte ich ihm einen darin steckenden großen Holzsplitter heraus, und überdies, nachdem ich meine Scheu etwas abgelegt hatte, all den in der Wunde angesammelten Schmutz und Eiter; hernach trocknete und reinigte ich sie so gründlich ich konnte. Da er sich nun erleichtert fühlte und kaum noch Schmerzen verspürte, legte er sich zur Ruhe und schlief ein, wobei er seine Tatze unverrückt in meinen Händen ließ.

Von da an lebten er und ich zusammen in dieser Höhle, drei volle Jahre lang und mit ein und derselben Nahrung; denn von den Tieren, die er auf der Jagd erlegte, brachte er mir die besten Stücke, die ich mangels Feuer an der Sonne briet — das war meine Verpflegung. Auf die Dauer wurde ich jedoch dieses tierischen Lebens in der Wildnis überdrüssig, und als der Löwe wieder einmal auf die Jagd gegangen war, verließ ich die Höhle, und drei Tage später wurde ich von den Soldaten aufgegriffen, die mich aus Afrika in diese Stadt brachten, zu meinem Herrn, der mich wegen meiner Flucht sofort zum Tod durch Auslieferung an die wilden Tiere verurteilte. Wie ich nun sehe, muß dieser Löwe kurz danach ebenfalls gefangen worden sein, der mich jetzt für die ihm durch die Heilung erwiesne Wohltat hat belohnen wollen.

So also lautete die Geschichte, die Androclus dem Kaiser erzählte und die dieser sogleich auch im Volk verbreiten ließ. Deshalb wurde der Sklave auf allseitiges Begehren freigelassen und seine Verurteilung außer Kraft gesetzt, und dem Volkswillen gemäß machte man ihm den Löwen zum Geschenk. Danach, sagt Apion, hat man Androclus diesen an einer kurzen Leine herumführen und mit ihm in Rom von Taverne zu Taverne ziehen sehn, wo er das ihm gespendete Geld einsammelte, während der Löwe sich mit Blumen bewerfen ließ und jeder, der ihnen begegnete, ausrief: »Seht den Löwen, den Gastgeber des Menschen! Seht den Menschen, den Arzt des Löwen!«

Keinem menschlichen Forschergeist ist es bisher gelungen, hinter das Geheimnis des wunderbaren Gefüges zu kommen, das der Eisvogel herstellt, wenn er das *Das Wunderwerk* Nest für seine Jungen baut, noch zu *des Eisvogelnests* ergründen, welches Material er hierfür verwendet. Plutarch, der mehrere davon gesehen und in der Hand gehabt hat, vermutet, der Vogel setze es aus den Gräten eines bestimmten Fischs zusammen, die er, die einen längs, die andern quer, miteinander verflechte und dabei so krümme, daß er am Ende seines Formens ein schwimmfähiges rundes Schiffchen erhält.

Dann, wenn er den Bau vollendet hat, trägt er das Nest ans Meeresufer und setzt es der Dünung da aus, wo sie am sanftesten rollt, damit er erkennt, welche noch nicht gut genug verbundnen Teile des Gefüges er ausbessern und an den Stellen verstärken muß, die er unter den Wellenschlägen sich lockern und auflösen sieht; andrerseits wird durch diese all das, was bereits gut verbunden ist, derart dicht und fest aneinandergedrückt, daß es weder zerbrechen noch zerfallen kann und sogar Stein- oder Eisenschlägen standhält, wenn sie nicht mit äußerster Gewalt erfolgen.

Was aber die allergrößte Bewunderung verdient, sind Proportion und Ausformung der inneren Höhlung, denn sie ist so gestaltet und abgemessen, daß sie nichts hineinläßt und aufnimmt als den sein Werk überprüfenden Vogel — für alles andre bleibt sie unzugänglich, dicht und verschlossen, sogar fürs Meerwasser.

Hier liegt uns eine recht klare Beschreibung des Baus vor, und sie stammt aus zuverlässiger Quelle; gleichwohl dünkt mich, daß sie uns immer noch nicht genügend Einblick in die Vielschichtigkeit dieser Architektur gewährt. Wie groß muß doch unsere Eitelkeit sein, wenn wir Hervorbringungen als unter unsrem Vermögen stehend ansehn und herablassend kommentieren, die wir weder zu begreifen noch nachzumachen fähig sind! [ESS. 223/r–239/r]

15 KRANKHEITEN
HÖFLICH BEHANDELN

Wer die Krankheiten mit herrischer
Gewalt zu verkürzen sucht,
verlängert sie

Wie, wenn schon das Nachgrübeln über unsere Gesundheit
die Phantasie entfesselte und unser Verhalten änderte? Wer
diesem Sog überstürzt nachgibt, beschwört sein eignes Verderben herauf. Mir tun viele Edelleute leid, die sich, jung und
kerngesund, in ihren Stuben aus Furcht vor der Feuchte ein-
gekerkert haben, weil sie dem dummen Rat ihrer Ärzte folgten. Man sollte doch wohl eine so verbreitete Gewohnheit
wie den abendlichen Ausgang auch um den Preis eines ge-
legentlichen Schnupfens lieber beibehalten, als den gesellschaftlichen Umgang durch Entwöhnung für immer ein-
zubüßen. Welch widerwärtige Wissenschaft, die uns die
süßesten Stunden des Tages versalzen will!
   Steigern wir unsre Kräfte soweit wie irgend möglich! Ge-
fährdungen die Stirn bieten macht uns meist stärker und läßt

uns selbst angeborne Gebrechen überwinden, wie Caesar es mit seiner Fallsucht tat, die er, indem er ihr mit Verachtung begegnete, zu Fall brachte. Man sollte sich stets an die besten Regeln halten, sich ihnen aber nicht knechtisch unterwerfen — es müßten denn solche sein (falls es sie gibt), denen sich zu unterwerfen nützlich wäre.

Sowohl die Könige wie die Philosophen scheißen, und die Damen auch. (Andre zeichnen sich durch Diskretion und angemeßne Redeweise aus, ich aber rede frank und frei; denn das Leben derer, die im Licht der Öffentlichkeit stehn, ist der Etikette verpflichtet, das meine, im Dunkel der Privatheit stehend, genießt hingegen alle natürliche Ungebundenheit. Zudem neigt man als Gascogner sowieso ein wenig zur Indiskretion. Ich nehme mir jedenfalls heraus, im folgenden völlig offen zu sprechen.)

Man sollte dieser Verrichtung genau festgelegte nächtliche Stunden zuweisen und sich durch Gewöhnung zu deren Einhaltung zwingen, wie ich es getan habe, sich hierbei jedoch nicht, wie ich es mit zunehmendem Alter tue, zum Sklaven der Sorge um eine besondere Annehmlichkeit von Örtchen und Sitz machen (noch sich den Vorgang durch langes Hokkenbleiben verleiden). Ist es aber nicht einigermaßen entschuldbar, wenn wir für unsre schmutzigsten Geschäfte mehr Gepflegtheit und Reinlichkeit verlangen als anderswo? Seiner Natur nach ist der Mensch ein auf Sauberkeit und Verfeinerung bedachtes Wesen.

Von allen natürlichen Verrichtungen lasse ich mich bei dieser am widerwilligsten unterbrechen. Ich habe viele Kriegsleute unter der Unbotmäßigkeit ihres Bauches leiden sehn, während der meine und ich uns niemals beim vereinbarten Stelldichein verpassen; und das findet in dem Augenblick statt, da ich aus dem Bett springe, falls uns nicht irgendeine unabweisbare Beschäftigung oder Krankheit hieran hindert.

Ich kann mir, wie gesagt, für die Kranken nichts Heilsameres denken, als daß sie gelassen die Lebensweise beibehalten, in der sie aufgewachsen sind. Jede Änderung, gleichgültig welche, verwirrt und schadet. Glaube, wer da will, daß Kastanien den Menschen im Périgord oder in Lucca abträglich seien, oder Milch und Käse den Bergbauern! Man verordnet den Kranken jedoch eine nicht nur neue, sondern entgegengesetzte Lebensweise — ein Wechsel, den kein Gesunder aushalten würde. Verschreibt einem Bretonen von siebzig Jahren Wasser, sperrt einen Seemann ins Dampfbad, verbietet einem baskischen Lakaien das Promenieren, und ihr entzieht ihnen Bewegung, Luft und Licht!

Ist Leben, so beschwert,
wohl dann noch lebenswert?//
Man zwingt uns, Altvertrautes aufzugeben
und um des Lebens willen nicht zu leben.//
O freie Luft zum Atmen, Kraftquell Licht —
nicht lebend dünkt mich, wem's daran gebricht.

Freilich: Wenn jene, die solches verschreiben, sonst auch nichts Gutes bewirken, so doch zumindest dies, daß sie die Kranken rechtzeitig auf den Tod vorbereiten, indem sie ihnen den Genuß des Lebens Stück um Stück beschneiden und untergraben.

Ich habe, gesund oder krank, mich stets bereitwillig den Gelüsten überlassen, die sich gerade dringend in mir regten. Ich räume meinen Neigungen und Begierden maßgeblichen Einfluß ein. Ich liebe es nicht, Übel mit Übel zu kurieren. Ich hasse Heilmittel, die beschwerlicher sind als die Krankheit. *Ich hasse Heilmittel, die beschwerlicher sind als die Krankheit.* Mit einer Nierenkolik und gleichzeitig dem Verbot geschlagen sein, sich dem Genuß von Austern hinzugeben — das sind zwei Übel für eins. Die Krankheit drangsaliert uns auf der einen Seite, die Diät auf der andern. Da man stets riskiert, sich zu verrechnen — laßt es uns im Genuß der Lebensfreuden riskiern! Die Leute tun aber das Gegenteil und halten nichts für nützlich, was nicht beschwerlich ist: Alles Leichte finden sie verdächtig.

Mein Appetit hat sich in vielen Dingen glücklicherweise von selbst dem angepaßt, was meinem Magen bekommt. Als ich jung war, liebte ich saure und scharfe Soßen; kaum fing mein Magen jedoch an, dagegen zu rebelliern, und schon tat mein Geschmack dasselbe. Oder: Wein gereicht den Kranken zum Nachteil — und prompt ist er, liege ich darnieder, das erste, was meinen Gaumen anwidert, unberwindlich anwidert.

Was immer ich lustlos zu mir nehme, schadet mir; nichts aber schadet mir, was ich mir mit Lust und Hunger einverleibe. Nie ist mir Ungemach aus einem Tun erwachsen, das mir Freude machte. Daher habe ich meinem Vergnügen zuliebe alle ärztlichen Ratschläge weitgehend in den Wind geschlagen; und als junger Mann, von

Amors Flügelschlägen dieser bald, bald jener
zugeführt (und niemals schien sein Glanz mir schöner),

frönte ich ebenso unbesonnen und hemmungslos wie sonstwer den Begierden, die mich gepackt hielten:

Wer wie ich das Schwert geführt,
ist ein Mann, dem Ruhm gebührt.

Freilich zeichnete ich mich dabei mehr durch langes Stehvermögen als immer neue Draufgängerei aus,

auf sechsmal habe ich's in einer Nacht,
soweit ich mich entsinne, kaum gebracht.

Es war, wie ich bekennen muß, wahrhaftig Malheur und Mirakel zugleich, in welch zarter Jugend ich zufällig jenem Gott erstmals in die Arme lief; und um Zufall handelte es sich in der Tat, denn es geschah lange vor dem wahl- und erkennt-

nisfähigen Alter — so lange davor, daß ich mich dessen gar
nicht mehr genau entsinne.

Den arg verfrühten Bartwuchs und im Achselhaar
den Bocksgeruch fand meine Mutter sonderbar.

Die Ärzte täten im allgemeinen gut daran, ihre Verordnun-
gen den heftigen Gelüsten anzupassen, von denen die Kranken ergriffen werden, denn es ist undenkbar, daß in solchen
Begierden, wie ausgefallen und abwegig auch immer, nicht
die Natur ihre Hand im Spiel habe. Und dann: Wie wichtig
ist es doch, die Phantasie zufriedenzustellen! Ihr kommt meines Erachtens die höchste Bedeutung zu, eine höhere zumindest als allem andern. Die verbreitetsten und schwersten
Übel sind jedenfalls die, welche sie uns aufbürdet.

Das spanische Sprichwort *Gott schütze mich vor mir selbst!*
gefällt mir daher in vielfacher Hinsicht. Wenn ich krank bin,
bedaure ich, kein Verlangen zu haben, das mir die Lust
gewährte, es zu stillen (wovon mich die ärztliche Kunst
schwerlich würde abhalten können).

Die ärztliche Kunst ist keineswegs so einheitlich festgelegt, daß wir nicht für alles, was wir tun, irgendeine Autorität
fänden. Sie wechselt je nach
Himmelsstrich und Mond-
phase, nach Doktor Farnel
und Doktor Scaliger. Wenn
dein Arzt es nicht für gut
hält, daß du schläfst, daß du
Wein trinkst, daß du dies
oder jenes ißt — sei unbe-
sorgt: Ich werde dir einen
anderen ausfindig machen,
der andrer Meinung ist. Die
Mannigfaltigkeit ärztlicher Auffassungen und Argumente
erstreckt sich auf alle erdenklichen Krankheitsformen. Ich

habe gesehen, wie ein unglückseliger Kranker, dem sein Arzt zur Gesundung das Trinken verbot, vor Durst ohnmächtig wurde und fast umkam, nur um sich hernach von einem andren auslachen zu lassen, der diese Behandlung als widersinnig verurteilte. Da hatte der Ärmste nun den Lohn seiner Qual! Und neulich ist sogar ein Mann dieses Metiers selber an Nierensteinen gestorben, weil er durch äußerste Abstinenz sein Leiden zu bekämpfen suchte. Seine Kollegen sagen, gerade seine Enthaltsamkeit habe ihn ausgetrocknet und den Gries in den Nieren immer weiter verhärtet.

Mir ist aufgefallen, daß mich bei Verletzungen und Krankheiten das Sprechen ebenso anstrengt und mitnimmt wie irgendeine meiner Ausschweifungen. Meine Stimme zu benutzen fällt mir dann schwer und ermüdet mich, denn sie ist stets derart angespannt und laut, daß ich hohen Persönlichkeiten, wenn ich ihnen mit einer wichtigen Angelegenheit in den Ohren liegen mußte, peinlicherweise oft Anlaß gegeben habe, mich um Mäßigung meiner Lautstärke zu bitten.

Folgende Geschichte scheint mir einen kleinen Umweg wert: In einer griechischen Philosophenschule pflegte einer seine Meinungen stets lauthals vorzutragen, wie ich halt auch. Eines Tages nun ließ ihm der Diskussionsleiter ausrichten, er solle leiser sprechen. »Dann möge er mir mitteilen, welche Tonhöhe er denn wünsche«, lautete die Antwort. Hierauf erwiderte der andre, er solle sie danach richten, ob der Angesprochne Ohren habe, zu hören. Das war gut gesagt, vorausgesetzt, er meinte damit: »Sprich je nach Gewicht der Sache, die du mit deinem Gegenüber zu erörtern hast!« Denn falls er sagen wollte: »Es reicht, wenn er dich hört« oder »Laß deine Sprechweise von ihm bestimmen«, hätte er meines Erachtens unrecht.

Lautstärke und Stimmführung dienen nämlich der ausdrücklichen Verdeutlichung dessen, was man sagen will; als

Redender liegt es also an mir, sie so zu wählen, daß ich recht verstanden werde. Es gibt einen Tonfall fürs Belehren, einen fürs Schmeicheln und einen fürs Schelten. Ich will nicht nur, daß meine Stimme den andern erreicht, sondern gegebnenfalls auch, daß sie in ihn dringt und ihn durchbohrt. Fahre ich meinen Diener in grobem und scharfem Ton an, wäre es ja der Gipfel, wenn ich die Antwort bekäme: »Herr, redet leiser, ich höre euch sehr gut!«

Freilich gilt ebenso, daß manche Stimme nicht wegen ihrer Lautstärke gut zu verstehen ist, sondern dank ihrer Artikulation.

Das Wort gehört halb dem, der spricht, und halb dem, der angesprochen ist. Dieser muß bereit sein, es in der Bewegung aufzufangen, mit der es auf ihn zukommt, so wie beim Paume-Spiel der Auffangende durch Vor- und Zurückspringen sein Verhalten ganz nach den Bewegungen des Schlägers und der Art des jeweiligen Schlages richtet.

Die Erfahrung hat mich außerdem gelehrt, daß wir uns durch Ungeduld zugrunde richten. Die Übel haben ihr Leben und ihre Grenzen, ihre Krankheiten und ihre Gesundheit. Die Beschaffenheit der Krankheiten ist jener von Mensch und Tier nachgebildet: Wie diesen sind auch ihnen Los und Daseinsdauer von Anfang an vorherbestimmt. Wer sie mit herrischer Gewalt zu verkürzen sucht, verlängert und vermehrt sie; er fordert sie heraus, statt sie zu besänftigen.

Wir richten uns durch Ungeduld zugrunde

Ich bin der Meinung Krantors, daß man sich ihnen weder kopflos entgegenwerfen noch aus Feigheit vor ihnen in die Knie sinken sollte; notwendig ist vielmehr, ihnen der Natur sowie ihrer und unsrer Artung gemäß nachzugeben. Man muß ihnen freien Durchzug gestatten, und ich finde, daß sie sich bei mir, der ich sie gewähren lasse, tatsächlich kürzer aufhalten; einige von ihnen, die als besonders hartnäckig und langwierig gelten, bin ich durch ihren eignen Verfall losgeworden, ohne Hilfe der Heilkunst, ja, gegen deren Regeln. Lassen wir doch die Natur ein wenig walten, sie versteht ihr Geschäft besser als wir!

»Aber der und der ist doch daran gestorben!« Das werdet ihr auch — wenn nicht an dieser Krankheit, dann an einer andern. Und wie vielen blieb es keineswegs erspart, daran zu sterben, obwohl drei Ärzte um ihren Hintern versammelt waren! Präzedenzfälle sind trübe Spiegel: In alles, was aus ihnen herausschaut, läßt sich alles hineindeuten. Mundet euch eine Arznei, dann schluckt sie! Immerhin verschafft sie euch für den Augenblick einen Lustgewinn. Ich jedenfalls werde weder an Namen noch Farbe Anstoß nehmen, solange sie appetitlich und wohlschmeckend ist — Genuß gehört zu den Dingen, die uns am meisten bereichern.

Ich habe in mir Grippen und Gichtflüsse, Durchfälle und Herzbeschwerden, Migränen und andre Erkrankungen alt werden und eines natürlichen Todes sterben lassen. Sie verließen mich, als ich mich schon halb darauf eingestellt hatte, sie behalten zu müssen. Man bannt sie nachhaltiger durch Höflichkeit als durch Widerstand. Es gilt, die Gesetze unsres Menschseins gelassen zu ertragen. Uns ist es bestimmt, alt, schwach und krank zu werden, trotz aller Heilkunst. Das ist das erste, was die Mexikaner ihre Kinder lehren, wenn sie ihnen beim Verlassen des Mutterleibs den Gruß entbieten: »Kind, du bist zur Welt gekommen, um zu leiden. Also leide, dulde und schweige!«

Wehzuklagen, weil einem etwas zustieß, das allen zustoßen kann, ist unangebracht. *Beschwer dich nur, wenn Unbill allein dir widerfahren ist.* Seht den Greis dort, wie er Gott bittet, ihm seine volle Kraft und Gesundheit zu erhalten — mit andren Worten: ihm die Jugend zurückzugeben!

Was fängst vergeblich du zu flehen an?
Wie kindisch doch dein Wunsch ist, tumber Mann!
Reine Torheit, in der Tat: Sein Zustand macht den Wunsch
unerfüllbar, denn die langen Jahre haben Gicht, Nierenstei-
ne und Hartleibigkeit mit sich gebracht, so wie lange Reisen
Hitze, Sturm und Regen mit sich bringen.

Platon glaubt nicht, daß Äskulap sich die Mühe machen
würde, durch Behandlungen das Leben eines verbrauchten
und hinfälligen Körpers zu verlängern, der für sein Land
unnütz ist und nicht mehr zur Berufsausübung sowie zur
Zeugung gesunder und kräftiger Kinder taugt; und er findet
solch Bestreben auch mit der göttlichen Gerechtigkeit und
Weisheit unvereinbar, denen es aufgegeben sei, alles einem
nützlichen Zweck zuzuführn.

Mein guter Alter, es ist aus! Man *Was man nicht ver-*
kann dich nicht wieder auf die Beine *meiden kann, muß*
bringen; allenfalls wird man dich ein *man leiden lernen*
bißchen zusammengipsen, ein bißchen
schienen — und so dein Elend um ein paar Stunden verlängern:
Als wollte man ein altersschwaches Haus mit Stützen
erhalten; aber all die Mühe wird nichts nützen!
Der Bau ist derart morsch schon, daß er über Nacht,
da hilft kein Hilfsgerüst mehr, stäubend niederkracht.
Was man nicht vermeiden kann, muß man leiden lernen.
Unser Leben ist wie die Harmonie der Welt aus Gegensätzlichem zusammengefügt, aus ungleichen Tönen: weichen
und harten, hellen und dunklen, sanften und strengen. Ein
Musiker, der nur die einen liebte — was hätte der uns schon
zu sagen? Er muß sie vielmehr gemeinsam zu benutzen und
recht zu mischen wissen: wie wir das Gute und das Böse, die
beide unserm Leben wesenseigen sind. Ohne diese Mischung
kann unser Dasein nicht bestehn, denn es bedarf des einen

Elements nicht minder als des andern. Gegen die Naturnotwendigkeit aufbegehren heißt genauso widersinnig handeln wie Ktesiphon, der sich mit seinem Maulesel auf einen Wettkampf einließ, wer besser ausschlagen könne.

Man darf sich nicht über Krankheiten beklagen, die sich mit der Gesundheit getreulich in die Zeit teilen.

Ich bin dem Schicksal dankbar, daß es mich so oft mit gleichartigen Waffen angreift. Durch diese ständige Wiederholung gewöhnt es mich an sie, übt mich in die Verteidigung ein und härtet mich ab. Von nun an weiß ich etwa, wie ich es anstellen muß, um mich ihrer zu erwehren. Da mir ein natürliches Gedächtnis fehlt, schaffe ich mir eins aus Papier, und sowie sich ein neues Symptom meiner Krankheit zeigt, schreibe ich's auf. Da ich mittlerweile nahezu alle erdenklichen Beispiele hinter mir habe, gehe ich nunmehr, wenn mir ein schwerer Anfall droht, diese kurzen, losen Aufzeichnungen durch und finde darin mit Sicherheit irgendeinen Fall aus meinen früheren Erfahrungen, der mich wegen seines günstigen Verlaufs über den neuen hinwegtröstet.

So läßt mich die Gewöhnung für die Zukunft hoffen.

Und dann: Gibt es etwas Wohligeres als den nach den jähesten und schärfsten Koliken eintretenden Umschwung, wenn man durch den Abgang eines Steins aus äußerstem Schmerz blitzartig wieder ins strahlende Licht einer völlig beschwerdefreien Gesundheit versetzt wird? Gibt es in dieser durchlittnen Pein etwas so Niederdrückendes, das nicht durch die Freude einer solch plötzlichen Besserung aufgewogen würde? Wieviel schöner erscheint mir die Gesundheit, wenn sie der Krankheit derart unmittelbar folgt, daß ich beide gleichzeitig im Blick habe und beobachten kann, wie sie sich mit ihrer vollen Rüstung um die Wette in die Brust werfen und einander den Platz streitig machen!

So wie die Stoiker behaupten, die Laster seien zu dem

guten Zweck in die Welt gekommen, der Tugend den Rük-ken zu stärken und sie aufzuwerten, können wir mit größe-rem Recht und weniger kühn spekulierend sagen, die Natur habe uns den Schmerz zu Ehre und Nutzen von Schmerz*frei-heit* und Lust verliehn. Als Sokrates, nachdem man ihm die Ketten abgenommen hatte, den von ihrem Gewicht ausgelö-sten wohligen Juckreiz in den Beinen verspürte, gab er sich mit Freuden der Betrachtung darüber hin, wie nahe Ver-wandte doch Lust und Schmerz seien und wie notwendig durch dieses Band verknüpft, so daß sie wechselweise einan-der folgten und hervorbrächten; und er rief aus, der gute Äsop hätte diese Überlegung zum Stoff für eine schöne Fabel nehmen sollen.

Was ich an den anderen Krankheiten als das schlimmste ansehe, ist, daß sie in ihrer unmittelba- *Jede Zerstreuung* ren Auswirkung weniger schwerwie- *wird einem mehr* gend sind als in ihren Folgen. Man *nützen als schaden* braucht ein Jahr, um davon zu genesen, ständig von Schwäche und Angst erfüllt. Dieser Weg zur Wiederherstellung der Gesundheit hat so viele Stufen und Gefahren, daß er schier endlos scheint. Es grenzt schon an ein Wunder, wenn du, noch ehe man dich von Kopfwickel und Bettmütze befreit und dir den Genuß der frischen Luft, des Weines, deiner Frau und der Melonen wieder gestattet, keinen Rückfall erleidest — vielleicht in eine noch schlimm-re Misere.

Die Nierenkoliken haben den Vorzug, daß sie hernach wie weggeblasen sind. Jene Leiden aber hinterlassen stets gewis-se Spuren und Beeinträchtigungen, die den Körper für neue Krankheiten anfällig machen. Die eine reicht so der andern die Hand.

Jene unter ihnen sind hinnehmbar, die sich damit begnü-gen, uns am Wickel zu haben, ohne uns auch noch mit Fol-

gen zu behelligen; geradezu höflich und hilfreich aber finde ich die, welche uns sogar nützliche Auswirkungen bescheren: Seit meinem Nierenleiden bleibe ich, scheint mir, von anderen Erkrankungen häufiger verschont; auch habe ich danach kein Fieber mehr gehabt. Ich behaupte, daß das häufige und äußerst heftige Erbrechen, an dem ich leide, mich reinigt, daß andrerseits die Perioden der Appetitlosigkeit und des übermäßigen Fastens, die ich durchmache, meine ungesunden Säfte aufbrauchen und daß die Natur mit den Steinen alles Überflüssige und Schädliche ausscheidet.

Man möge mir nun nicht einwenden, dies sei ein zu teuer erkauftes Heilmittel; denn was soll man dann erst von all den Ätzungen und stinkenden Tränken, Schwitzmitteln und Inzisionen, Dränagen und Diäten sagen, von all den Behandlungsformen, die uns statt Genesung oft den Tod bringen, weil sie uns mit größerer Zudringlichkeit und Gewalt angreifen, als wir ertragen können. Daher meine Haltung: Habe ich einen Anfall, betrachte ich ihn als Arznei; und habe ich keinen, betrachte ich mich als vollständig und für immer geheilt.

Und hier noch eine besondere Gunstbezeigung meiner Krankheit: Sie treibt ihr Spiel nahezu für sich und läßt mich das meine treiben (und wenn ich es einmal nicht tue, dann nur aus Mangel an Mut). Während der heftigsten Koliken habe ich schon zehn Stunden im Sattel durchgehalten. Man ertrage das Leiden einfach, eine andre Verhaltensregel braucht man nicht! Man spiele und speise, laufe und tue dies oder auch das, soweit man irgend kann. Jede Zerstreuung wird einem mehr nützen als schaden.

Ich möchte zudem auf die ungemeine Annehmlichkeit hinweisen, daß es sich bei meinem Nierenleiden um ein Übel handelt, das uns kaum Rätsel aufgibt. So bleibt uns die Ratlosigkeit erspart, in die wir bei anderen Krankheiten durch die Unsicherheit über ihre Ursachen, Eigenschaften und Verlaufsformen gestürzt werden — eine Ratlosigkeit, die einen unendlich peinigt. Bei dieser Krankheit aber brauchen wir keine Konsultationen und ärztlichen Diagnosen: Unsre Sinne sagen uns, was sie ist und wo sie sitzt.

Mit dergleichen Argumenten, starken und schwachen, suche ich so, wie Cicero es hinsichtlich seiner Altersleiden tat, meine Einbildungskraft abzulenken, einzulullen und ihre Wunden zu salben. Sollten sie sich morgen verschlimmern, werden wir morgen andere Ausflüchte ersinnen.

Ich beurteile mich nach dem, was ich in Wahrheit fühle

Zum Beweis, daß ich mich wirklich so verhalte: Inzwischen hat sich als neue Entwicklung ergeben, daß die leichteste Bewegung mir das pure Blut aus den Nieren treibt. Na und? Ich höre deshalb keineswegs auf, mich wie vorher zu tummeln und mit jugendlicher Ausgelassenheit meinen Hunden hinterherzugaloppiern — völlig unbekümmert! Ich finde sogar, daß ich mit diesem heftigen Krankheitsschub noch sehr gut wegkomme, da er mich nicht mehr als ein dumpfes Druck- und Schweregefühl an der befallnen Stelle kostet. Es dürfte ein großer Stein sein, der da mein Nierengewebe ausquetscht und zermalmt, und es dürfte mein Leben sein, das ich auf diese Weise nicht ohne ein natürliches Gefühl der Erleichtrung nach und nach wie eine nunmehr überflüssige und hinderliche Schlacke ausscheide.

Ich spüre also, daß etwas zerfällt? Glaubt ja nicht, daß ich deswegen meine Zeit mit der Beobachtung meines Pulses und meines Urins vergeude, nur um irgendwelche lästige Vorsorge treffen zu können. Ich werde das Übel noch lange genug spüren, auch ohne es um das Übel der Angst zu verlängern. Wer sich davor fürchtet zu leiden, leidet bereits, eben weil er sich davor fürchtet.

Hinzu kommt: Die Unwissenheit und Unschlüssigkeit jener, die sich unterfangen, die inneren Kräfte der Natur und deren Entwicklung auszulegen, und die so häufig falschen Prognosen ihrer Kunst müssen uns erkennen lassen, daß die Natur über zutiefst unbekannte Mittel verfügt. Was sie uns verheißt oder androht, ist äußerst vielfältig, ungewiß und dunkel. Vom Greisenalter abgesehn, diesem unzweifelhaften Vorzeichen des nahenden Todes, finde ich in allen anderen Widerfahrnissen unsres Lebens wenig Hinweise, auf die wir Mutmaßungen über die Zukunft gründen könnten.

Ich beurteile mich nach dem, was ich in Wahrheit fühle, nicht nach Vernunftschlüssen. Wozu auch, wo es mir nur um das Abwarten- und Erduldenkönnen geht? Wollt ihr wissen, wieviel ich hierdurch gewinne? Dann seht euch einmal die an, die sich anders verhalten und nach all den unterschiedli-

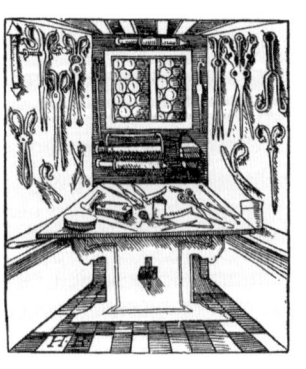

chen Ratschlägen und Einblasungen richten: Wie oft ist es nicht ihr Körper, der ihnen hart zusetzt, sondern ihre dadurch erregte Phantasie!

Gar manches Mal habe ich, wenn mir mit Sicherheit keiner dieser gefährlichen Anfälle drohte, mir einen Spaß daraus gemacht, den Ärzten zu erzählen, ich fühlte gerade, wie einer im Anzug sei. Mit welchem Behagen nahm ich da die Verkündung ihrer schrecklichen Prognosen entgegen! Um so dankbarer war ich hernach Gott für seine Gnade, und um so aufgeklärter über die Nichtigkeit der Medizin. [ESS. 547/r–553/r]

16 Den Tod nicht fürchten

Niemand stirbt vor seiner Stunde

Tag für Tag suche ich mir jene kindische, ja menschenunwürdige Neigung auszureden, mit unserem Leid das Mitleid der uns Nahestehenden zu erwecken. Um sie zu Trauer und Tränen zu rühren, machen wir unsre Beschwerden schlimmer, als sie sind. Und die Standhaftigkeit im Ertragen von Unglück, die wir an andern rühmen, verurteiln wir an unsren Angehörigen, wenn sie dem unsern damit begegnen: Uns genügt es nicht, daß sie unsre Schmerzen nachzuempfinden suchen — sie sollen von ihnen niedergeschmettert sein wie wir.

Dabei müßte man gerade die Traurigkeit soweit wie möglich mindern, doch mehren die Freude. Wer sich ohne Grund bemitleiden läßt, verdient es auch dann nicht, bemitleidet zu werden, wenn ein Grund vorliegt. Sich selber stets beklagen führt dazu, daß man nie beklagt wird. Einen, der immer wieder den Erbarmungswürdigen spielt, findet keiner mehr erbarmungswürdig. Wer sich quicklebendig sterbenskrank stellt, wird sterbenskrank für quicklebendig gehalten. Ich habe welche gekannt, die fuchsteufelswild wurden, wenn man ihre Gesichtsfarbe frisch und den Puls regelmäßig fand, die sich zwangen, niemals zu lachen, weil das ihre Genesung verraten hätte, und die ihre Gesundheit haßten, weil sie kein Mitleid erregte. (Und was das schlimmste ist: Es waren nicht einmal Frauen.) Was mich betrifft, zeige ich, wenn ich krank bin, mein Leiden höchstens so, wie es ist, und unterlasse alles vorsätzliche Schreien und Wehklagen über das, was ich an Argem auf mich zukommen sehe.

Schon jene, deren Leiden es mit sich bringt, daß sie eine lange Lebensstrecke dahinsiechen müssen, sollten sich möglichst den Wunsch versagen, ein ganzes Haus mit ihrem Elend zu verdüstern.

Wem werden sie am Ende nicht lästig und unerträglich? Die üblichen Pflichten gehen nicht so weit, daß man dergleichen auf sich nehmen müßte. Diese Unglückseligen zwingen ihre besten Freunde zur Erbarmungslosigkeit, und ihre Frauen und Kinder verhärten sie derart, daß sie durch die ständige Gewöhnung das Leiden nicht länger nachfühlen, geschweige Mitleid darüber bekunden können. Mein Ächzen bei einer Nierenkolik rührt keinen mehr. Selbst wenn die Gesellschaft der Freunde und Angehörigen dem Kranken einige Erleichterung brächte (was keineswegs immer der Fall ist, da der Unterschied der Befindlichkeiten in ihm leicht Neid und Haß auf die andern auslöst, wer immer sie sein mögen), wäre es dann nicht zu unverschämt, dies ein halbes Leben lang auszunutzen?

Je mehr ich die Umstehenden sich aus Gutherzigkeit meinetwegen abmühn sähe, desto peinlicher wäre mir es. Wir dürfen uns durchaus auf andre stützen, nicht aber so schwer auf sie legen, daß sie darunter zusammenbrechen.

Dem hinfälligen Greisenalter ziemt Einsamkeit. Ich bin gesellig bis zum Übermaß. Gleichwohl scheint es mir vernünftig, daß ich der Welt den peinlichen Anblick meines Alterns von jetzt ab erspare und ganz für mich über es nachbrüte — daß ich mich also zurückziehe und wie die Schildkröten in mein Gehäus verkrieche. So lerne ich die Menschen sehen, ohne mich an sie zu klammern, denn das wäre auf einer so abschüssigen Bahn eine Unverschämtheit.

Ich muß gestehen, daß ich auf Reisen selten in einer Herberge ankomme, ohne daß mir sogleich durch den Kopf ginge, ob ich darin nicht gelassen erkranken und sterben könnte. Ich möchte hierzu an einem Ort untergebracht sein, der ganz nach meinem Geschmack *Ich will, daß der Tod an den Annehmlichkeiten des Lebens teilhabe* ist: ohne Lärm, ohne Schmutz, weder verräuchert noch voll stickiger Luft. Mit solchen Äußerlichkeiten suche ich den Tod mir gewogen zu stimmen, oder besser gesagt, mich aller andren Belastungen zu entledigen, damit ich mich ganz auf ihn konzentrieren kann — wird er mir doch auch ohne zusätzliche Bürde genug zu schaffen machen! Ich will, daß er an den Annehmlichkeiten und Bequemlichkeiten meines Lebens teilhabe. Er ist ein großes und wichtiges Stück davon, und ich hoffe von Stund an, daß er meine Vergangenheit nicht verleugnen möge.

Es gibt Todesarten, die leichter sind als andre, und je nach Betrachtungsweise des einzelnen nehmen sie unterschiedliche Züge an. Von den natürlichen scheint mir jene sanft und sacht, die aus Ermüdung und Entkräftung erfolgt. Was die gewaltsamen betrifft, ist mir die Vorstellung, in einen Abgrund zu fallen, schrecklicher als die, von einer Mauer erschlagen zu werden, und schlimmer dünkt mich, ein scharfer Schwertstreich streckte mich nieder, als der Schuß einer Arkebuse; lieber hätte ich den Schierlingsbecher des Sokrates geleert als mich wie Cato ins Schwert gestürzt. Und wenn es

auch auf dasselbe hinausläuft, stellt mir meine Phantasie dennoch den Unterschied, ob ich mich in einen glühenden Ofen oder den Lauf eines breiten Flusses werfe, als ebensogroß dar wie den zwischen Leben und Tod — derart verblendet starrt unsre Furcht mehr auf das Wie als aufs Was! Der Vorgang dauert nur einen Augenblick; der aber ist von solchem Gewicht, daß ich gern etliche Tage meines Lebens dafür gäbe, ihn auf meine Weise durchzustehn.

Da nun die Vorstellung jedem die eine Todesart bitterer ausmalt als die andre, jeder aber auch eine gewisse Wahl zwischen ihnen hat, laßt uns ein wenig weitersuchen, ob wir nicht eine finden, die frei von allem Mißbehagen ist. Könnte man nicht vielleicht sogar lustvoll sterben, wie es Antonius und Kleopatra taten, die sich als *Commourents* gemeinsam den Tod gaben?

Die harten und exemplarischen Todesarten, zu denen Philosophie und Religion bedeutende Menschen befähigen, lasse ich hier beiseite. Doch unter den weniger bedeutenden Menschen hat es etliche gegeben, die wie ein gewisser Petronius und ein gewisser Tigellinus in Rom den Tod, zu dem sie aufgefordert waren, durch die Gelöstheit ihrer Vorkehrungen gleichsam einzulullen verstanden: Inmitten der Annehmlichkeit ihrer üblichen Vergnügungen, inmitten junger

Mädchen und fröhlicher Zechkumpane ließen sie ihn mit ihrem verfließenden Leben dahingleiten: keine Rede von Trost oder Testament, keine ehrgeizige Schaustellung von Standhaftigkeit, kein Gedanke an das, was auf sie zukam — nein, nur Spiele und Schmausen, Scherze und lockres Geplauder, zudem Liebesgedichte und Musik.

Sollten wir diese Gelassenheit nicht nachahmen können, wenn auch in angemeßnerer Haltung? Da es gute Todesarten für Narren gibt, und gute für Weise, machen wir doch solche ausfindig, die gut sind für die Menschen dazwischen! Ich kann mir jedenfalls eine vorstellen, die sowohl unbeschwert als auch, wenn schon gestorben werden muß, wünschenswert wäre. (Die römischen Tyrannen glaubten, einem Verbrecher die Wahl seines Todes zuzubilligen sei soviel wie ihm das Leben schenken.)

Freilich sah sich Theophrastos von der Vernunft genötigt, stets folgenden (von Cicero ins Lateinische übersetzten) Vers anzuführn:

> *Auf unsre Weisheit kommt's nicht an —*
> *das Schicksal ist der Steuermann.* [ESS. 491/l–497/r]

Tullius Marcellinus, ein junger Römer, wollte der Stunde seines Todes zuvorkommen, um sich von einer Krankheit zu befreien, die ihm mehr zusetzte, als er zu erdulden bereit war, obwohl ihm die Ärzte eine sichre, wenn auch nicht sofortige Heilung verhießen. So rief er seine Freunde zusammen, um mit ihnen hierüber zu beraten. Die einen, sagt Seneca, gaben ihm denjenigen Rat, den sie aus Feigheit selber befolgt hätten; die andern aus Schmeichelei den, von dem sie glaubten, daß er ihm am willkommensten sein müßte; ein Stoiker aber sprach folgendermaßen zu ihm:

»Quäle dich nicht, Marcellinus, als ob du über eine wichtige Sache zu beratschlagen hättest. Zu leben ist nichts Gro-

ßes — deine Diener und die Tiere leben ja auch; etwas Großes ist es hingegen, ehrbar, weise und standhaft zu bleiben.
Bedenk, wie lange du schon immer dasselbe tust: essen, trinken, schlafen; trinken, schlafen, essen. Ohne Unterlaß drehen wir uns in diesem Kreis; nicht erst die schlimmen und
unerträglichen Widerfahrnisse machen daher Lust auf den
Tod, sondern schon der Lebensüberdruß.«

Marcellinus brauchte jedoch keinen Ratgeber, sondern
einen Helfer. Da nun seine Diener davor zurückschreckten,
ihm zur Hand zu gehn, machte jener Philosoph ihnen be-
greiflich, daß das Hausgesinde nur dann in Verdacht gerate,
wenn Zweifel bestünden, ob der Herr seinen Tod gewünscht
habe; sei dieser Wunsch jedoch eindeutig, gebe, wer dessen
Erfüllung verhindre, ein genauso schlechtes Beispiel wie einer, der den Herrn töte, denn

wenn ihr einen gegen seinen Willen rettet,
handelt ihr, als ob ihr ihn getötet hättet.

Hernach wies er Marcellinus darauf hin, daß es nicht unpas-
send wäre, wenn er, so wie man nach beendeter Mahlzeit die
übriggebliebnen Speisen den Bedienten überlasse, für die
Zeit nach seinem Ende an jene, die ihm behilflich gewesen
seien, gleichfalls etwas austeile.

Nun hatte Marcellinus von jeher ein weites und freigebi-
ges Herz; deshalb ließ er einen ansehnlichen Betrag seinen
Dienern zuweisen und spendete ihnen Trost. Im übrigen
konnte er auf Blut und Eisen verzichten; er unternahm es
vielmehr, dieses Leben gemächlich zu verlassen und den Tod
näher kennenzulernen; und um für die Beschäftigung mit
ihm genügend Zeit zu gewinnen, nahm er keinerlei Nahrung
mehr zu sich; am dritten Tag, nachdem er sich mit warmem
Wasser hatte benetzen lassen, sank er nach und nach in
Bewußtlosigkeit, nicht ohne ein gewisses Lustgefühl, wie er
sagte. Und in der Tat behaupten jene, die eine solche aus

der Entkräftung kommende Herzschwäche schon erlitten haben, man empfände keinerlei Schmerz dabei, sondern eher eine gewisse Wohligkeit — wie beim Übergang in Ruhe und Schlaf.

Das nenne ich wahrhaft gut durchdachte und seelisch verarbeitete Tode! [ESS. 302/r–303/l]

Eine der größten Wohltaten der Tugend ist die Verachtung des Todes

Eine der größten Wohltaten der Tugend ist die Verachtung des Todes: Sie gibt unserm Leben eine gelassene Ruhe und läßt uns dessen reinen und lieblichen Geschmack genießen, ohne den jede andere Lust schal wird.

Das ist der Grund, warum alle philosophischen Lehren sich in diesem Punkt treffen und vereinen. Gewiß leiten sie uns auch in voller Einhelligkeit dazu an, den Schmerz, die Armut und andre Widerwärtigkeiten zu verachten, denen das Menschenleben ausgesetzt ist; sie tun es jedoch nicht mit gleichem Nachdruck, teils weil diese Übel keineswegs so zwangsläufig sind (denn die meisten Menschen verbringen ja ihr Leben, ohne den bitteren Geschmack der Armut kennenzulernen, und manche sogar, ohne Schmerz und Krankheit zu erleiden), teils auch, weil der Tod schlimmstenfalls den Hahn, wenn wir wollen, zudrehen und damit alles Ungemach beenden kann. Zu entgehn aber vermag ihm keiner.

Getrieben werden wir zu jenem Ende alle,
mit deinem Los wird sich des Fatums Urne neigen.
Frag nicht, ob es dir früher oder später falle:
Den Nachen ins Vergessen, du mußt ihn besteigen.

Wenn wir uns folglich von ihm ängstigen lassen, wird er zum Quell unaufhörlicher Qualen, die durch nichts zu lindern sind. Es gibt dann keinen Ort, wo er uns nicht auflauert; wir mögen den Kopf noch so sehr wie in Feindesland hin- und her wenden — *stets hängt er gleich dem Felsblock das Tantalos über uns.*

Ich wurde zwischen elf und zwölf Uhr mittags am letzten Tag des Februars eintausendfünfhundertdreiunddreißig nach unsrer jetzigen Zeitrechnung geboren, in der das Jahr mit dem Januar beginnt. Es sind gerade erst vierzehn Tage her, daß ich mein neununddreißigstes Jahr zurückgelegt habe, und mir stehen also noch mindestens ebenso viele zu; es wäre daher Narretei, mich jetzt schon mit Grübeleien über eine so ferne Sache wie den Tod abzumühn.

Doch halt: Junge und Alte müssen ja auf ein und dieselbe Weise das Leben lassen! Keiner geht anders hinaus, als ob er soeben hereingekommen wäre. Außerdem meint selbst der altersschwächste Mensch, solange er den Methusalem nicht eingeholt hat, noch zwanzig Jahre spielend zu schaffen.

Aber wer hat dir denn, armer Irrer, der du bist, eine bestimmte Lebensdauer zugesichert? Du berufst dich auf die Märchen der Ärzte. Schau lieber auf die Tatsachen und die Erfahrung.

Wie viele Mittel und Wege hat doch der Tod, uns zu überraschen!

Keine Stunde kann dem Leben
Schutz je vor Gefahren geben.

Ich lasse die Fieberanfälle und Rippenfellentzündungen hier beiseite. Wer aber hätte auch nur zu denken gewagt, daß ein Herzog der Bretagne im Gedränge erdrückt werden könnte, wie es beim Einzug des Papstes Clemens (meines früheren Nachbarn) in Lyon geschah? Und hat man nicht erlebt, daß einer unsrer Könige im Turnierspiel umkam? Und starb nicht einer seiner Vorfahrn daran, daß ein Schwein ihn umrannte? Aischylos, den man vor dem Einsturz eines Hauses gewarnt hatte, mochte sich noch so sehr im Freien aufhalten — aus heiterm Himmel erschlägt ihn der Panzer einer Schildkröte, die einem Adler im Flug aus den Krallen glitt!

Ein anderer starb am Kern einer Weinbeere, ein Kaiser an der Kratzwunde, die er sich beim Kämmen zufügte; Aemilius Lepidus daran, daß er mit dem Fuß gegen die Schwelle seiner Haustür stieß, und Aufidius, indem er sich den Kopf an der Tür des Ratssaals einrannte; und zwischen Frauenschenkeln schließlich der Prätor Cornelius Gallus, der römische Wachhauptmann Tigellinus, Ludovico, der Sohn des Mantovaner Markgrafen Guido Gonzaga, und, noch schlimmere Beispiele, der platonische Philosoph Speusippos sowie einer unsrer Päpste.

Den armen Bebius, einen Richter, ereilte der Tod, dieweil er einer Prozeßpartei eine achttägige Frist gewährte — die seinem Leben gesetzte war abgelaufen. Und als der Arzt Gaius Julius einem Patienten grade die Augen salbte, drückte der Tod die seinen zu.

Wenn ich ein persönliches Erlebnis beitragen darf: Einer meiner Brüder, der Hauptmann Saint-Martin, der mit seinen dreiundzwanzig Jahren schon recht beachtliche Beweise seiner Tapferkeit geliefert hatte, wurde beim Paume-Spiel über dem rechten Ohr von einem Ball leicht getroffen, ohne daß auch nur die geringste Spur einer Quetschung oder offnen Wunde zu sehen war. Er setzte sich nicht einmal, sondern spielte einfach weiter; fünf, sechs Stunden später aber starb er infolge dieses Schlags an einer Gehirnblutung.

Wie kann man angesichts der Tatsache, daß dergleichen Fälle sich so häufig, ja Tag für Tag vor unsren Augen ereignen, die Gedanken an den Tod abschütteln, und die Empfindung, daß er uns jeden Augenblick am Kragen gepackt hält?

Was liegt daran, werdet ihr mir entgegnen, wie man stirbt, solange man sich nicht den Kopf hierüber zermartert? Einverstanden! Und wann immer sich eine Gelegenheit böte,

mich vor den Pfeilen des Todes in Sicherheit zu bringen —
und sei es unter einem Kalbsfell —, wäre ich keineswegs der
Mann, der sie ausschlüge. Mir genügt es, meine Tage geruhsam zu verbringen, und die beste Karte im Spiel, die ich mir
geben kann, nehme ich, mag das so wenig rühmlich und vor-
bildlich sein, wie ihr wollt:

> *Als ein Nichtsnutz angesehn zu werden oder Tor,*
> *zöge ich, solang mich meine Fehler zwar betrügen,*
> *doch vergnügen, jeder mürr'schen Weisheit vor.*

Aber welcher Irrwitz, zu meinen, damit wäre man fein heraus! Die Menschen, sie kommen, sie gehen, sie trotten, sie
tanzen — und vom Tod kein Wort. So weit, so gut. Dann
aber, wenn er sie ereilt, sie selbst oder ihre Frauen, Kinder
und Freunde, plötzlich und hinterrücks, welch Jammern und
Heulen, welche Wut und Verzweiflung brechen da hervor
und überwältigen sie! Hat man je etwas derart Verwandeltes,
derart Verstörtes, derart Mutloses gesehn?

Man muß sich daher beizeiten auf den Tod gefaßt machen.
Jene tierische Sorglosigkeit kommt den Menschen allzu teuer
zu stehen, selbst wenn sie sich in einen verständigen Kopf
einnistete (was ich für ganz unmöglich halte). Ja, wäre der Tod
ein Feind, dem man entfliehen könnte, würde ich raten, sich
die Waffen der Feigheit zu leihn. Doch weil man es mitnich-
ten kann, weil er jeden, den zurückweichenden Feigling wie
den beherzten Ehrenmann, zu fassen bekommt,

> *auch denen, die ihn fliehen, jagt er hinterher,*
> *schont nicht einmal die weichen Kniekehln, nicht die*
> > *Rücken*
> *der Knaben, die noch ohne Waffen, ohne Wehr,*

und weil kein Harnisch, und sei er noch so gut gehärtet, vor
ihm zu schützen vermag,

> *aus diesem erz'nen Panzer wird den Kopf des Recken*
> *der Tod hervorzerrn — keiner kann sich drin verstecken,*

so laßt uns lernen, ihm festen Fußes standzuhalten und die Stirn zu bieten!

Berauben wir den Tod zunächst seiner stärksten Trumpf-karte, die er gegen uns in Händen hält, und schlagen wir dazu einen völlig anderen als den üblichen Weg ein: Berauben wir ihn seiner Un-heimlichkeit, pflegen wir Umgang mit ihm, gewöhnen wir uns an ihn, bedenken wir nichts so oft wie ihn! Stellen wir ihn jeden Augenblick und in jeder Gestalt vor unser innres Auge. Fragen wir uns beim Stolpern eines Pferds, bei einem herabstürzenden Ziegel, beim geringsten Nadelstich immer wieder sogleich: »Wie, könnte das nicht der Tod persönlich sein?« Reißen wir uns dann zusammen, spannen wir die Muskeln!

Sterben zu wissen entläßt uns aus jedem Joch und Zwang

Halten wir inmitten der Feste und Freuden stets die Erinnrung an unsere menschliche Bedingtheit wach und las-sen wir uns nie so hemmungslos vom Vergnügen hinreißen, daß uns hierbei nicht zuweilen durch den Kopf ginge, von wie vielen Seiten her der Tod unsre Fröhlichkeit ins Visier nimmt und auf wie vielfältige Weise ihr sein Zugriff droht. Daran hielten sich zum Beispiel die Ägypter, die auf dem Höhepunkt ihrer üppigsten Festgelage das dürre Gerippe eines Toten hereintragen ließen: den Gästen zur Mahnung.

Jeder Tag sei dir der letzte, der dir lacht,
weil dann jeder, der noch folgt, dich dankbar macht.
Es ist ungewiß, wo der Tod uns erwartet — erwarten wir ihn überall! Das Vorbedenken des Todes ist Vorbedenken der Freiheit. Wer sterben gelernt hat, hat das Dienen verlernt. Sterben zu wissen entläßt uns aus jedem Joch und Zwang. Das Leben hat keine Übel mehr für den, der recht begriffen hat, daß der Verlust des Lebens kein Übel ist. Paulus Aemi-lius antwortete jenem, den der unglückliche König von Make-

donien, sein Gefangner, mit der Bitte zu ihm sandte, er möge ihn nicht in seinem Triumphzug mitführn: »Richte er dieses Gesuch an sich selbst!«

Freilich gilt hier wie überall, daß Kunst und Fleiß es kaum allzuweit bringen, wenn die Natur nicht ein bißchen nachhilft. Ich bin meiner Veranlagung nach kein Melancholiker, wohl aber ein Grübler. So gibt es denn auch nichts, womit ich mich seit eh und je mehr befaßt hätte als mit den verschiedenen Todesvorstellungen, und schon in meiner ausgelassensten Zeit,

da mir des Lebens heitrer Lenz ersproß
und meiner Jahre Blüte ich genoß,

glaubte manch einer, ich brütete inmitten der Frauen und Spiele wegen irgendeiner eifersüchtigen Anwandlung oder fragwürdig gewordnen Hoffnung vor mich hin, wo ich in Wirklichkeit über was weiß ich wen nachsann, dem ein paar Tage zuvor bei der Heimkehr von einem ähnlichen Fest ein hitziges Fieber plötzlich sein letztes Stündlein eingeläutet hatte, während sein Kopf noch voller Liebe und zärtlichem Zeitvertreib steckte — wie nun meiner, so daß ich das gleiche Verhängnis bereits über mir schweben sah:

Entschwinden wird im Nu dein Glück,
du rufst es nimmermehr zurück.

Dieser Gedanke legte aber meine Stirn keineswegs mehr in Falten als irgendein andrer. Zwar ist es unmöglich, den Stachel solcher Vorstellungen anfangs nicht zu spüren; doch wenn man sie immer wieder hin und her wendet und mit ihnen umzugehen lernt, wird man sie auf lange Sicht zweifellos in den Griff bekommen — ich müßte sonst ja, da nie ein Mensch seinem Leben mehr mißtraute, nie ein Mensch weniger auf seine Dauer setzte, ständig von rasender Angst geschüttelt werden. Doch weder lasse ich mich von der robusten Gesundheit, deren ich mich bis heute mit nur seltnen

Unterbrechungen erfreute, zur Hoffnung auf ein um so längeres Leben verleiten, noch von den Krankheiten zur Furcht vor einem um so kürzren. Jede Minute habe ich das Gefühl, ich sei noch einmal davongekommen, und ohne Unterlaß sage ich vor mich hin: »Drum verschiebe nicht auf morgen, was du heute kannst besorgen.«

In Wahrheit bringen uns Gefahren unserem Ende nur wenig oder gar nicht näher; denn wenn wir bedenken, viel Millionen anderer außer dieser einen, die uns augenblicklich am meisten zu bedrohn scheint, noch über unserm Haupte schweben, werden wir finden, daß es uns — ob frisch und munter oder fiebernd, auf hoher See oder zu Hause, im Schlachtgetümmel oder im Schlaf — stets gleich nahe ist. *Kein Mensch ist hinfälliger als der andre, keiner des nächsten Tags gewisser.*

Für die Vollendung dessen, was ich vor meinem Sterben noch tun müßte, könnte die mir gesetzte Frist, und wäre die Sache in einer Stunde getan, zu kurz sein. Jemand, der neulich in meinen Aufzeichnungen blätterte, fand eine Notiz über etwas, das, so wünschte ich, nach meinem Tod erledigt werden sollte. Auf seine Frage erklärte ich ihm wahrheitsgemäß, daß ich, nur eine Meile von meinem Haus entfernt, mich beeilt hätte, dies an Ort und Stelle niederzuschreiben, weil es mir, wiewohl ich mich völlig gesund fühlte, nicht sicher schien, ob ich wieder heimgelangen würde. Als einer, der seine Gedanken unablässig mit sich herumträgt und über sie nachgrübelt, halte ich mich nach Maßgabe meiner Kräfte beinah jederzeit für den Tod bereit. Daher wird er mich bei seiner Ankunft nichts Neues lehren können.

Soweit es in unserer Macht steht, müssen wir stets gestiefelt und gespornt zur Abreise gerüstet sein, vor allem aber darauf achten, daß wir, wenn der Augenblick gekommen ist, es nur noch mit uns selbst zu tun haben — das wird uns auch ohne zusätzliche Bürden genug beschäftigen!

Warum in unserm kurzen Leben
nach immer neuen Dingen streben?

Doch der eine beklagt mehr als den Tod an sich, daß er ihn im schönsten Siegeslauf unterbreche, der andere, daß er scheiden müsse, ehe er seine Tochter habe verheiraten oder die Erziehung seiner Kinder überwachen können; der eine trauert der Gemeinschaft mit seiner Frau, der andre der mit seinem Sohn als dem höchsten Glück seines Daseins nach.

Zur Stunde ist meine Verfassung so, daß ich Gott sei Dank wann immer es ihm gefällt aufbrechen kann, ohne irgendeiner Sache nachzutrauern — es sei denn dem Leben, falls sein Verlust mich schmerzen sollte. Ich löse mich von allem, mein Abschied von jedermann ist schon halb genommen, außer von mir selbst. Noch nie hat ein Mensch sich resoluter und rückhaltloser auf das Verlassen der Welt vorbereitet und ihr vollkommener entsagt, als ich es zu tun gedenke. Die totesten Tode sind die heilsamsten.

Dieser aber ruft:

An einem einz'gen Tag — o wär' ich nie geboren! —
hab' meines Lebens Glück und Gut ich jäh verloren.

Und der Baumeister jammert:

Unvollendet alles, Wind und Wetter nagen
an den Mauern, die zerhöhlt gen Himmel ragen.

Man sollte sich nie etwas von so langem Atem vornehmen, oder sich zumindest nie derart hineinverbeißen, daß man verzweifelt, wenn man es unvollendet hinterlassen muß.

Gewiß sind wir geboren, um tätig zu sein.

Mitten noch im Werk vergehn
fände köstlich ich und schön.

Ich will also durchaus, daß man werke und wirke und die Aufgaben des Lebens so lange wahrnehme, wie man kann. Ich will, daß der Tod mich beim Kohlpflanzen antreffe — aber derart, daß ich mich weder über ihn noch gar über meinen unfertigen Garten gräme. Ich sah einen, der sich in seinen letzten Zügen unablässig beklagte, daß gerade beim fünf-zehnten oder sechzehnten unsrer Könige ihm das Schicksal den Faden der Geschichte durchschnitt, die er unter der Feder hatte.

Nach nichts dergleichen, das vergißt man dir zu sagen,
kannst du im Herzen, bist du tot, noch Sehnsucht tragen.
Von solch kleinmütigen und schädlichen Gemütszuständen muß man sich befreien. Man hat unsre Friedhöfe unmittelbar neben den Kirchen und an den belebtesten Stellen der Städ-te angelegt, auf daß man, wie Lykurg über die Grabstätten seiner Zeit sagte, das gemeine Volk, die Frauen und die Kin-der daran gewöhne, nicht zu erschrecken, wenn sie einen Toten sehn, und auf daß der ständige Anblick von Beinhäu-sern, Ruhestätten und Leichenzügen uns daran erinnre, was des Menschen Los sei.

Einst bot man zur Erheiterung Waffenkämpfe auf den
Festen,
und mancher Gladiator, grausig Spiel, sank vor den
Gästen
zerschunden auf die üpp'ge Tafel, wo er voller Qualen
verschied, sein Blut sich mischend mit dem Wein aus den
Pokalen,
und die Ägypter ließen nach ihren Gelagen allen ein großes Bild des Todes durch einen Mann vorführen, der ihnen zu-rief: »Trink und genieße, denn tot wirst du sein wie der da!«
Ebenso habe ich es mir zur Gewohnheit gemacht, den Tod mir nicht nur ständig vorzustellen, sondern auch im Munde zu führn. Nach nichts erkundige ich mich eingehender als danach, wie ein Mensch gestorben sei: mit welchen Worten, welchem Gesicht und welcher Haltung; und in den Ge-

schichtsbüchern gibt es keine andere Stelle, der ich eine solche Aufmerksamkeit widme. Schon aus den Beispielen, mit denen ich meinen Text vollpfropfe, geht ja hervor, daß diesem Gegenstand meine besondere Liebe gilt. Wenn ich ein Bücherschreiber wäre, legte ich ein kommentiertes Register der verschiedenartigen Tode an. Wer die Menschen sterben lehrte, würde sie leben lehren.

Nun wird man mir sagen, die Wirklichkeit des Todes übersteige all unsre Vorstellungen derart, daß der beste Fechtstoß ins Leere gehe, wenn es soweit ist. Laßt sie reden — das Vorbedenken bringt zweifellos großen Gewinn! Und dann: Ist es etwa nichts, wenigstens die Wegstrecke dorthin ohne Fieberschauer und seelische Verstörung zurückzulegen?

Noch wichtiger aber: Die Natur selbst reicht uns die Hand und macht uns Mut. Ist es ein schneller und gewaltsamer Tod, bleibt gar keine Zeit, uns vor ihm zu *Die Natur selbst* fürchten; ist es ein anderer, so merke ich, *reicht uns die* daß mich im gleichen Maße, wie ich in *Hand und macht* die Krankheit versinke, eine gewisse Ge- *uns Mut* ringschätzung des Lebens überkommt. Ich finde, daß es mich viel mehr Mühe kostet, ein solches Jasagen zum Sterben bei voller Gesundheit zu verkraften, als wenn ich im Fieber liege. Da ich an den Annehmlichkeiten des Lebens um so weniger hänge, je mehr ich ihren Gebrauch und Genuß zu verlieren beginne, blicke ich auch dem Tod mit weit weniger entsetzten Augen entgegen. Das läßt mich hoffen, daß ich, je weiter ich mich von jenem entferne und diesem nähere, um so leichter in ihren Austausch einwilligen werde.

Wie ich bei manch sonstigen Gelegenheiten den Ausspruch Caesars als zutreffend erfahren habe, die Dinge kämen uns von fern oft größer vor denn aus der Nähe, konnte ich eben auch feststellen, daß in gesunden Tagen die Krankheiten mir einen viel gewaltigeren Schrecken einjagten, als wenn ich sie tatsächlich zu spüren bekam. So scheint mir auch zu meiner jetzigen Munterkeit, Lebenslust und -kraft die andere Befindlichkeit in einem derartigen Mißverhältnis zu stehn, daß ich deren Last in meiner Phantasie um die Hälfte größer und niederdrückender mache, als ich sie empfinden werde, wenn ich sie auf den Schultern habe. Ich hoffe, daß es mir mit dem Tod ebenso ergehen möge.

Betrachten wir doch, wie die Natur uns mit den normalen Veränderungen und Kraftminderungen, die wir erleiden, auch das Gefühl für diese Einbußen und Verluste nimmt! Was empfindet denn ein Greis noch von der Stärke seiner Jugend und seines vergangnen Lebens?

Wenn wir auf einen Schlag ins Greisenalter stürzten, glaube ich nicht, daß wir einen solchen Wechsel ertragen könnten. Aber indem die Natur uns an ihrer Hand einen sanften Hang hinunter zu ihm führt, ganz allmählich, Stufe um Stufe, fast unmerklich, läßt sie uns mühelos in diesen erbärmlichen Zustand gleiten und gewöhnt uns an ihn; wir verspüren daher keinerlei Stoß, wenn die Jugend in uns erstirbt — was doch in Wesen und Wahrheit ein schlimmerer Tod ist als das endgültige Absterben eines dahinsiechenden

Lebens, als der Tod im Greisenalter. Der Sprung aus dem Kranksein ins Nichtsein fällt uns somit leichter denn der aus blühendem Wohlsein in qualvolles Kranksein.

Wie der Körper, ist er gebeugt und eingesunken, weniger Kraft hat, eine Bürde zu tragen, so auch unsre Seele. Man muß sie daher aufrichten und ihr gegen die Angriffe dieses Gegners den Rücken stärken; denn während es unmöglich ist, daß sie, solange sie ihn fürchtet, zur Ruhe kommt, kann sie, wenn sie die Furcht vor ihm überwindet, sich rühmen, nun sei es unmöglich, daß Unruhe oder Sorge, Angst oder auch nur der geringste Mißmut jemals in ihr heimisch würden (was freilich des Menschen Maß nahezu überschreitet).

Denn kein Tyrann, kein jäher Sturm, der wutentbrannt
die Fluten peitscht, wird einen wackren Mann bezwin-
gen —
ja, selbst des Blitzeschleudrers doch allmächt'ge Hand
vermag des Mut'gen Sinn ins Wanken nicht zu bringen!

Eine solche Seele hat sich zur Herrin über ihre Leidenschaften und Begierden erhoben, über Schmach und Not, über Armut und alle andren Widrigkeiten des Schicksals. Erringen wir uns diesen Vorzug, soweit wir können! Hier ist die wahre, die souveräne Freiheit, die uns die Kraft gibt, der Gewalt und dem Unrecht ein Schnippchen zu schlagen und der Kerker und Ketten zu spotten:

»Du wirst mir, Eisen an den Händen, an den Füßen,
mit eines grimmen Kerkermeisters Schlägen büßen!«
Doch er: »Gott selber wird mich, wenn ich will, befrein.«
Er meint: Wenn tot, wird seine Not zu Ende sein.

Unsere Religion hat nie ein gesicherteres menschliches Fundament gehabt als die Verachtung des Todes. Schon der Vernunftschluß (wenn auch nicht er allein) gebietet sie — denn warum sollten wir das Leben zu verlieren fürchten, also etwas, das wir, einmal verlorn, gar nicht mehr beklagen können? Und bringt es uns, die wir von so vielen Todesarten bedroht sind, nicht mehr Ungemach, sie alle zu fürchten, als eine hiervon auf uns nehmen?

Was liegt daran, wann das Ende *Langes Leben,*
kommt, da es ohnehin kommen wird? *kurzes Leben —*
Sokrates antwortete dem, der ihm mit- *der Tod macht*
teilte, daß die dreißig Tyrannen ihn *beide völlig gleich*
zum Tode verurteilt hätten: »Und die
Natur sie!« Welche Torheit, uns mit der Frage nach dem
Zeitpunkt unsrer Befreiung von aller Qual zu quälen!

Wie die Geburt für uns die Geburt aller Dinge war, so wird
unser Tod für uns der Tod aller Dinge sein. Daher ist es gleichermaßen unsinnig, Tränen darüber zu vergießen, daß wir
in hundert Jahren nicht mehr leben werden, wie darüber, daß
wir vor hundert Jahren noch nicht gelebt haben. Der Tod ist
der Anfang eines anderen Lebens. Ebenso weinten wir auch
damals, denn ebenso schmerzlich war es uns, in dies jetzige
einzutreten: denn ebenso legten wir, als wir eintraten, unsre
alte Hülle ab.

So beschwerlich kann doch nicht sein, was uns nur einmal
begegnet. Ist es denn vernünftig, sich vor einer so kurzen
Sache so lange zu fürchten? Langes Leben, kurzes Leben —
der Tod macht beide völlig gleich; denn Dinge, die nicht
mehr sind, haben weder Länge noch Kürze.

Aristoteles sagt, daß es auf dem Fluß *Hypanis* kleine Tiere
gebe, die nur einen Tag lebten. Stirbt eines acht Uhr morgens, so in der Blüte seiner Jugend, wenn fünf Uhr abends,
im Greisenalter. Wer von uns fände es nicht lächerlich, hier
Glücklich- oder Unglücklichsein nach der Lebensdauer zu
bemessen? Das Mehr oder Minder der unseren in Rechnung
zu stellen ist jedoch im Vergleich zur Ewigkeit oder auch nur
zur Dauer der Sterne, der Gebirge und Flüsse, der Bäume
und selbst einiger Tiere nicht minder lächerlich.

Wie auch immer — die Natur zwingt uns zu sterben. Ver-
laßt diese Welt, sagt sie, wie ihr in sie eingetreten seid. Denselben Weg, den ihr ohne Furcht und Schrecken vom Tod

zum Leben gegangen seid, geht ihn zurück nun vom Leben zum Tod! Euer Tod ist ein Teil der Ordnung des Alls, er ist ein Teil des Lebens der Welt.

Unter allen, die da sterblich sind, kreist doch das Leben,
weil sie sich, den Läufern gleich, die Fackel weitergeben.

Soll ich etwa um euretwillen, fährt sie fort, dieses schöne Verwobensein der Dinge auseinanderreißen? Der Tod ist die Bedingung eurer Erschaffung, er ist ein Teil von euch — flieht ihr ihn, so flieht ihr vor euch selbst. Dieses euer Dasein, das ihr genießt, gehört zu gleichen Teilen dem Tod und dem Leben. Mit dem Tag eurer Geburt brecht ihr auf, zu sterben wie zu leben:

Die erste Stunde, die uns unser Leben gab,
sie führt um eine Stunde näher uns ans Grab.//
Mit dem Geborenwerden
beginnt schon unser Sterben,
denn Entstehen
heißt Vergehen.

Jede Stunde, die ihr lebt, raubt ihr dem Leben — ihr lebt auf seine Kosten. Mit dem nimmermüden Werken eures Lebens wirkt ihr euren Tod. Solange ihr lebt, seid ihr im Tod; erst wenn ihr nicht mehr lebt, habt ihr ihn hinter euch. Oder falls ihr es lieber so hören wollt: Nach dem Leben seid ihr Tote, solange ihr lebt, Sterbende; weitaus schwerer als den Toten aber trifft der Tod den Sterbenden, da weitaus schmerzhafter und schmerzlicher.

Habt ihr euer Leben genutzt, seid ihr doch vollauf gesättigt, also trollt euch zufrieden davon:

Warum, wenn du dein Lebensmahl genossen hast,
willst du nicht scheiden wie ein satt-vergnügter Gast?

Wußtet ihr es aber nicht zu nutzen, brachte es euch keinen Gewinn, was kümmert euch dann sein Verlust, warum wollt ihr es dann behalten?

Was willst durch weitere Tage du gewinnen,
die dir genauso fruchtlos doch verrinnen?
Das Leben an sich ist weder ein Gut noch ein Übel, sondern
nur der Ort, wo Gut und Übel soviel Platz einnehmen, wie
ihr ihnen zugesteht. Und wenn ihr einen Tag gelebt habt,
habt ihr alles gesehn. Ein Tag ist gleich allen Tagen. Es gibt
kein anderes Licht und keine andre Nacht. Diese Sonne, dieser Mond, diese Sterne, dieses ganze Weltgefüge ist dasselbe,
an dem schon eure Vorfahren ihre Freude hatten und das
eure Nachfahrn noch bestaunen werden:
Nicht anders sahen es die Väter,
nicht anders sehn's die Enkel später.
Höchstens ein Jahr, so die Natur weiter, brauche ich für den
Durchlauf aller so vielfältig gegliederten Akte meines Stücks:
Wenn ihr auf den Reigen meiner vier Jahreszeiten achtet,
seht ihr, daß sie Kindheit und Jugend, Mannes- und Greisenalter der Erde umfassen. Damit ist ihr Spiel gespielt. Es fällt
ihr kein andrer Dreh mehr ein, als immer wieder von vorn
anzufangen, und es wird stets dasselbe sein:
Wir drehen uns im Kreis und bleiben in ihm immerdar,//
denn in den eignen Spuren rollt tagaus, tagein das Jahr.
Ich bin nicht gewillt, mir neue Kurzweil für euch auszudenken —
und wäre, was ich euch ersänn', auch höchst erfindungs-
                                                    reich,
es hülf' euch nichts, denn letzten Endes bliebe alles gleich.
Macht also anderen Platz, wie andre euch Platz gemacht
haben!
Gleichheit ist der Grundpfeiler der Gerechtigkeit. Wer
kann sich beklagen, wenn ihn trifft, was alle trifft? Zudem
mögt ihr leben, solange ihr wollt — ihr könnt damit die Zeit
eures Totseins um keinen Deut verkürzen. Es nützt alles
nichts: Ihr werdet ebensolang in diesem Zustand sein, vor

dem ihr euch fürchtet, wie wenn ihr in der Wiege gestorben
wärt:

Und könntest du Jahrhunderte am Leben bleiben,
den Tod, der ewig herrscht, ihn kannst du nicht ver-
treiben.

Aber ich werde euch in eine Lage versetzen, die euch keinerlei Verbitterung empfinden läßt:

Bedenk, daß es kein zweites Ich bei deinem Tode gibt,
das lebend an dir Hingestrecktem stünde, tiefbetrübt!

Ja, ihr werdet kein Verlangen mehr nach dem Leben haben,
dessen Verlust euch jetzt so beklagenswert scheint,

denn keiner wird, daß er nun nicht mehr ist, bedauern,
und keiner wird den Wunsch verspürn, sich nachzu-
trauern.

Der Tod ist daher weniger zu fürchten als nichts (wenn etwas
weniger als nichts sein könnte):

Wir sollten ihn uns denken als noch minderen Gewichts
denn unsern Schlaf, und der schon dünkt uns reines Nichts.

Er betrifft euch weder als Tote noch als Lebende: als Lebende nicht, weil ihr seid, als Tote nicht, weil ihr nicht mehr seid.

Niemand stirbt vor seiner Stunde. Die Zeit, die ihr hinter
euch laßt, gehörte euch ebensowenig wie die vor eurer
Geburt vergangne, und ebensowenig berührt sie euch:

Die Ewigkeiten, die vor eurem Eintritt in das Leben
bestanden, sind für euch, als hätt' es niemals sie gegeben.

Wann immer euer Leben endet, ist es vollendet. Die Nützlichkeit des Lebens liegt nicht in der Länge, sie liegt im
Gebrauch: Mancher hat lange gelebt, der wenig gelebt hat.
Geht deshalb achtsam mit ihm um, solang ihr da seid. Ob ihr
genug gelebt habt, hängt von eurem Willen ab, nicht von der
Zahl der Jahre. Dachtet ihr denn, ihr würdet niemals dort
ankommen, wohin ihr zeitlebens unterwegs wart? Wie könnte es einen Weg geben, der nicht am Ziel endete! Und wenn

es euch erleichtert, in Gesellschaft zu sein — nun, schließt sich nicht alle Welt eurem Gang an?

Ja, alles Leben, ist vollbracht
das eure, folgt euch in die Nacht.

Tanzt nicht alles euren Tanz? Gibt es etwas, das nicht alterte wie ihr? Tausend Menschen, tausend Tiere und tausend andere Geschöpfe sterben im gleichen Augenblick, da ihr sterbt,

denn keine Nacht ist je gefolgt dem Tag, kein Morgenrot
der Nacht, wo sich in Säuglingswimmern nicht das
Heuln, das Tod
und Grablegung begleitet, mischte: Wehgeschrei der Not.

Was weicht ihr zurück, wo es kein Zurückweichen gibt? Ihr habt doch genug Menschen gesehen, für die das Sterben eine Wohltat war, weil sie dadurch großem Elend entronnen sind. Aber habt ihr je einen gesehn, dem es zum Verderben gereichte? Es ist deshalb höchst einfältig, etwas zu verurteiln, das ihr weder aus eigener noch aus fremder Erfahrung kennt.

Warum beschwerst du dich, fährt die Natur fort, über mich und über das Schicksal? Tun wir dir etwa unrecht? Steht es dir zu, über uns, oder uns, über dich zu bestimmen? Mag auch dein Alter nicht vollendet sein, dein Leben ist es. Ein kleiner Mensch ist ganzer Mensch, genauso wie ein großer. Weder die Sterblichen noch ihre Leben mißt man nach der Elle, und ein nur um seiner selbst willen verlängertes wäre nicht mehr wert als ein alter Pantoffel.

Chiron schlug die Unsterblichkeit aus, als er von Saturn, seinem Vater, dem Gott der Zeit und der Dauer, aufgeklärt wurde, welche Bewandtnis es mit ihr habe. Stell dir einmal ernsthaft vor, wieviel lästiger, ja unerträglicher als das von mir dem Menschen gegebene Leben ein ewiges für ihn wäre! Hättest du den Tod nicht, würdest du mich unablässig fluchend beschuldigen, ihn dir vorenthalten zu haben. Ich mengte ihm eigens ein wenig Wermut bei, um zu verhindern, daß du in Anbetracht seiner Vorzüge allzu gierig und bedenkenlos nach ihm greifst. Damit du zu der Selbstbeherrschung imstande seist (wie ich sie von dir verlange), weder das Leben zu fliehen noch vorm Tod zurückzuweichen, gab ich beiden die rechte Mischung von Süße und Bitterkeit.

Ich lehrte den Thales, den ersten eurer Weisen, daß Leben und Sterben einerlei sind; und so gab er auf die Frage, warum er dann nicht sterbe, ebendiese höchst weise Antwort: »Weil es einerlei ist.«

Alle Tage sind zum Tode unterwegs, der letzte — er langt an   Wasser und Erde, Luft und Feuer sind mir wie die anderen Teile meines Weltgebäudes Werkzeuge für deinen Tod nicht minder als für dein Leben. Warum fürchtest du deinen letzten Tag? Er trägt keinen Deut mehr zu deinem Tode bei als jeder andre. Er erzeugt nicht deine Müdigkeit, er offenbart sie bloß. Alle Tage sind zum Tode unterwegs, der letzte — er langt an.

Das also sind die hilfreichen Ermahnungen unserer Mutter Natur. [ESS. 46/r–52/l]

Richten wir den Blick doch einmal zur Erde: auf die armen Leute, die wir da allerorts schuften sehn, den Kopf über ihre Arbeit gebeugt: Sie wissen weder etwas von Aristoteles noch von Cato, weder von Lehrbeispielen noch von Leitsätzen. Doch sie sind es, aus denen die Natur Tag für Tag Werke der Beständigkeit und Ausdauer hervorbringt, reiner und kraftvoller als jene, die wir in der Schule so eifrig studiern.

Wie viele habe ich unausgesetzt vor Augen, die ihrer Armut nicht achten! Wie viele, die den Tod herbeisehnen, wie viele, die ihn ohne Aufregung und Erschüttrung hinter sich bringen! Der Mann, der meinen Garten umgräbt, hat heute morgen vielleicht seinen Vater oder seinen Sohn begraben.

Selbst die Namen, mit denen sie ihre Krankheiten belegen, mildern und mindern deren Bitterkeit. Bei ihnen heißt die Schwindsucht einfach *Husten*, die Ruhr *Bauchweh* und eine Brustfellentzündung *Erkältung*; und so gelassen, wie sie das Leiden benennen, ertragen sie es auch. Ihre Erkrankung muß schon sehr schwer sein, bevor sie ihretwegen die tägliche Arbeit unterbrechen: Ins Bett legen sie sich nur zum Sterben. *Diese einfache und allen zugängliche Tugend ist zu einer unzugänglichen Geheimwissenschaft verkommen.*

Der Tod ist zwar das Ende des Lebens — nicht aber dessen Ziel

Haben wir nicht zu leben gewußt, ist es abwegig, uns sterben zu lehren und so das Ende dem Ganzen zu entfremden. Haben wir jedoch ruhig und standhaft zu leben gewußt, werden wir gleicherweise zu sterben wissen.

Das ganze Leben der Philosophen ist eine Vorbereitung auf den Tod. Damit mögen sie sich brüsten, soviel sie wollen. Ich hingegen meine, daß der Tod zwar das Ende des Lebens ist, nicht aber dessen Ziel; zwar sein Schlußpunkt, seine äußerste Grenze, nicht aber sein Zweck. Es muß vielmehr auf sich selber gerichtet sein, sich selber wollen. Seine wahre Aufgabe besteht darin, sich seine eigne Ordnung und Führung zu geben, mit sich ins reine zu kommen. Und erst zu den vielen anderweitigen Pflichten, die dieses allgemeine und grundlegende Kapitel *Recht zu leben wissen* umfaßt, gehört dann der Abschnitt *Recht zu sterben wissen*; und er könnte einer der leichtesten sein, wenn unsre Furcht ihm nicht ein derartiges Gewicht gäbe.

Nach dem Nutzen und der reinen Wahrheit zu urteiln, steht das, was uns die Einfalt lehrt, kaum hinter dem zurück, was uns auf der andern Seite die philosophische Doktrin predigt. Empfindungsweise und Seelenstärke der Menschen sind verschieden. Man muß sie daher ihrer Wesensart gemäß auch auf verschiednen Wegen zu ihrem Besten führn.

Wo's dem Sturm beliebt, mich hinzutreiben,
werd' ich, wenn auch flücht'ger Gast nur, bleiben.

Ich habe in meiner Nachbarschaft noch nie einen Bauern darüber nachgrübeln sehn, mit wie großer Fassung und Festigkeit er seine letzte Stunde durchstehn werde. Die Natur lehrt ihn, nicht eher ans Sterben zu denken, als wenn gestorben wird; dann aber übertrifft er an gelaßner Haltung den Aristoteles, dem der Tod doppelt zu schaffen machte: als solcher und als Gegenstand seines so langen Vorausbedenkens. Deshalb war Caesar der Meinung, daß der am wenigsten vorausbedachte Tod der unbeschwerteste und glücklichste sei. *Leidet einer früher als nötig, so mehr als nötig.*

Die Bitterkeit der Todesvorstellung ist das Werk unsrer Ungeduld. Indem wir den Fügungen der Natur zuvorzukommen und sie in die eigne Hand zu nehmen suchen, legen wir uns selber Steine in den Weg. Sollen doch die Gelehrten mit gefurchter Stirn ihren Gedanken an den Tod nachhängen und sich so bei voller Gesundheit den Geschmack am Essen verderben! Der gemeine Mann jedenfalls braucht, bevor der Streich ihn trifft, weder Arznei noch Tröstung, und selbst dann beschäftigt er ihn kein bißchen mehr, als er ihn tatsächlich fühlt.

Meinen wir nicht das, wenn wir sagen, daß es die Unbedarftheit und mangelnde Vorstellungskraft des gemeinen Volkes seien, die ihm diese Stärke zum Erdulden der gegenwärtigen Übel und diese völlige Unbekümmertheit um künftige Verhängnisse geben? Und daß seine Seele, da derb und dickfellig, ebendarum weniger verletzbar und aus der Ruhe zu bringen sei? Wenn dem so ist, dann laßt uns in Gottes Namen ab jetzt diese Schule der Einfalt besuchen! Was die philosophischen Schulen uns als höchsten Lohn harter Mühen versprechen, dazu führt diese ihre Schüler mit sanfter Hand.

An guten Lehrern, die uns diese natürliche Einfalt nahebringen, soll es uns nicht fehlen! Einer davon wird Sokrates sein. [ESS. 525/r–531/r]

Ausführliche Inhaltsübersicht

1. Lachend die Wahrheit sagen
*Noch nie hat einer, der finster dreinblickt und
abstoßend wirkt, etwas ausgerichtet*

Die ganze Welt treibt Schauspielerei · Ich kenne Leute, die
sich genausooft in andere Gestalten verwandeln, wie sie neue
Ämter übernehmen · Wir stellen uns leichter einen Handwerker auf dem Abort oder seiner Frau vor als einen Präsidenten · Für meine Untersuchungen sind mir die erdichteten
Zeugnisse ebenso dienlich wie die wahren · Viele Wunder be-
ruhen auf der allgemeinen Leichtgläubigkeit · Vorgetäuschte
Klistiere erzielen manchmal denselben Effekt wie durchge-
führte · Nicht alle im Hals pieksenden Brotkrusten sind ver-
schluckte Nadeln · Wie ich eine Dame durch Ablenkung von
ihrem Kummer befreite · Man hat durchaus recht, den häufigen Ungehorsam des männlichen Glieds zu rügen · Impotenz
ist meist nur eine Ausgeburt von Angst und Furcht · In Diskussionen ödet es mich maßlos an, einer Meinung zu sein ·

Dem, der mir widerspricht, öffne ich mich: Ich lerne ja von ihm · Doch wie verlaufen letztlich unsre Debatten? Nach einer Stunde stürmischer Auseinandersetzungen weiß keiner mehr, was er will · Hat man erst einmal losgelegt, fällt es gewiß schwer, die Rede knapp zu beenden; doch an nichts erkennt man die Kraft eines Pferdes besser als an seiner Fähigkeit zu einem glatten Halt

2. Lesen
Bücher sind die beste Wegzehrung, die ich für unsre irdische Reise gefunden habe

Der Umgang mit Büchern bietet uns den Vorzug der leichten Verfügbarkeit · Um einen lästigen Gedanken loszuwerden, brauche ich bloß zu den Büchern zu greifen, denn sie empfangen mich stets mit gleich freundlicher Miene · Ich bemitleide alle Menschen von Verstand, die ihrer ermangeln · Die Erkenntnis, welch große Hilfe sie für mein Leben bereithalten, gibt mir Sicherheit · In meiner Bibliothek verbringe ich die meisten Tage meines Lebens — und die meisten Stunden meiner Tage · Arm dran ist, wer bei sich zu Hause nichts hat, wo er bei sich zu Hause ist · Ich fände es notfalls erträglicher, immer allein zu sein, als es nie sein zu können

3. Lieben
Die Liebe ist eine fröhliche und
springlebendige Gefühlsregung

Meine Philosophie besteht im Tun, im Spekulieren kaum ·
Ich hasse einen mißmutigen und mürrischen Geist · Man heiratet weniger für sich als für seine Nachkommen und seine
Familie · Eine gute Ehe macht sich mit der Liebe nicht gemein, sondern strebt dem Vorbild der Freundschaft nach ·
Daß man so selten gute Ehen findet, zeigt deren Wert und
Würde · Die Frauen haben gar nicht so unrecht, die von den
Männern festgelegten Sittengesetze abzulehnen · Bei den
meisten Völkern wurde das männliche Glied zum Gott erhoben · Eifersucht und Neid scheinen mir von allen Lastern
die hirnverbranntesten · Wahl- und maßlos betrieben wird
die Liebe selbst zum Laster · Nichts sollten die Frauen mehr
fürchten, als daß wir sie voll und ganz in Besitz nehmen ·
Italien kann sich in Liebesdingen als Lehrmeister der Welt
bezeichnen · Meine Art des Liebens folgt der guten alten Regel der Rücksichtnahme · Auf meine gemäßigte Art betrieben, halte ich das Lieben für gesund und dazu angetan, einen
müden Geist und Körper munter zu machen · Wer Amor mit
Kunst und Klugheit gängeln will, fesselt ihn

✳

4. Freundschaft und Geselligkeit pflegen
Ich bin gesellig bis zum Übermaß

Die Einsamkeit meines Schlupfwinkels läßt mich in die
Weite wachsen und nach draußen ausgreifen · Nicht unsere
Narrheiten machen mich lachen, sondern unsre Weisheiten ·
Keineswegs nur in den Haupt- und Staatsaktionen zeigt der

menschliche Geist seine Kraft und Schönheit, sondern ebenso im privaten Geplauder · Ich erkenne die mir sympathischen Leute schon daran, wie sie schweigen und wie sie lächeln · Für den Alltag der Alltagsfreundschaften gilt: »O meine Freunde, Freunde gibt es nicht!« · Die wahre Freundschaft aber ergreift vom ganzen Menschen Besitz

✷

5. Reisen
Ich bin unterwegs, um unterwegs zu sein

Das Reisen scheint mir eine ersprießliche Betätigung · Die Beziehungen zwischen Mann und Frau kühlen durch fortwährendes Zusammensein ab · Als wir heirateten, haben wir doch keineswegs vereinbart, ständig aneinanderzuhängen · Ich lege mich auf keine Linie fest, keine grade und keine krumme · Jeder Brauch hat seinen Daseinsgrund · An keinem Vergnügen, das ich nicht mit einem teile, finde ich Geschmack · Freilich ist Einsamkeit einer langweiligen und unbedarften Gesellschaft immer noch vorzuziehn

✷

6. Essen und trinken
Die schönste Frucht meiner Gesundheit
ist die Lust am Genuß

Gänge und Gerichte in Massen sind mir ebenso zuwider wie Massen überhaupt · Für mich ist keine Soße so appetitlich wie die, welche man in guter Gesellschaft genießt · Mir ist jene menschenfeindliche Weisheit zuwider, die uns die Körperkultur verhaßt machen will · Man sollte den Lüsten weder nachlaufen noch vor ihnen wegrennen — man sollte sie willkommen heißen · Die Deutschen tischen einem Topfgerichte, Soßen und Salate in uns völlig ungewohnter Fülle auf · Unter allen heutigen Völkern hält allein das deutsche die Trunksucht in Ehren · Auch die Antike hat das Laster der Trunksucht nicht sonderlich verurteilt · Wir sollten uns keine Gelegenheit zum Trinken entgehn lassen

✳

7. Tanzen
Wenn ich tanze, tanze ich, und wenn ich schlafe,
schlafe ich

Auf einem Ball in den *Bädern von Lucca* achtete ich in meiner Bewertung der Tänze besonders auf Schönheit und Charme · Es ist für uns Franzosen ein seltenes Vergnügen, Bäuerinnen derart gut tanzen zu sehn · Eine analphabetische Bäuerin verfaßte in unglaublicher Geschwindigkeit gelehrte Gedichte · In Deutschland tanzt man auf Hochzeitsgesellschaften Wange an Wange

✳

8. Mode und Luxus mit Augenmaß genießen
Ständig die Mode zu wechseln ist eine Art Massenwahn

Wieviel Beispiele für die Mißachtung des Schmerzes liefern uns doch die Frauen! · Wir tun gut daran, eher das Natürliche und Unbekümmerte zu bevorzugen · Übernehmen kann man nur Kostüm und Mantel, nicht Muskeln und Kraft · Man müßte den Menschen die Geringschätzung von Gold und Seide einpflanzen · Die jeweils neueste Kleidermode ist so-

gleich Grund genug, die alte zu verurteilen · Da dieses Wechselspiel so rasch abläuft, kommen die alten Formen sehr oft
wieder zu Ansehn · Im Karneval gehen die italienischen
Frauen ohne Maske aus

✳

9. Mit Geld vernünftig umgehen
Ohne Geldgier zu sein ist Reichtum,
ohne Kauflust, Einkommen

Nicht was die Dinge uns geben, sondern was wir für sie ausgeben, nennen wir ihren Wert · Alles in allem kostet es mehr
Mühe, Geld zu bewahren, als es zu erwerben · Sobald man
alles Denken nur noch auf einen bestimmten Geldhaufen
richtet, steht er einem nicht mehr zur Verfügung · Zufrieden
ist nicht der, von dem man es glaubt, sondern wer es von sich
selber glaubt

✳

10. Praxisbezogen philosophieren
Das deutlichste Kennzeichen der Weisheit
ist ein stetes Vergnügtsein

Man begeht ein großes Unrecht, wenn man den jungen Menschen die Philosophie als unzugänglich hinstellt · In Wahrheit ist nichts fröhlicher als sie, nichts spielfreudiger · Nehmt
ihre einfachen Sätze und lernt, den rechten Gebrauch davon
zu machen · Die schlechte Zeit sollte man durcheilen, in der
guten verweilen · Man muß die Süße von Wohlergehen und
Glück auf der Zunge zergehn lassen, ihr nachspüren und sie
wiederkäun · Sinnenkitzel und Begierde zu verwerfen ist ab-

wegig und undankbar · Der Geist rüttle den Körper aus seiner Erdenschwere auf, und der Körper gebe der Schwerelosigkeit des Geistes festen Halt

✳

11. Der eignen Erfahrung vertrauen
Dem Wissen kommt ein geringerer Wert zu als dem Verstand

Ein jeder von uns ist reicher, als wir glauben · Wir begegnen oft Wissenschaftlern, die weniger wissen als jeder andre · Je kindlicher wir uns der Natur anvertrauen, desto weiser handeln wir · Das Leben Cäsars enthält für uns nicht mehr Lehren als das eigne · Mein Lernen bringt als einzige Frucht hervor, mich fühln zu lassen, wieviel mir zu lernen bleibt

✳

12. Schlafen und träumen
Nichts empfinden wir als süßer denn einen tiefen Schlaf

Platon verurteilt übermäßiges Schlafen mehr als übermäßiges Trinken · Wenn ich in meiner Lebensweise auf etwas besonderen Wert lege, ist es gerade das Schlafen · Meine Träume sind so sanft, daß ich, während sie ablaufen, mich weder herumwälze noch rede · Jene, die unser Leben mit einem Traum verglichen, hatten recht

✳

13. Kultur und Kunstsinn
der »Wilden« bewundern
Jeder nennt das »Barbarei«, was bei ihm
ungebräuchlich ist

Unserer großen Mutter Natur geschähe Unrecht, wenn wir sie mit unsren Künsten von ihrem Ehrenplatz verdrängten · Die in der Neuen Welt entdeckten Völker scheinen allenfalls in dem Sinne *barbarisch*, daß sie ihrer ursprünglichen Einfalt noch sehr nahe sind · Ihnen werden Tapferkeit wider die Feinde und Liebe zu den Frauen eingeschärft · Ihre Propheten ermahnen sie zu Tugend und Pflichterfüllung · Ihre Kämpfe zeichnen sich durch Edelmut und Selbstlosigkeit aus · Auch die Originalität ihrer Lieder scheint mir alles andre als *barbarisch* · Die Sprache der Eingebornen hat einen sanften und angenehmen Tonfall, der an den Wohllaut griechischer Endungen erinnert · Ich fürchte, wir haben die Neue Welt mit unserm Gift bereits angesteckt und so ihren Untergang eingeleitet · Welcher Fortschritt wäre es gewesen, hätten wir von Anfang an zwischen ihnen und uns eine brüderliche Gemeinschaft hergestellt!

✳

14. Lehrmeister Tier folgen
Den Menschen schulden wir Gerechtigkeit, aller anderen
Kreatur jedoch Freundschaft und Wohlwollen

Menschen, die blutrünstig gegenüber Tieren sind, beweisen damit einen angebornen Hang zur Grausamkeit · Die Natur selber, fürchte ich, hat dem Menschen einen gewissen Trieb zur Unmenschlichkeit eingepflanzt · Ich entsage bereitwillig der Königsherrschaft, die man uns fälschlicherweise über die

anderen Geschöpfe zuschreibt · Besitzen wir irgendeine
Fähigkeit, die wir nicht auch im Tun und Treiben der Tiere
fänden? · In den meisten ihrer Werke erweisen sie sich sogar
als uns überlegen · Demokrit meinte, es seien die Tiere, die
uns die meisten Künste gelehrt hätten · Sogar zur Fort-
pflanzung empfehlen die Ärzte, uns der Stellung der Tiere zu
befleißigen

✳

15. Krankheiten höflich behandeln
Wer die Krankheiten mit herrischer Gewalt
zu verkürzen sucht, verlängert sie

Sowohl die Könige wie die Philosophen scheißen, und die
Damen auch · Von allen natürlichen Verrichtungen lasse ich
mich bei dieser am widerwilligsten unterbrechen · Für die
Kranken kann ich mir nichts Heilsameres denken, als daß sie
die Lebensweise beibehalten, in der sie aufgewachsen sind ·
Ich liebe es nicht, Übel mit Übel zu kurieren · Die Krankheit
drangsaliert uns auf der einen Seite, die Diät auf der andern ·
Man muß den Krankheiten freien Durchzug gestatten ·
Lassen wir die Natur ein wenig walten, sie versteht ihr Geschäft besser als wir! · Uns ist es bestimmt, alt, krank und
schwach zu werden, trotz aller Heilkunst · Man ertrage das
Leiden einfach, eine andre Verhaltensregel braucht man
nicht · Wer sich davor fürchtet zu leiden, leidet bereits —
eben weil er sich davor fürchtet

✳

16. Den Tod nicht fürchten
Niemand stirbt vor seiner Stunde

Sich selber stets beklagen führt dazu, daß man nie beklagt wird · Wenn wir uns vom Tod ängstigen lassen, wird er zum Quell unaufhörlicher Qualen · Das Vorbedenken des Todes ist Vorbedenken der Freiheit · Die totesten Tode sind die heilsamsten · Ich will, daß der Tod mich beim Kohlpflanzen antreffe — aber derart, daß ich mich weder über ihn noch über meinen unfertigen Garten gräme · Nach nichts erkundige ich mich eingehender als danach, wie ein Mensch gestorben sei · Der Sprung aus dem Kranksein ins Nichtsein fällt uns leichter als der aus blühendem Wohlsein ins Kranksein · Euer Tod, sagt die Natur, ist ein Teil der Ordnung des Alls, er ist ein Teil des Lebens der Welt · Habt ihr euer Leben genutzt, seid ihr doch vollauf gesättigt — also trollt euch zufrieden davon! · Ob ihr genug gelebt habt, hängt von eurem Willen ab, nicht von der Zahl der Jahre · Haben wir nicht zu leben gewußt, ist es abwegig, uns sterben zu lehren · Was uns die Einfalt des gemeinen Volkes lehrt, steht kaum hinter dem zurück, was die philosophische Doktrin predigt · Ein guter Lehrer dieser Einfalt wird uns – Sokrates sein

DIE ANDERE BIBLIOTHEK wird herausgegeben von
NELE HOLDACK und RAINER WIELAND.

Von der Kunst, das Leben zu lieben
ist im Januar 2015 als GROSSES BUCH
IM KLEINEN FORMAT in der ANDEREN
BIBLIOTHEK erschienen.

Diese Neuausgabe folgt der von Hans Stilett übersetzten
und ausgewählten Ausgabe Berlin 2005.
Hans Stilett erstellte die erste moderne deutsche Gesamtübersetzung der *Essais*. Sie erschien als Folioband 1998 in
der ANDEREN BIBLIOTHEK. Ebenfalls in der Übersetzung von Hans Stilett erschienen von Michel de Montaigne
sein *Tagebuch der Reise nach Italien über die Schweiz und
Deutschland*, Band 349 der ANDEREN BIBLIOTHEK,
sowie *Von der Lust, auf dieser Erde zu leben. Wanderungen
durch Montaignes Welt.*

Die Herstellung betreute Katrin Jacobsen, Berlin.
Den Satz besorgte Greiner & Reichel, Köln.
Die Einbandgestaltung übernahm Angelika Richter,
Heidesheim.
Gedruckt und gebunden wurde bei Friedrich Pustet
GmbH & Co. KG, Regensburg.
Als Inhaltspapierwurde 90 g/m² holzfreies Werkdruck-
papier, für den Einband Brilliantaleinen von Schabert
GmbH & Co. KG eingesetzt.

ISBN 978-3-8477-4030-8

5. Auflage 2025
Die Andere Bibliothek
© Aufbau Verlage GmbH & Co. KG, Berlin 2015
www.aufbau-verlage.de
10969 Berlin, Prinzenstraße 85